IoT・AIの法律と戦略

第2版

西村あさひ法律事務所　福岡真之介　［編著］
　　　　　　　　　　　桑田　寛史　［著］
　　　　　　　　　　　料屋　恵美

商事法務

第2版はしがき

『IoT・AIの法律と戦略』の初版が刊行されたのは2017年4月であった。それから約2年経過して、第2版を刊行することができたのは、筆者らとして望外の喜びである。

本書は、IoT・AIが主導する第4次産業革命に関する法分野についての書籍である『AIの法律と論点』(2018)、『データの法律と契約』(2019)の3部作の1つであり、最初に刊行された書籍である。

初版から2年ほど経過して、IoT・AIをめぐる技術・法律・社会制度は大きく変化した。その変化のスピードと大きさについては、予想していたものの、今振り返ると驚きを禁じ得ない。

IoTとの関連でいえば、来年には5Gがいよいよ実用化されることから、モバイル通信の世界が大きく変わり、IoT機器の活用も進むであろう。5Gを巡っては、近時、米国による華為に対する措置が話題になったところである。また、IoT機器に関するセキュリティについても、法改正がされ、総務省とNICTが、サイバー攻撃に悪用されるおそれのあるIoT機器の調査および当該機器の利用者への注意喚起を行う取組み「NOTICE」が今年2月から始まっている。

AIについては、大きな技術的ブレークスルーは見られないものの、技術的な成熟度が上がり、実用化が本格的に進みつつある。それとともに、AI開発におけるデータの重要性やAI技術の特性に対する理解が徐々に浸透しつつあるように見受けられる。

社会制度については、さまざまな取組みがされている。筆者も関与した「AI・データの利用に関する契約ガイドライン検討会」からは、「AI・データの利用に関する契約ガイドライン」と、AI開発契約やデータ取引契約についてのモデル契約が公表され、取引の円滑化に貢献している。また、「人間中心のAI社会原則」においては、AIを社会において利活用していくために、政府・企業・利用者が守るべき原則を提示し、AIが社会に受け入れられるための土壌作りをしている。

データに関しては、昨年、Facebookにおける個人データの取扱いが問

題となり、個人データの利用についての課題を社会に投げかけるような出来事が起こっている。今後は、本書でも取り上げているパーソナルデータの取扱いがますます大きな課題となるであろう。法律については、個人情報保護法に関連しては、今年、EUに対する十分制認定が行われた。

　本書の第2版では、上記の動きについて、可能な限り取り込むように努めた。

　2020年に5Gが実用化されると、IoT・AIの世界はどのように変わるのであろうか。次の改訂版が出る際には（出すことができれば、の話であるが）、どのように世界が変わっているか、今から楽しみである。

　本書が、そのような世界の変化を起こそうという人たちの少しでもお役に立てれば幸いである。

　2019年2月

執筆者を代表して　福岡真之介

初版はしがき

　IoTやAIを現実世界で使っていくためには、テクノロジーだけではなく、法律についての知識も必要である。法律を知ることは、IoTやAIで競争相手に勝つための戦略を練ったり、システムを設計するためにも重要であり、本書はその思考のベースとなるものを提供することを目的としている。

　本書は、IoTとAIに関する法律をメインテーマにしているが、読者として法律家だけを想定したものではない。むしろ、IoTやAIに取り組むビジネスマンやエンジニアの方など法律家以外の方を読者として想定しており、法律を説明するに当たっては、できるだけわかりやすい説明を心がけたつもりである。IoT・AIのコンセプトや仕組みについても説明しているが、これは、周囲に尋ねてみるとIoT・AIについて知っている人が意外と少なかったため、簡単ではあるが説明を試みたものである。

　本書の執筆には非常な苦労が伴った。何が大変だったかというと、まず、IoT・AIは技術の発展のスピードが早いため、技術動向をキャッチアップするのが容易ではなかった。また、IoT・AIについての法律を正面から取り上げた資料はほとんどなく、何が問題となるのかについて、ほとんどゼロの状態から手探りで考えなければならず、IoT・AIに関する法律を体系化し、考え方のフレームワークを構築するまでかなりの作業と時間を要した。カバーする法律の範囲が広範囲に及ぶことも作業量を増大させた。

　執筆中、「AIが書いてくれれば楽なのに」と思ったこともあったが、現時点ではAIはそこまで進化していないので、本書を書いたのは人間である筆者らである。将来、テーマさえ指示さえすれば、AIが原稿を書いてくる時代がくるかもしれない。もっとも、その時代には読者も人間ではなくAIになるかもしれない。

　最近ではIoT・AIについて新聞・雑誌記事では目にしない日はない。本書の執筆の動機は、それらを読んで、「法律的にはどうなっているのだろう」と気になったことにある。そう思いさえしなければこのような苦労

をすることもなかったと悔やまれるが、一度気になり始めると、解決しない限りすっきりしないのが人間である。最初は、どのような法律問題があるのかも五里霧中であったが、本書を執筆する中で、頭の中が整理され、少しは霧が晴れてきた気がする。

　執筆は大変ではあったが、これからの時代を大きく変えていく新しい分野に触れているのだと思えてワクワクする気持ちもあった。そのようなワクワク感がなければ本書を書き上げることは到底不可能であったであろう。

　一方で、大きな変革の前に旧態依然とした法律の問題点もみえ、このままでは日本の産業は大丈夫だろうかという焦燥感・危機感も感じた。読者は、本書をきっかけにIoT・AIによる新しい時代にふさわしい法制度とは何かを一緒に考えていただければ幸いである。

　本書は、頁数を300頁以内に抑えるという方針があったため、原稿の大幅な削減が求められ、個人情報保護法の部分などは元原稿から3分の1もカットした。おかげで筋肉質になった部分もあるが、舌足らずの部分もあるかもしれない。また、原稿の締め切りとの関係で書ききれなかった部分や詰め切れなかった部分もある。頭の中の霧はまだ完全には晴れていない。別の機会があれば、積み残した事項について詳しく書いてみたい。

　本書の内容のすべての責任は筆者らにあり、筆者らの属する西村あさひ法律事務所の見解ではない。本書の共著者である桑田寛史弁護士と料屋恵美弁護士には多忙な業務の間を縫って、原稿の執筆に加えて何度も打ち合わせを行うなど、貴重な時間を割いてもらった。心から感謝したい。本書の執筆に当たり、秘書の當金和美さんと千々部真帆さんには、多大な協力をいただいた。また、本書の編集の労をとっていただいた商事法務書籍出版部の吉野祥子氏には、多くの図表の手配や校正ゲラすら真っ赤になるほど修正したにもかかわらず対応していただくなど、献身的な作業をしていただいた。この場を借りて厚く御礼申し上げたい。

2017年3月

執筆者を代表して　福岡真之介

●凡　例●

1　法令・ガイドライン等の略記

GL 外国第三者提供編	個人情報の保護に関する法律についてのガイドライン（外国第三者提供編）
GL 確認記録義務編	個人情報の保護に関する法律についてのガイドライン（確認記録義務編）
GL 通則編	個人情報の保護に関する法律についてのガイドライン（通則編）
GL 匿名加工情報編	個人情報の保護に関する法律についてのガイドライン（匿名加工情報編）
技術基準省令	経済産業省関係特定製品の技術上の基準等に関する省令
経産省 GL・Q&A	「個人情報の保護に関する法律についての経済産業分野を対象とするガイドライン」等に関する Q&A
個人情報	個人情報の保護に関する法律
個人情報則	個人情報の保護に関する法律施行規則
個人情報令	個人情報の保護に関する法律施行令
自賠責法	自動車損害賠償保障法
消費生活府令	消費生活用製品安全法の規定に基づく重大事故報告等に関する内閣府令
著作	著作権法
独占禁止法	私的独占の禁止及び公正取引の確保に関する法律
番号法（マイナンバー法）	行政手続における特定の個人を識別するための番号の利用等に関する法律

2　文献の略語

一問一答	瓜生和久編著『一問一答平成 27 年改正個人情報保護法』（商事法務、2015）
個人情報保護法のしくみ	日置巴美ほか『平成 27 年改正個人情報保護法のしくみ』（商事法務、2015）
逐条解説	宇賀克也『個人情報保護法の逐条解説〔第 5 版〕』（有斐閣、2016）

●目　次●

第2版はしがき・i／初版はしがき・iii／凡例・v

第1編　IoT・AIの仕組みと法律の概要

第1章　IoTが変える世界 …………………………………… 2

第2章　IoTの基礎知識 ……………………………………… 6
I　IoT・AIの活用事例 ………………………………………… 6
II　IoTの基本的要素 …………………………………………… 11
III　IoTによる「見える化」の重要性 ………………………… 14
IV　IoTのオープン化の重要性 ………………………………… 15

第3章　IoTをめぐる法律問題 …………………………… 21
I　IoTと社会制度・法制度 …………………………………… 21
II　IoTに関連する法律体系の概要 …………………………… 25
　1　デバイス・25／2　ネットワーク・27／3　データ・27／4　AI・27／5　サービス・28／6　サイバーセキュリティ・28
III　IoTにおけるデータの取扱い ……………………………… 29
　1　データは誰のものか・29／2　データの保護とオープン化・31／3　データの取扱いについての法律——データ法の体系・32
IV　IoTにおけるパーソナルデータの取扱い ………………… 38
　1　パーソナルデータの取扱いの基本的考え方・38／2　個人情報保護法・41／3　プライバシー権・46／4　OECD8原則・50／5　自主規制・プライバシー感情への配慮・50／6　プライバシー・バイ・デザイン・53

目　次

第4章　AIをめぐる法律問題 …………… 56
Ⅰ　AIの基礎知識 …………………………………… 56
　1　AIとは・56／2　AIの歴史・57／3　機械学習・57／4　ディープラーニング・59

Ⅱ　AIにおける法律問題 …………………………… 62
　1　不法行為・62／2　契約の有効性・62／3　AIの創作物の知的財産権・63／4　AI開発についての知的財産権・64

Ⅲ　AIにおける倫理問題 …………………………… 64
Ⅳ　AIがもたらす法律のパラダイム転換 ………… 67

第5章　インダストリー4.0の法律問題 …………… 69
Ⅰ　インダストリー4.0の基礎知識 ………………… 69
Ⅱ　日本における工場のIoT化 …………………… 71
Ⅲ　データの取扱い ………………………………… 73
Ⅳ　AI・データの利用に関する契約ガイドライン …… 75
　1　AI・データの利用に関する契約ガイドライン策定の経緯・75／2　データの利用に関するガイドライン・77

Ⅴ　データの一方的取扱いと独占禁止法 ………… 95
Ⅵ　データによって生じた損害 …………………… 96
Ⅶ　プラットフォームと独占禁止法 ……………… 97
　コラム　AI・ロボットの映画についての主観的考察（ネタバレ注意）・99
　コラム　AIと恋愛・100

第2編　IoT・AIの法律各論

第1章　パーソナルデータの法律問題 …………… 102
Ⅰ　個人情報の取扱いに当たって事業者が負う義務 …… 102

vii

目　　次

　　1　ショッピングモールの事例・*102*／2　個人情報取扱事業者・*104*／3　個人情報・*105*／4　個人情報の取扱いについて事業者が負う義務・*112*／5　個人データ・*123*／6　個人データについての事業者の義務・*125*／7　保有個人データ・*128*／8　保有個人データについての事業者の義務・*130*／9　要配慮個人情報・*135*／10　ショッピングモールの事例の分析・*141*／11　適用除外・*144*／12　個人データが漏えいした場合の個人情報保護委員会への報告・*146*

　Ⅱ　個人情報を共有・流通させる場合の注意点……………………………… *147*

　　1　IoTによる個人情報の共有・流通・*147*／2　個人情報を第三者提供する際のルールの詳細・*148*／3　委託スキームと共同利用スキーム・*157*

　Ⅲ　越境データの取扱い…………………………………………………………… *160*

　　1　外国にある第三者への個人データの提供・*160*／2　クラウドに個人データを保存する場合・*165*／3　域外適用・*166*／4　アメリカおよびEUのプライバシー保護の法律・*168*

　Ⅳ　個人情報保護法の執行および罰則…………………………………………… *171*

　　1　個人情報保護委員会・*171*／2　罰則・*171*

第2章　ビッグデータの法律問題……………… *173*

　Ⅰ　ビッグデータ…………………………………………………………………… *173*

　　1　ビッグデータ・*173*／2　法律的な観点からみたビッグデータ・*174*

　Ⅱ　パーソナルデータを含むビッグデータの取扱いと匿名加工情報……… *178*

　　1　ビッグデータと匿名加工情報・*178*／2　事例・*179*／3　匿名加工情報の定義・*180*／4　匿名加工情報の取扱いのルール・*186*／5　匿名加工情報についての違反行為への措置・*193*／6　家庭用IoTシステムの事例の分析・*193*

　Ⅲ　ビッグデータの保護…………………………………………………………… *197*

　　1　著作権法による保護・*197*／2　不正競争防止法による保護・*199*／3　民法による保護・*200*／4　まとめ・*201*

第3章　AIの法律問題……………………………… *203*

　Ⅰ　AIに関し、何が法律上問題となるのか……………………………………… *203*

　　1　AIの判断・行動は誰に帰属するのか・*203*／2　AI「それ自体」は誰に帰属するのか・*203*／3　本書のスタンス・*204*

Ⅱ　AI の『行為』に誰が責任をとるのか……………………………… *204*
　　1　何が問題なのか・*204*／2　AI の所有者・*205*／3　製造者・プログラマー
　　・*208*
　Ⅲ　AI が行った契約の効力……………………………………………… *215*
　　1　AI による『契約』の締結・*215*／2　AI による『契約』の法的な効力・
　　215／3　AI が想定外の契約をした場合・*217*／4　AI が勝手に契約をしてい
　　た場合・*220*／5　AI スピーカー・*220*
　Ⅳ　AI が作り出した『創造物』に誰が著作権をもつか ………………… *221*
　Ⅴ　専門職と AI …………………………………………………………… *224*
　Ⅵ　AI と知的財産権 ……………………………………………………… *225*
　　1　機械学習に際して他人の著作物を読み込ませることが許されるか・*225*／
　　2　AI それ自体にどのような権利・法律上の保護が認められるか・*229*
　（コラム）ロボット法・*235*

第 4 章　自動運転の法律問題 ……………………………… *236*

　Ⅰ　自動運転に関するわが国の法規制…………………………………… *238*
　Ⅱ　自動運転車の交通事故に関する問題点……………………………… *239*
　　1　レベル 3 自動運転車の場合・*241*／2　レベル 4 以上自動運転車の場合・
　　247
　Ⅲ　自動運転車の交通事故と刑事責任…………………………………… *250*
　　1　運転者の刑事責任・*250*／2　自動車メーカーの刑事責任・*251*

第 5 章　ネットワークの法律問題 ………………………… *252*

　Ⅰ　ネットワークに関する法律…………………………………………… *252*
　Ⅱ　電気通信事業法による規制…………………………………………… *252*
　　1　規制の概要・*252*／2　具体例・*254*
　Ⅲ　無線通信………………………………………………………………… *257*
　　1　電波法による規制の概要・*257*／2　新たな電波帯の拡大・*266*

第 6 章　空飛ぶデバイス――ドローンの法律問題 ……… *269*

　Ⅰ　ドローンに対する規制………………………………………………… *269*

目　次

　　Ⅱ　規制対象になる機体･･････････････････････････････････････ 270
　　Ⅲ　飛行区域に関する規制･･･････････････････････････････････ 272
　　　1　航空法・272／2　小型無人機等飛行禁止法・276／3　民法・道路交通法・鉄道営業法等・276
　　Ⅳ　飛行方法に関する規制･･･････････････････････････････････ 278
　　Ⅴ　無線通信に関する規制･･･････････････････････････････････ 280
　　Ⅵ　撮影に関する規制･･･ 281
　　　1　プライバシー・肖像権・281／2　著作権・286
　　Ⅶ　航空法の許可・承認申請手続･･････････････････････････ 286
　　　1　申請方法・286／2　許可・承認の基準・287
　　（コラム）　ドローンタクシー・289

第7章　デバイスの安全性の法律問題 ･･････････ 290

　　Ⅰ　電気用品安全法･･ 290
　　　1　電気用品安全法とは・290／2　規制の概要・291／3　遠隔操作機能・298
　　Ⅱ　消費生活用製品安全法･･･････････････････････････････････ 301
　　　1　消費生活用製品安全法とは・301／2　規制の概要・301
　　Ⅲ　医療品医療機器等法（旧薬事法）･･･････････････････ 307
　　（コラム）　AIは人間の仕事を奪うか・309

第8章　サイバーセキュリティの法律問題 ･･･････ 311

　　Ⅰ　IoT時代におけるサイバーセキュリティの重要性 ･････････ 311
　　Ⅱ　不正アクセスが起きた場合、誰が責任をとるのか ････ 314
　　　1　問題点・314／2　攻撃を受けたIoT機器等のメーカーの責任・314／3　交通事故の場合の運行供用者責任・316／4　攻撃を受けたシステムの管理者の責任・317
　　Ⅲ　サイバー攻撃等を行った者に課せられる刑事責任 ････ 319
　　　1　不正アクセス禁止法・不正競争防止法上の責任・319／2　刑法上の責任・320

●著者略歴 ･･ 323
●事項索引 ･･ 324

第1編

IoT・AIの仕組みと法律の概要

第1編　IoT・AIの仕組みと法律の概要

第1章
IoTが変える世界

　IoT（Internet of Things）とは、直訳すれば「モノのインターネット」であるが、モノ同士をインターネットでつなげるというコンセプトである。IoTという用語は、ケビン・アシュトン（Kevin Ashton）が「RFID Journal」（22 July 2009）で初めて使ったとされている。

　モノ同士がインターネットでつながることで、世界がガラリと変わる可能性がある。ドイツでは、これが第4次産業革命であるとして、「インダストリー4.0」と呼んで取り組んでいる。また、2016年にはソフトバンクの孫正義氏が、IoT時代の到来を見据えて3.3兆円もの大金を投じ英アーム・ホールディングを買収して世間を驚かせたことは記憶に新しい。

　IHS Technologyの推定によれば、2015時点でインターネットにつながるもの（IoTデバイス）の数は約154億個であり、2020年までに304億個まで増大するとされている(注1)。IoTで想定している接続されるモノは、接続機器の従来の代表格であるパソコンやスマートフォンだけではなく、車や家電、産業用設備など、従来通信機能を備えていなかった機器が挙げられ、あらゆる産業や社会経済の分野においてネットワーク接続機器が浸透していくことで、インターネットにつながるモノの数が飛躍的に拡大する(注2)。

　インターネットはわれわれの世界を大きく変えたが、さらに2007年に登場したiPhoneから始まったモバイル・インターネットがわれわれの世界を大きく変えた。IoTは、モバイル・インターネットの次に来る大きな変化であり、われわれはその変化の入口に立っている。

　デバイス同士をネットワークでつなげるというコンセプトとしては、マシーンとマシーンがネットワークを通じて情報をやりとりするという

注1）総務省「平成28年版情報通信白書」80頁。
注2）総務省「平成27年版情報通信白書」292頁。

第 1 章　IoT が変える世界

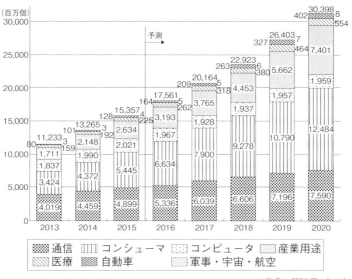

【図表 1-1】世界の IoT デバイス数の推移および予測(注3)

＊出典　IHS Technology

「M2M」（マシンツーマシン）などが従来から存在していた。

では、ここ数年で、IoT というコンセプトがここまで話題になっているのはなぜであろうか。モノ同士がインターネットでつながることによって、世界がどのように変わるのであろうか。

今までのインターネットの世界では、インターネット上の情報は人間が入力した情報が中心であったが、IoT の世界では、モノが自動収集した情報がインターネットを通じて利用できるようになる。今までは、AI がデータを分析するとしても、情報を伝える対象は人間であり、あくまで最終的には人間が判断し行動していた。つまり現実世界を変えるのはあくまで人間であった。しかし、IoT の世界では、AI が人間を介さずに直接に現実世界を変えるようになる。モノ同士がインターネットでつながる IoT の世界では、センサーやカメラなどのモノが集めた情報を AI が処理・分析し、ロボットや自動車などのモノを動かすことで現実世界に作用し、実

注3）総務省「平成 28 年版情報通信白書」80 頁。

際に現実世界を変えていくことができるようになる。これにより、現実世界において人間がやっているさまざまな無駄を大幅に省くことができるようになるし、良くも悪くも、現実世界を変えようとする人類の営みが加速することになる。

　また、IoTでは、センサーの密度が増加することで、サイバー空間の中で現実世界を仮想的に構築できるようになる。従来は、設置されたセンサーの密度が低いため、サーバが認識できる現実世界の状況についてのデータは少なく、サイバー空間の中で、現実世界を仮想的に構築できるほどのデータを得ることは難しかった。しかし、IoT時代が到来し、いたるところにあるセンサーから情報が収集されるようになると、サイバー空間の中で現実世界にかなり忠実な仮想現実を構築できるようになる。仮想現実をサイバー空間内に構築できるようになると、それにさまざまな仮説モデルを適用して、シミュレーションができる。サイバー空間では、現実世界と異なり、高速かつ低コストで仮説モデルの検証が可能である。そこで得られた最も適切なソリューションや分析を現実世界に適用すれば、現実社会も大きく改善されることになる。

　サイバー空間と現実世界を融合させるコンセプトは、「サイバーフィジカル・システム（CPS）」と呼ばれる。IoTとサイバーフィジカル・システムはほぼ同じ概念であり、IoTは物理世界にあるものを中心とした見方で、それがインターネットにつながることを重視している。それに対して、サイバーフィジカル・システムは物理世界の情報とサイバー世界の情報が融合することに重点を置いている[注4]。ドイツ政府の提唱する「インダストリー4.0」でもサイバーフィジカル・システムは中核的なコンセプトとなっている。

　IoTにより、こういったことが実現できるようになるので、IoTがもたらす社会・経済的なインパクトの大きさは理解できるであろう。

注4）岩野和生・高島洋典『サイバーフィジカルシステムとIoT（モノのインターネット）』情報管理57巻11号（2015）827頁。

第 1 章　IoT が変える世界

【図表 1-2】サイバーフィジカル・システムの概念

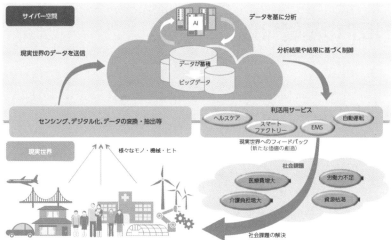

＊総務省「IoT 時代における ICT 産業の構造分析と ICT による経済成長への多面的貢献の検証に関する調査研究」(2016 年)

第 1 編　IoT・AI の仕組みと法律の概要

第 2 章

IoT の基礎知識

I　IoT・AI の活用事例

IoT の活用事例としては、次のような場面が考えられる。
①　家の中で、インターネットに接続したコントローラーが利用者の音声による指示を聞いて、コントローラーと接続した照明のスイッチの on / off、音楽の演奏、タクシーの呼び出し、商品の注文を行う。

　Amazon は、ハンズフリーの音声アシスタント Amazon Echo（右の写真）を米国で販売している。Amazon Echo はインターネット経由で同社が開発した AI の「Alexa」を使用し、人の音声指示により音楽の再生、ニュース・天気予報の提供、照明の on / off、商品の注文などを行うことができる。また、米家電メーカーの Whirlpool は、洗剤の量が少なくなると洗剤をインターネット経由で自動で注文する洗濯機を提案している。
②　インターネットにつながったウェアラブル端末・体重計・スマホが、利用者の体重・血圧・睡眠時間・運動状況のデータを収集して、サーバーに送る。コンピュータがこれらのデータを分析し、スマホを通じて利用者に健康や生活についてのアドバイスをする。
　このような製品は数多く販売されているが、例えば、オムロンが販売する「カラダスキャン」という体重計は測定したデータをスマートフォンなどに転送してアプリでデータ管理できる。アプリは、NTT

ドコモの健康管理サイト「わたしムーブ」と連携している。
③ 商品に RFID（Radio Frequency Identifier）と呼ばれる無線タグを埋め込み、商品の入荷・出荷・販売時に人手を介することなく全自動で正確な数値を把握する。在庫の棚卸もスキャナーをかざすだけでできるようになる。これにより正確・迅速に個品ベースでの商品管理が可能となり、流通や在庫管理の効率性が格段に向上する。

　また、RFID がついている商品であれば、店舗に出店する際にスキャナーが RFID を読み取ることにより、自動的に購入代金を課金することが可能となる。利用者は、レジなどで会計をする必要もなくなり、買いたい商品を手にとって店舗から出てくるだけでショッピングすることができる。

　アパレル企業のユニクロやビームスは店舗に RFID を用いた商品管理システムを導入し、棚卸しやレジ業務の大幅な効率化を達成している。

④ 航空機のエンジンや発電所のタービンなどにセンサーを埋め込んで、温度・回転数・振動などのデータをインターネットでリアルタイムにサーバーに送る。サーバー側でそのデータを分析し、最も効率の良い運用方法を発見したり、壊れる予兆を察知して壊れる前に修理をする。

　このようなものとして、GE のインダストリアル・インターネットが良く知られている。GE は、エアアジアにおける「Flight Efficiency Services（FES）」の活用を通じた燃料コスト削減計画において、FES の独自のアルゴリズムを用いて、機体、運航、気候、整備等に関する膨大なデータをタイムリーに分析し、航空機の運航順序調整や飛行計画の最適化、燃料効率の改善などに向けたソリューションの提案を行うことで、燃料費削減効果が期待できるとしている。GE は、このソリューションのプラットフォームを「Predix」として販売している。

⑤ ドローンで工事現場の土地の形状を測量して、そのデータをインターネットでサーバに送る。そのデータに基づいて AI により最適の工事方法を分析し、自動運転のブルトーザーに指示データを送信して、自動運転ブルトーザーが土地を整地する。

【図表1-3】コマツのスマートコンストラクション

＊コマツ：「KOMATSU REPORT2016」ウェブサイト

　コマツは「スマートコンストラクション」として、3Dスキャナーやドローンなどを使用して現場を自動的に3D化し、クラウドを使って最適化された施行完成図面の3次元データに基づいてICT化された建機を自動制御するシステムを提供している。また、コマツは、自社の建設機械に、GPSと通信システムを装備することで、情報を遠隔で確認するシステム「KOMTRAX」を実用化しており、稼働状況の確認やメンテナンスを効率化することができる。

⑥　高度成長期以降に整備された橋、トンネル、下水道などのインフラ設備について今後20年で建設から50年以上経過するものの割合が加速度的に高くなるといわれている（【図表1-4】）。2012年に中央高速道の笹子トンネルの天井板が突然落下し、走行中の車が巻き込まれて9名が亡くなるという事故が発生したが、老朽化したインフラ設備ではこのような悲劇が再度繰り返されるおそれがある。このような悲劇を防ぐためにインフラ設備のメンテナンスや更新が不可欠であるが、対象となる設備の数も膨大であり予算も限られている中で、効率的なメンテナンスや設備更新が求められる。

　そこで、これらのインフラ設備にセンサーを埋め込んで、歪みや振動などのデータをインターネット経由でリアルタイムにサーバーに送る。サーバはそのデータを分析し、メンテナンスが必要な個所を知らせることでメンテナンスコストを削減したり、壊れる予兆を察知して、

【図表 1-4】建設後 50 年以上経過する社会資本の割合

	2009 年度	2019 年度	2029 年度
道路橋	約 8％	約 25％	約 51％
河川管理施設（水門等）	約 11％	約 25％	約 51％
下水道管きょ	約 3％	約 7％	約 22％
港湾岸壁	約 5％	約 19％	約 48％

＊国土交通省：社会資本整備重点計画の見直し（2010 年 8 月）

【図表 1-5】IT 等を活用したインフラモニタリングシステムの構築

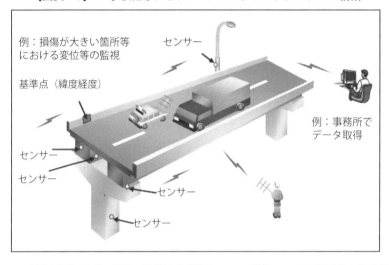

＊国土交通省：安全・便利で経済的な次世代インフラの構築について（2013 年 4 月 17 日）

壊れる前に修理をして事故を防ぐことが考えられる（【図表1-5】）。

　IoTでは企業はモノを売るのではなく、サービスを売ることになる。オムロンは体重計ではなく健康管理を売り、GEはエンジンではなく航空機の飛行時間を売り、コマツはショベルカーではなく工事を売っているのである。モノだけ売っていると値下げ圧力にさらされるが、サービスを売ることで、付加価値をつけ、顧客維持・価格維持を図ることができる。

　IoTについて、イメージするものは人によってかなり異なる。ある人は、IoTを使って消費者の行動を分析したマーケティングすることをイメージ

するであろう。別の人は、インダストリアル4.0やインダストリアル・インターネットなど、工場やメンテナンスでIoTを利用することをイメージするかもしれない。

　IoTの活用場面を大きく分けるとすれば、個人向け（消費者向け）IoTと産業用IoTの2つに大きく分けることができる。両者は共通する部分もあるが異なる部分も多い。この2つを同じ土俵で話しても、議論がすれ違ったり、関心のポイントが異なることがある。

　個人向けIoTは、個人の行動を分析することが必須であり、そのためにパーソナルデータを収集することになる。そこで、法律的な観点からはパーソナルデータの取扱いが大きな問題となる。これに対して、産業用IoTで取り扱うデータは、機器が収集する産業データなどが中心となり、法律的な観点からは、パーソナルデータの取扱いよりもデータの帰属や責任の所在などが問題の中心となる。

　本書はパーソナルデータの取扱いに紙幅を大きく割いているが、産業用IoTをイメージしている人にパーソナルデータの話はピンとこないかもしれない。しかし、工場でも、将来的には個々の消費者の指定したスペックを反映した単品生産（マス・カスタマイゼーション）を行うことや、消費者のビッグデータを基に製品設計や製造を行うようになり、工場でもパーソナルデータをやりとりするような時代がくることも考えられる。産業用IoTであっても、将来的にはパーソナルデータとはまったく無縁ではない。

　大型バイクメーカーのハーレー・ダビッドソンでは、顧客がウェブサイトで自分の好みのパーツを組み合わせて、自分だけのバイクを注文することができる。このカスタム・バイクの最終組立てが行われるヨーク工場はスマート工場化されており、製造装置・搬送装置はセンサーによって稼働状況・位置がモニターされている。顧客からの発注を受けると、生産システムにより、必要な部品のリストが取り込まれ、生産計画の反映、必要部品の在庫確認・手配、製造の実行が自動的に行われ、個別の顧客ごとにカスタム・バイクが製造される。このように、マス・カスタマイゼーションはすでに現実のものとなっている。なお、工場の効率化という点では、ヨーク工場では、フルカスタムの製品であってもリードタイムは6時間、部品在庫は3時間分にまで圧縮されたとのことである。

Ⅱ　IoTの基本的要素

　多くの企業がIoTビジネスに参入してきており、今後は、IoTを利用したさまざまな新しいビジネスモデルが生まれていくことになろう。それがどのようなものかは予想できないが、IoTが有する基本的な要素として以下の4つがある[注1]。
① 　センサー、カメラといったモノ（デバイス）が情報を収集する。
② 　その情報がインターネットを通じて、サーバに送られる。
③ 　サーバ側でデータ処理を行う。通常、サーバに送られるデータは膨大となり、ビッグデータとなる傾向がある。データ処理にはAIが活用される。
④ 　サーバにおいて処理をしたデータに基づいた結果に基づいて、モノにインターネットを通じて指示（フィードバック）を送り、モノを作動（アクチュエート）させる。ただし、消費者に広告を配信するといったモノの作動を伴わないアクションも考えられる。

　この4段階を示したのが【図表1-6】である。
　IoTの実現の仕方は用途により異なる。情報収集1つをとっても、モノを固定して利用することで環境情報を収集することもあれば、ユーザがモノを直接身に着けるウェアラブルデバイスとしてユーザの行動情報や身体情報を収集することもある。また、ロボットと連動させることやドローンなど移動しながら情報を収集することもある[注2]。
　モノが集めた情報のデータ量は、人間では処理しきれないほどの膨大な量になるため、AIを使って処理することになる。リアルタイムデータを処理する場合には、スピードの点でも人間が処理することは不可能である。ビッグデータを保存するサーバには、コスト面からクラウドが使われるのが通常であろう。そのため、IoTは、ビッグデータ・AI・クラウドとセットになる傾向にある。IoTシステム全体を人間に例えるならば、AIが頭

注1）小泉耕二『2時間でわかる図解IoTビジネス入門』（あさ出版、2016）20頁。
注2）瀬戸洋一編著『技術者のためのIoTの技術と応用』（日本工業出版、2016）28頁。

【図表1-6】IoTの概念図

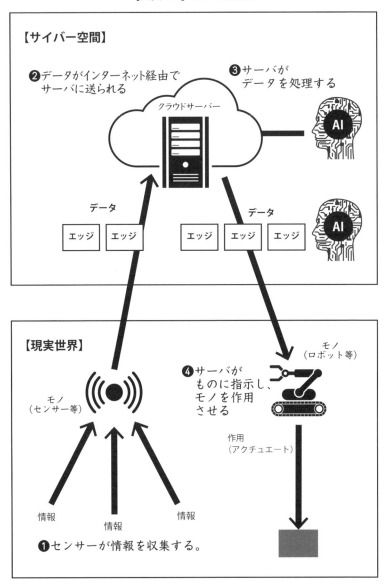

脳、ネットワークが神経、デバイスが目や手足といえるだろう。ただし人間と違ってこれらの機能が広範囲に分散している点に特徴がある。

　産業用IoTにおいて、工場で稼働している機器の動作についてはミリ秒以下単位のスピードが要求されることがある。そのような場合、ネットワーク経由でクラウドに接続していては、レスポンスが間に合わない。そこで、機器に近い場所（オンプレミス）にコンピュータを分散配置させることが考えられており、エッジ・コンピューティングと呼ばれている。エッジは、クラウドに送る情報をスクリーニングしネットワーク負荷を軽減する役割も果たす。さらに、膨大なマシーンパワーを要するAIはクラウドで稼働することが通常想定されているが、分散処理をするため、エッジ・サーバーに簡易型AIを実装することも考えられている。

　IoTの大きな特徴は、前記④の段階で、モノを動作させて、現実世界に何らかの作用を及ぼすことである。指示に基づいて動作するモノは一般的に「ロボット」と呼ばれる。ロボットとIoT・AIが結びつくと、現実世界の変更が人間の手を介さずに行われることになり、人間と機械の関係は新たな段階に進むことになる。

　ロボットといえば、日本人は、鉄腕アトムやドラえもんを思い浮かべるであろう。しかし、彼らはインターネットに接続しておらず、ビッグデータとも無縁である。鉄腕アトムやドラえもんがIoT時代に誕生していたのであれば、インターネットに常時接続し、ビッグデータ処理をしているであろう。古典的ロボットとIoTのロボットはその点で根本的に異なる。現在、天才手塚治虫や藤子不二雄すら想像していなかった事態が進行しているのである。

　近時は、このようなデバイス・ネットワーク・クラウド・AIといったIoTシステムをパッケージで提供する統合型IoTプラットフォームが各社から提案されている。そのようなものとして、Amazon AWS IoT、Microsoft Azure IoT、IBM Watson IoT、日立製作所Lumadaなどがある。

Ⅲ IoTによる「見える化」の重要性

　IoTを導入する際にIoTの導入自体が自己目的化してしまうという過ちに陥ることもある。IoTを導入する場合には、そもそも何のためにIoTを導入するのか、その目的を明確にすることが重要である。

　IoTの利用目的として第1に考えられるのは、情報を「見える化」することによって、効率化を図ったり、付加価値の創造をすることである。

　デバイスによってデジタル情報を集めるのは、情報を見える化するためにほかならない。例えば、工場であれば、機会の稼働状況・リードタイム・ボトルネックなどを知ることによって、改善すべき点が明確になる。消費者向けビジネスであれば、消費者の消費行動・購買意図・需要などを知ることで、より効果的なマーケティングを行うことができる。個人であれば、体重の増減を簡単・タイムリーに知ることができれば、食生活や運動習慣を考え直すきっかけとなり、健康維持を図ることができる。

　知ることができなければ、何が問題かを把握することができない。また、情報の見える化をすることで、将来の予測を立てたり、効率化を図ることも可能となり、ひいてはビジネスモデルの転換を起こすこともあり得る。

　最近、人手不足とよくいわれるが、日本の企業の生産性は、米国企業の約6割程度である（2016年）[注3]。日本の生産性の効率化が進んでいないことを裏付けているが、逆に、IoTなどの活用によって、大きく生産性を改善する余地があるといえる。今後、IoTを活用できない企業は、生産性・付加価値の付与において圧倒的に劣勢に立たされることになり、競争に敗れて市場から退出させられることになろう。

　長崎県のハウステンボスにある「変なホテル」は、ロボットを使って運

注3）公益財団法人日本生産性本部「労働生産性の国際比較〔2016年版〕」。日本の労働生産性の低さにはさまざまな要因が考えられるが、業務量の増大に対して、IT投資をして効率化するのではなく、労働者を長時間労働させることで対応するほうが容易かつ低コストであったことも要因の1つである。つまり緩い労働時間規制が低い労働生産性と長時間労働の慣行を生み出してきた。近時、働き方改革が唱えられているが、この動向もIoTの普及に影響するであろう。

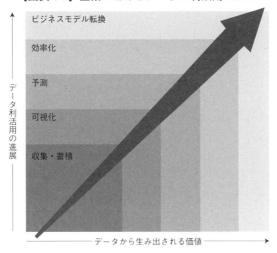

【図表1-7】企業におけるデータの利活用モデル

＊総務省：IoT時代におけるICT産業の構造分析とICTによる経済成長への多面的貢献の検証に関する調査研究（2016年）

営されている世界初のロボットホテルであるが、開業当時スタッフ約30人で72室を運営していたが、開業後わずか1年で部屋数が144室に増加したもののスタッフは10人に減少し、生産性は6倍も増加している。

Ⅳ　IoTのオープン化の重要性

　IoTの利用目的として第2に考えられることは、他のIoTシステムと「つながる」ことによって、効率化を図ったり、付加価値の創造をすることである。
　IoTシステムの特筆すべき点は、他のIoTシステムとつながることにより、より大きな価値を生み出すことである[注4]。
　例えば、都市の交通システムにおいて、鉄道のIoTシステムだけでなく、バス・自動車のIoTシステムや交通管制のIoTシステムなどの他の

注4）IoTのオープン化については、坂村健『IoTとは何か──技術革新から社会革新へ』（角川新書、2016）110頁参照。

交通システムとつながれば、車両・人の移動状況や交通状況をより正確に、より広域で把握できるようになる。それにより、効率的な車両運行や、信号などの交通システムの制御をすることが可能となり、人の流れをスムーズにすることができる。

　また、IoTの活用事例であるインダストリー4.0における「スマート工場」では、スマート工場内のあるセンサーが部品・原材料やマシーンの稼働状況をモニターして異常などがあれば自動的に修復する。これにより、生産活動が効率的に行われ、最適化されることになるが、それだけではなく、サプライチェーンを構築している複数の企業が、ネットワークを通じてデータをやりとりし、部品・原材料などの生産・供給を人手を介さずに自動的に行うことも想定されている。

　日本でも、大企業の一部の工場では自動化は相当進んでいるが、サプライチェーンのすべての段階において他社の製造状況や在庫をリアルタイムで把握することは一般化していない。ドイツが取り組んでいる「インダストリー4.0」では、サプライチェーンを構成する複数企業が情報を共有し、部品・原材料の状況や製造状況をリアルタイムで把握するとしているが、それが実現すれば、一企業がどれだけ努力しても達成できない生産活動の効率化・最適化が可能となる[注5]。つまり、IoTシステムのつながりが広がれば広がるほど、より最適化されて、大きな価値が生まれる。

　取引関係のある企業間の工場や物流でモノ同士を通信させ、製造状況や在庫をリアルタイムで把握することは、実務上の多くの困難はあるものの、現在のシステムの発想の延長線上にあるといえる。さらにそこから一歩進んで、取引関係のない企業間であっても、モノ同士が、一定のプロトコルに従って、お互いに通信し、情報を交換したり、指示が伝達されれば、さらに効率化や付加価値の創造がなされることになる。

　IoTでは、モノ同士が単にインターネットを介してつながるということだけではなく、「インターネット的」につながることがポイントである。

注5）例としてサプライチェーンを挙げたが、エンジニアリングチェーン、バリューチェーンについても同様のことがいえる。例えば製造データを設計データにフィードバックすることで設計の合理化や製造工程の効率化を考慮した設計が可能となる。

第 2 章　IoT の基礎知識

【図表 1-8】IoT のオープン化の段階

❶工場内のスマート化

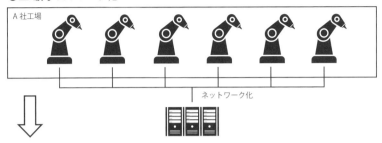

❷サプライチェーンのスマート化

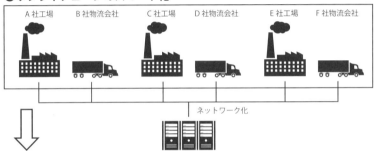

❸企業の枠組みを超えたモノ同士のインターネット化

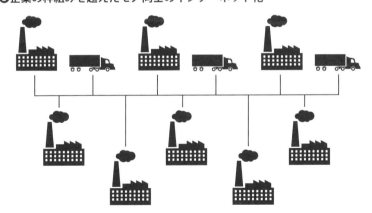

インターネットではプロトコルは決められているが、ネットワーク自体は特定の者が管理していない。そして誰もがインターネットに接続することが可能である。インターネットは、オープンなシステムであるからこそ、爆発的なイノベーションを生み出した。これに対し、クローズなネットワークはインターネットの前で衰退していった。IoTも同じである。モノとモノが自社内や取引先内といった閉鎖系でつなげるだけでは限界がある。IoTでも、インターネット的にモノとモノをつなげることで、現時点では考えつかないようなイノベーションを生み出す原動力になる。

そのためには、IoTシステムがオープン化していることが必要である。IoTにおいても、センサーが収集した情報を、センサーの所有者だけではなく、他の者も利用することができれば、大きなイノベーションを引き起こすことが期待できる。

もちろん、オープン化とは、センサーが収集した情報を誰もが無制限に利用できるようにするということではない。例えば、高齢者を見守るために住宅内部に人感センサーを設置して、家族が外部からスマホなどを通じて高齢者の異常を察知できるシステムがあるとしよう。この人感センサーに誰もがアクセスできるのであれば、窃盗などの犯罪を助長することになるので、誰もがアクセスできるようにすることを認めるべきではない。

他方で、その人感センサーを、家族だけではなく、警備会社も利用できるようすれば、見守りサービスや緊急時の駆けつけサービスに活用することができる。そして、その際に、ドアのロックもIoT化していれば、通常時は、住人のみがロック解除のコントロール権を有するが、緊急時には警備会社もロック解除のコントロール権を許可するといったようにすることも考えられる。スマート工場の例でいえば、製造業者に対しては機械の稼働状況と在庫の情報の両方を提供するが、物流業者に対しては在庫の情報だけ提供するというような、きめ細やかな情報開示の設定をすることが考えられる。このようにアクセス権・コントロール権は多層的に設定可能である（【図表1-9】）。

さらに一歩進んで、スマート工場では、情報を共有するだけではなく、他社に自社工場の製造についてのコントロール権を与えることも考えられる。例えば、A社に部品の余剰がある場合に、A社のAIの指示により、

【図表1-9】スマートドアロックのガバナンスの例

対　象	データアクセス権 （データのガバナンス） ロック状態のデータ	コントロール権 （制御のガバナンス） 施錠・解錠
父親のスマホ	○	○
母親のスマホ	○	○
子供のスマホ	×	9：00〜21：00は○
警備会社	緊急の場合に○	緊急の場合に○
警察	×	緊急の場合に○
消防・救急	×	緊急の場合に○
ゲスト	×	父親・母親が許可した場合に○

　次工程のB社の工場における製造スピードを上げて、全体の効率性を高めるといったことである。このように個別企業の枠組みを超えて生産活動がされるようになれば、生産活動の効率化・合理化は格段に高まるであろう。もっとも、そのような場合には、その判断が結果として間違っていた場合の責任を誰がとるのかが問題となるので、その問題を解決する枠組みを構築しておく必要がある。特に、オープンIoTの世界ではインターネットと同様に特定の誰かがシステムに対して全面的に責任を負うということがない世界であるため、その枠組みが重要となる。

　オープン化したIoTの世界では、どのような情報をどのような第三者に提供するか、どのようなコントロール権を与えるかという選別がますます重要となる。つまり、データのガバナンスと、制御のガバナンスについて考え抜かれた設計をしなければならない[注6]。IoTシステムでは、このようなデータのガバナンスと、制御のガバナンスをどのように設計するかにより、利用者の利便性やシステムに対する安心感に違いが出てくる。シ

注6) 坂村健『IoTとは何か──技術革新から社会革新へ』（角川新書、2016）165頁。

ステム運用者側も、トラブルに巻き込まれないためにも適切な設定が必要である。データのガバナンスと制御のガバナンスについて優れた設計がされているIoTシステムが勝ち残っていくことになるので、技術的に優れているだけではなく、データのガバナンスと制御のガバナンスが優れていることも必要である。

このデータのガバナンスについては、個人情報保護法をはじめとしたプライバシー保護の法律が関係してくる。例えば、個人情報保護法は個人データの第三者への提供を制限しているため、情報を第三者に提供する場合には、個人情報保護法に定める第三者提供のルールを守ったり、匿名化するなどの手当てが必要となる。

制御のガバナンスについては、コントロールしたことによる法的責任が問題となる。例えば、外部者に機器のコントロール権を与えて事故が発生した場合、コントロール権を与えた者と、実際にコントロールして事故を発生させた者が、どのように責任を分担すべきかという問題である。機器のコントロールにAIがからんでくると、責任の所在がますます複雑化していくことになる。

このように、IoTシステムを構築する場合には、さまざまな法律が関係し、法律にどのように対処するかがIoTシステムの優劣にも大きな影響を与えるため、IoTシステムにおける法務戦略が重要となってくる。そして、IoTはオープン化の方向に進むと予想されることから、法務戦略もIoTのオープン化を見据えたものでなければならない。

第3章
IoTをめぐる法律問題

I　IoTと社会制度・法制度

　今までの世界は、最終的には人間が判断し、現実世界を変えるのはあくまで人間であったが、IoTの世界では、AI（またはコンピュータ）が、人間の判断を介することなく、現実世界に作用することになる。このようなIoTの世界は、従来の社会の枠組みを大きく変える。なぜなら、現在の社会制度は、人間が判断・行動し、その判断・行動の結果の責任をもつということを前提として組み立てられているからである。そのため、IoTの世界に社会制度・法制度が追いつかないということが起こる。法制度の整備は常に時代から遅れるものであるが、特に日本ではそのスピードは遅い。新しい時代に向けた法制度の整備の遅れは、さまざまな問題を引き起こす。

　このことは、自動車を考えてみればわかりやすい。自動車は人間が運転し、交通事故が起きれば運転者が責任を負うことになっている(注1)。しかし、完全自動運転の自動車が交通事故を起こした場合、そもそも運転者がいないため、誰が責任を負うべきなのかが問題となる。

　例えば、完全自動運転で交通事故が起きた場合、被害者は、自動車の所有者、自動車メーカー、自動運転のソフトウェア開発者の誰に対して責任を追及できるのであろうか。現在の法制度の下では答えは明確でなく、事故の被害者が救済されないおそれがある。

　一方、自動運転車のメーカーや開発者の視点に立つと、どのような場合に責任が問われるかが明確でないので、実用化をためらってしまうおそれがある。また、完全自動運転車の所有者がシステム上の欠陥による事故に

注1）正確にいえば日本の法律（自動車損害賠償保障法）では自動車の所有者（運行供用者）も責任を負う。

ついて損害賠償責任を問われるとなると、完全自動運転車を買おうとする人は減少するであろう。そうなると、完全自動運転車が社会に普及することは難しく、産業としても成長しないことになる。完全自動運転を普及させるためには、これらの問題を解決する法制度や社会制度を整備する必要があるが、現時点では整備されていない。

　こういったことは新しいビジネス・技術が生まれる時には常に生じる。そこで、新しいビジネス・技術を切り拓こうとする際に、社会制度・法制度が整備されていなかったり、グレーゾーンがある場合に、どのように対応していくかについての戦略が必要である。

　遅れた社会制度・法制度やグレーゾーンに対しては、裁判で争うことも考えられる。しかし、現実的には、解決に時間がかかりすぎる。

　例えば、薬のネット販売の禁止を裁判で争った事例がある。2009 年、一般用医薬品のインターネット販売に対して、厚生労働省が厚生労働省令を改正し、一律に禁止することとした。これにより、インターネット通販会社は、一般用医薬品のネット販売を休止をせざるを得なくなった。そこで、インターネット通販会社が、この厚生労働省令が違憲・違法だとして行政訴訟を提起した。この訴訟は最高裁まで争われ、最高裁は、2013 年に一般用医薬品のネット販売を一律に禁止する厚生労働省令は違法・無効であるという東京高裁判決を支持し、一般用医薬品のネット販売を認める判断を下した[注2]。訴訟が提起されてから最高裁判決を得るまで、実に 3 年半もかかっている。その間、一般用医薬品のインターネット販売ビジネスの発展は阻まれることになった。

　また、法制度が整備されていないと、独創性のあるアイディアや資本を投下して作りあげたものが簡単にコピーされてしまい研究開発や投資を阻害するのではないかという問題もある。

　グレーゾーンについては、産業競争力強化法に基づくグレーゾーン解消制度や企業実証特例制度がある。法施行後の累計申請数はグレーゾーン解消制度が 92 件、企業実証特例制度が 11 件である（2016 年 12 月時点）。

　現行法の規制を一時的に止めて特区内で新技術を実証できる制度として

注2）最判平成 25・1・11 民集 67 巻 1 号 1 頁。

「サンドボックス制度」と呼ばれるものがある。子供に砂場（サンドボックス）で失敗を恐れずに自由に遊ばせるように、一定の範囲で、企業が規制にとらわれずに、革新的技術の事業化に向けて試行錯誤ができるようにする制度である。

　日本においても、2018年に成立した生産性向上特別措置法によりプロジェクト型サンドボックス制度が導入された。これにより、自動走行、小型無人機その他、近未来技術や第4次産業革命の実現に関連する新技術の実証実験などについて、主務大臣の認定を経ることにより、規制の特例措置を受けて、より迅速・円滑に実現できるようになった。なお、サンドボックスでは、監視・評価体制を設けて事後チェックを強化し、その代わりに、事前規制は最小化するものとされている。

　AIの開発・利用に当たっては、このようなサンドボックス制度の活用も一考の余地があるだろう。そして、このようなサンドボックス制度が、技術を発展させるだけでなく、現行の法制度の問題点を明らかにし、法制度の改善につながっていくことを期待したい。

　もっとも、広範囲に影響が及ぶ根本的な法制度の改革となると、これらの制度で対応しきれない場面も多い。

　正攻法としては、来るべき新しい時代を見据えて、法制度や社会制度を前もって議論し、政府に対してできるだけ速やかに社会制度・法制度を整備するように求めていくことが1つであろう。

　また、グレーゾーンに対して、「リスクがあるからやめておこう」と考えるのか、「法律に書いていない以上チャレンジできる」と考えるのかといった問題への取組姿勢や、世間を味方につける能力などが問われることになろう。

　IoTの世界では、倫理的な問題にも直面することになる。よくいわれるのが、「トロッコ問題」という問題である。これは、かつて話題になったハーバード大学のマイケル・サンデル教授の「ハーバード大学白熱教室」でも取り上げられた問題である[注3]。

注3）マイケル・サンデル『これからの「正義」の話をしよう』（早川書房、2010）32頁。

【図表1-10】トロッコ問題

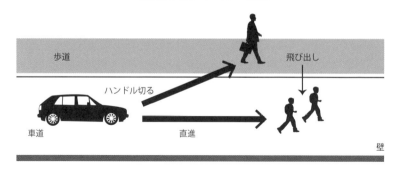

　「トロッコ問題」を、自動運転の事例で説明してみよう。完全自動運転中の自動車の前に子供2人が飛び出してきて、自動車がまっすぐ進めば、急ブレーキをかけても子供2人をはねてしまう。しかし、ハンドルを切れば歩道の歩行者1人をはねてしまう。このようなシチュエーションで、自動運転のプログラムに、ハンドルを切るか否かの判断についてどのように設定しておくか、ということが倫理的な問題として突きつけられる。

　あなたが、完全自動運転車のメーカー側の立場であれば、どのようなプログラムにするであろうか。「子供2人の命のほうが1人の命よりも重いので、この場合はハンドルを切る」というプログラムを作ることができるだろうか。それとも自動車をまっすぐ進ませて子供2人をはねるというプログラムにするであろうか。

　あなたが歩道にいた通行人の親であるとして、完全自動車が「子供2人の命のほうが1人の命よりも重いと判断したのでハンドルを切った」結果、自分の子供がひかれて亡くなったとしたら納得できるであろうか。それとも、「そんなことはめったに起きないのだから放っておけばいい」と考えて特に何もしないでこれ以上深く考えることをやめるであろうか。

　この問題に対して「何もしない」（AIの処理に任せる）という判断をした場合であっても、前記の状況でAIがどのように振る舞うかについて設計者は認識できるのだから、特定の設定をしたと同視できるとの考え方もあり得る。また、何もしないことについて「不作為」という問題も生じる。AIが現実のすべての状況に対処できない問題は「フレーム問

題」と呼ばれる古典的問題であるが、そのようなリスクがある AI が操作する自動車を公道で走らせること自体が倫理的な問題となり得る。

社会制度・法制度は、倫理的な問題と切り離して考えることはできない。また、企業の視点からは、倫理が大きく問われるような製品・サービスを提供することにはリスクがある。それゆえに、倫理的な問題についても避けることはできない。

Ⅱ　IoT に関連する法律体系の概要

IoT システムの設計やビジネスをするに当たっては、さまざまな幅広い法律が問題となる。IoT に関連する法律を IoT システムの要素に従って体系化したのが【図表1-11】である。IoT システムを、①デバイス、②ネットワーク、③データ、④ AI、⑤サービス、⑥サイバーセキュリティという要素に分解すると、主に問題となる法律は以下の通りである（これらの問題に対する検討は第2編で行う）。

1　デバイス

センサーなどのデバイスについては、基本的に電気製品であることから、電気製品に適用される電気用品安全法が問題となる。同法は一定の電気製品に届出製品検査、PSE マークの表示などを求めているほか、リモートコントロールについても規制している。また、消費生活用製品については、消費生活用製品安全法が適用され、事前の届出、製品検査、重大な製品事故が発生した場合の報告が求められるほか、特定の製品[注4]については、国の定めた技術上の基準に適合した旨の PSC マークがないと販売できないなどの規制がある。ヘルスケアに関連するデバイスの場合には、医薬品医療機器等法も問題となる。空を飛ぶデバイスといえるドローンについては、航空法や小型無人機等飛行禁止法が問題となる。デバイスに欠陥があ

注4）このような製品として登山用ロープ、家庭用の圧力鍋・圧力がま、乗車用ヘルメット、石油給湯器、石油風呂がま、石油ストーブ、乳幼児用ベッド、携帯用レーザー応用装置、浴槽用温水循環器、ライターがある。

【図表1-11】IoTに関連する法律体系

分野	主に問題となる法律
デバイス	電気用品安全法・消費生活用製品安全法 医薬品医療機器等法（ヘルスケアIoTの場合） 航空法・小型無人機等飛行禁止法 製造物責任法
ネットワーク	電気通信事業法 電波法 有線電気通信法
データ	個人情報保護法・次世代医療基盤整備法 知的財産法（著作権法、不正競争防止法など） 民法（プライバシー法理など） 独占禁止法、下請法
AI	民法 製造物責任法 知的財産法（著作権法、特許法、不正競争防止法など）
サービス	各種業法（自動運転では道路交通法・道路運送車両法・自賠責法、ヘルスケアIoTでは医師法など） 知的財産権法（特許法など） 特定商取引法、電子メール送信適正化法 労働法
サイバーセキュリティ	不正アクセス禁止法 不正競争防止法 刑法

る場合には製造物責任法（PL法）が問題となる[注5]。

2　ネットワーク

　ネットワークにおいて、無線通信をする場合には電波法等の規制を受け、一定の無線通信を行うためには免許が必要である。また、電気通信（有線・無線の両方が含まれる）を利用すると電気通信事業法が関係する場合もある。電気通信事業を営むには登録・届出が必要である。有線電気通信については有線電気通信法がある。もっとも免許等が不要な場合があるので、多くの場合は免許等の取得が不要なシステムを構築・利用することになろう。

3　データ

　デバイスが収集するデータがパーソナルデータである場合には、個人情報保護法やプライバシー法理が問題となる。また、取得するデータに第三者が著作権を有するデータが含まれている場合には、著作権法が問題となる。これと表裏一体の関係にあるが、自らが作成・保有するデータについてどのように保護するかといった問題が生じる。

　IoTでは、データを多数の企業でやりとり・共有することが想定されるため、データの帰属についても問題となる。データは無体物なので、契約や知的財産法によって決まっていない限り誰も権利を有さない。誰も権利を有さないということは、誰もが利用できる。そこで、データを守るためには契約によってデータの権利関係を定める必要がある。また、力の強い企業が弱い企業に対して、データを一方的に収奪するような契約をする場合には、優越的地位の濫用として独占禁止法や下請法違反となり得る。

4　AI

　AIについては、人間が介在せずに判断・活動を行うことになるため、人間を前提にして構築された法制度において、どのように考えるべきかが

注5）デバイスを輸出する場合には、外国為替及び外国貿易法（外為法）に基づく経済産業大臣の許可が必要となる場合がある。

問題となる。例えば、AIが自動的に契約した場合の契約の効力や、人や財産に危害を加えた場合の不法行為責任といった民法に関連する法的問題が生じる。

AIによって指示されたデバイスが人や財産に危害を加えた場合、メーカーやシステム開発会社の製造物責任法上の責任が問題となる。

AIの学習用データセット・学習モデルやAIが作成したプログラムや文章などの成果物について、誰が法的権利を主張できるかということも問題となり、これは主として著作権法などの知的財産法の問題である。AIに関する新しい技術については特許法の問題も生じ得る。

5　サービス

IoTを使ったビジネスについて、業法上の規制が問題になることがある。例えば、自動運転車が現行の道路交通法（運転者がいることを前提としている）との関係でどのように取り扱われるのかといった問題や、ヘルスケアIoTが提供するサービスが医療行為として医師法に違反するのではないかといった問題である。

IoTで使用されている技術やビジネスモデルについて特許などの知的財産権がある場合には特許侵害など知的財産権の侵害にならないかが問題となる。

インターネット販売や電子メールについては、特定商取引法や電子メール送信適正化法が問題となる。

効率化のため従業員をIoTでモニターする場合などには労働法が問題となる。

6　サイバーセキュリティ

IoTにおいてサイバーセキュリティは重要な分野である。IoTではモノが現実世界に作用するため、モノがハッキングされれば、人を物理的な危害を加える可能性が格段に高まる。またネットワークに接続される機器が爆発的に増えるため攻撃者が攻撃できるポイントが増える。

セキュリティが甘いシステムを開発した者や運用した者が他人に損害を与えた場合の法的責任が問題となる。サイバーセキュリティは、まずは技

術的手段により確保すべきものであるが、侵入者に対する法的な責任追及手段として、刑法・不正アクセス禁止法・不正競争防止法の利用が考えられる。

　以上１～６で挙げた法律については**第２編**で詳しく解説するが、IoTの本質は、情報（＝データ）の取扱いであることから、本書では、紙幅の関係上、IoTに特有の法律問題であるデータの取扱いに関する法律問題とAIに関連する法律問題を中心に取り上げる。

　デバイス関係の法律（電気用品安全法等）やネットワーク関係の法律（電波法等）については、IoTと関連性が強い法律分野であるため本書でも取り上げるが、多くの企業ではIoTプラットフォームを利用したり市販の製品を組み合わせてIoTシステムを構築することが想定されるため、実際には検討する場合は少ないであろう。また、ビジネスを遂行する上で一般的に問題となる法律（例えば、知的財産権法や各種業法）については、対象範囲が広すぎるのでIoT固有の問題に関連する限りで取り扱う。労働法についても範囲が広いので本書では取り扱わない。

Ⅲ　IoTにおけるデータの取扱い

1　データは誰のものか

　インダストリー4.0における「スマート工場」では、サプライチェーンを構成する複数企業が部品・原材料の状況や製造状況をリアルタイムで把握することにより、生産活動の効率化・最適化を行うことが想定されている。インダストリー4.0における特徴の１つは、製造に関するデータを、個別企業が囲い込まずに複数の企業に開放することにある。しかし、このようなデータの共有化は、製品に関するデータは誰に帰属するのかという問題を引き起こすことになる。

　消費者向けIoTにおいても、消費者の購買履歴・行動履歴などのデータが大量に発生し、これを企業が分析・活用することになるが、消費者がパーソナルデータは自分に帰属すると主張することも考えられる。また、

共通ポイントカードのように、複数企業で消費者のデータを共有化して活用するようになると、その企業間でもそのデータの帰属が問題となる。

この問題は「データの所有権は誰に帰属するか」というかたちで問題提起されることもあるがこれは正しい問題提起の仕方ではない。データは、実体を有しておらず（法律的にはこれを無体物という）、所有権という概念はそもそも存在しない。データは誰かが物理的に独り占めできるものではない。

ビットコイン取引所であるMT. GOX（マウント・ゴックス）が2014年に破産し大きな話題となったことを覚えている読者は多いだろう。その顧客が、MT. GOXの破産管財人に対して、預けていたビットコインを所有権に基づいて返還するように求める訴訟を提起したのに対して、東京地裁は、所有権の対象となる要件として「有体物」であることや「排他的に支配可能であること」が必要であるとし、ビットコインには所有権は成立しないと判断して、請求を棄却する判決を下した[注6]。このように有体物ではないデータには所有権の対象とならない。

データは誰に帰属するかという問題は、所有権という概念で捉えるのではなく、データの利用・提供・訂正・削除などのコントロール権を誰がもつかという問題であるといえる。

われわれの生活は他人の提供するデータ（情報）の上に成り立っており、データの流通を制約すると社会の発展が妨げられる側面もある。例えば、天気の情報を気象庁が独占すれば多くの人が困るだろう。そのため、現行法制度では、データは基本的には誰が使っても自由であるという制度設計がされており、データ保有者のデータのコントロール権は限定的にしか認められていない。

また、複数企業間が参加するIoTシステムでデータをやりとりする場合、センサーの不具合などで収集したデータが間違って損害が発生した場合に、誰が責任を負うべきなのかも問題となる。センサーの設置者が責任をとるべきなのか、IoTシステムの参加者全員で責任を分担すべきなのか。参加者全員で責任を分担するのが公平のようにも思えるが、例えば、セン

注6）東京地判平成27・8・5 D1LAW28233102。

サーを設置した者の取付け方がいい加減であったためにデータの間違いが生じた場合は、参加者全員で分担するのが公平かどうかは議論があるところであろう。

産業用IoTの場合には、取引関係のある企業同士の中で利用するだけであれば、これらの問題は契約書においてあらかじめ定めておくことが可能である。しかし、どのようにデータの帰属や損害の分担を定めるかについてはまだ確立したスタンダードはなく、今後の課題である。

また、産業用IoTをオープン化した場合には、事前に契約書で定めておくことは難しい。そこで、免責条項を含む約款を作成し、それに同意させた上でアクセスを許可する手法をとることが考えられるが、モノ同士が自動で接続する場合には、同意があったといえるかが問題となる。

2 データの保護とオープン化

IoTにより膨大な量のデータが生み出される。そのビッグデータを解析することで、新たな価値やビジネスが生み出される。優れたAIを作るためには大量の学習用データが必要である。それゆえ、IoT時代では、データが今まで以上に重要な価値をもつようになるため、データをどのように保護するかが問題になる。

データの保護については、著作権法や不正競争防止法による保護などが考えられる。これらの法律に違反した者は、損害賠償責任を負うだけではなく、刑事罰を科される可能性もある。しかし、これらの法律では、データは必ずしも保護されていない。後述するが、単なるデータの集積物については、現行の著作権法では著作権が認められない可能性が高く、無断コピーされても著作権法によって責任追及することは困難である。

保護されないのであれば、データ保有者は秘密にすることでデータを守ろうとするだろう。しかし、データをオープン化して、IoTシステムの参加者を増やしたほうが、より多くのデータを蓄積することが可能となり、ビジネス的にはメリットが大きくなることもある。そこで、データ保護とオープン化のメリットとを見比べながら、データの開示の可否、開示相手、開示範囲、開示時期などを戦略的に考えることが必要となってくる。知的財産のマネジメントにおいて「オープン＆クローズ戦略」（コアな知的

財産はクローズにするが、ノンコアの知的財産はオープンにする戦略）がある が[注7]、データについても同様のことがいえる。もっともデータのオープ ン＆クローズ戦略はデータの特性上、技術のオープン＆クローズ戦略とは 異なり得る。

3　データの取扱いについての法律──データ法の体系

IoTにおいてはデータの取扱いが肝である。前述した通り、法律はデー タを誰が使っても自由であることを原則としているが、例外として、著作 権法、不正競争防止法、個人情報保護法等によりデータ保有者のデータの コントロール権が認められ、データが保護される場合がある。そのため、 IoTシステムを構築・運用するに当たり、取り扱うデータの対象や取扱方 法について検討しなければならない。

データの取扱いについて法律的な観点から整理すると、データは以下の 通り分類される。なお、②～⑨は重複することもある。
　①　一般的なデータ（下記②～⑨以外のデータ）
　②　契約によって規律されるデータ
　③　不正競争防止法により保護されるデータ
　④　知的財産権の対象となるデータ
　⑤　不法行為法（民法）により保護されるデータ
　⑥　パーソナルデータ
　⑦　不正アクセス禁止法・刑法により保護されるデータ
　⑧　独占禁止法により規律されるデータ
　⑨　その他法律により規律されるデータ

前記の法律や契約による規律については、次章以下で詳しく述べるが、 以下に概要を述べる。
　(1)　**一般的なデータ**
　一般的なデータとは、例えば、センサーが収集した温度・圧力・回転

注7）小川紘一『オープン＆クローズ戦略　日本企業再興の条件〔増補改訂版〕』（翔泳 社、2015）参照。

数・振動数・周波数のデータや交通量のデータが考えられるが、要は、前記②〜⑧以外のデータのことである。

これらのデータは、データについての原則的ルールが適用され、誰がどのように使っても自由である。ただし、自由に使えるといっても、現実問題として、データを使うことができるのは、データに現にアクセスが可能な者に限られる（なお、アクセスできる者が多数の場合もある）。他方で、この一般的なデータについては、データを保持する者の観点からは、誰にどのように利用されてもデータに対する権利の主張ができないことになる。

(2) 契約によって利用方法等が定められたデータ

データの取扱いについて、当事者が契約によって利用方法等を定めた場合には、当事者間でそのような合意をした以上、合意した内容に従った取扱いをすることが求められる。典型例としては秘密保持契約の下で提供されたデータが挙げられる。契約による規律は、その内容を基本的に当事者が自由に設定できる点で前記③〜⑨のデータとは異なっている。もっとも、契約は契約をした当事者のみを拘束し、契約の当事者ではない第三者を拘束をすることは基本的にはできない。

なお、改正後民法により、定型約款の不当条項については無効とされるなど、契約で定めた条項が、必ずしもすべて有効というものではない点には留意が必要である（約款が契約といえるかは議論の余地があるが）。

(3) 不正競争防止法により保護されるデータ

不正競争防止法によって保護されるデータについては、不正競争行為に当たる態様でデータを取得・使用・開示等をした者に対して差止請求や損害賠償請求をすることができる（不正競争防止法3条・4条）。

不正競争防止法によって保護されるデータの一類型として、「営業秘密」がある。「営業秘密」とは、①秘密管理性、②有用性、③非公知性を満たす情報である（不正競争防止法2条6項）。したがって、データを営業秘密として保護したい場合には、利用者を限定したり、秘密保持契約書を締結するなどの秘密管理をすることが必要となる。

しかし、データを広く利用してもらうために多数の者に提供するような場合には、データが、秘密管理性・非公知性の要件を満たさなくなり、営業秘密として不正競争防止法により保護できなくなることもあり得る。そ

こで、平成30年不正競争防止法改正により、営業秘密に該当しないデータであっても、ビッグデータであり、利用者が限定的されているなどの要件を満たすデータを「限定提供データ」として、不正競争防止法による保護の対象とすることとされた。

なお、不正競争防止法も一般的には知的財産法の1つとされているが、営業秘密などの情報を不正なアクセスから保護する法律であり、情報そのものに財産的権利を付与するものではない点で、著作権法などの知的財産法とは異なる。

(4) 知的財産権の対象となるデータ

知的財産権の対象となるデータについては、知的財産法に基づく保護がされることになる。知的財産法としてはさまざまな法律があるが、データとの関連では、著作権法、特許権法、意匠権法が問題となることが多いことから、本書は、これらの法律を中心に取り上げる。前記(3)で述べた不正競争防止法も知的財産法に含まれることもあるが、不正競争防止法は、営業秘密などの情報を不正なアクセスから保護する法律であり、情報そのものに財産的権利を付与するものではない点で、著作権法などの知的財産法とは異なる。

著作権のあるデータとしては、第三者が執筆した文章や撮影した写真などがある。また、データ自体に著作権がない場合であっても、データの選択・体系的構成に創作性があれば、データの集合物についてデータベース著作物として著作権が成立する場合がある。著作権者は、著作物のコピー、改変、譲渡等についてコントロールする権利を有する。すなわち、著作権者以外の者は、著作権者に無断でこれらの行為をすることはできない。

もっとも、著作権法が著作権者の権利を制限している場合があり、第三者が著作権者の許諾を得ずに著作物を利用できる場合がある。例えば、「引用」や「情報解析のためにコピー」する場合である。

著作権は、小説や音楽などを念頭に立法されたという歴史的経緯から、著作権の成立に「創作性」を求めている。そのため、一般論としては、単なるデータについては、著作権が成立する要件である「創作性」がないことから著作権が成立しないことが多い。データを提供する立場からは、どんなに収集に労力を費やしたデータやデータベースであっても、創作性の

【図表 1-12】データの種類と制約

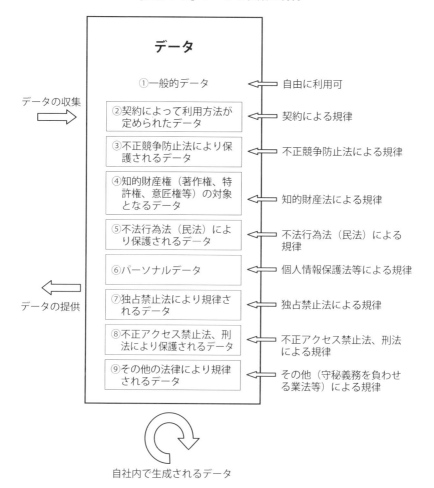

ないデータやデータベースには著作権は成立しない点に注意が必要である。

(5) 不法行為法（民法）により保護されるデータ

データの不正な利用は、その態様によっては、不法行為（民法709条）として損害賠償請求の対象となる。例えば、裁判例の中には、データのデッドコピーについて、不法行為による損害賠償責任を認めたものがある。この裁判例は、労力と費用を投下して作成したデータベースについて、民

法の不法行為の規定により保護される可能性があることを示している。そこで、ビッグデータのデッドコピーをした者に対しては、不法行為に基づく損害賠償請求をすることが考えられる。もっとも、著作権法で保護されないデータについては原則として損害賠償請求できないことを示唆した最高裁判決があることから、著作権のないビッグデータのコピーに対して、不法行為に基づく損害賠償請求が可能か否かについては議論がある。

なお、不法行為の場合には日本法では金銭的賠償の原則がとられていること（民法722条1項・417条）から、差止請求をすることは困難である。

(6) パーソナルデータ

個人に関する情報は、パーソナルデータとも呼ばれている。パーソナルデータの取扱いについては、個人情報保護法等による規律があり、利用目的の範囲内で利用することや、第三者に提供する場合に本人の同意などを取得する必要があるなど、自由に利用することはできない場合がある。

(7) 不正アクセス禁止法・刑法により保護されるデータ

データに対して不正なアクセスを行った者に対しては、不正アクセス禁止法、刑法によって刑事罰が科されることがある（なお、不正競争防止法によっても刑事罰の対象となることがある）。

(8) 独占禁止法によって規律されるデータ

データの取扱いについて、独占禁止法によって規律されることがある。同法によるデータに対する規律は多面的である。

まず、第1に、価格データを同業社間で情報交換するような場合には、カルテル（不当な取引制限）として独占禁止法により禁止される場合がある。

第2に、優越的地位にある事業者が、その地位を利用して相手方からデータを不当に取得するような場合には、優越的地位の濫用（不公正な取引方法）として独占禁止法により禁止される場合がある。

第3に、近時、大量にデータを収集・保有するプラットフォーム事業者などが登場していることから、特定の企業がデータを独占しているとして、データを独占する行為が独占禁止法に違反するか否かが問題となっている。

(9) その他法律により規律されるデータ

以上で述べた法律がデータの取扱いに関して規律する法律であるが、前

記の法律以外にも、データの取扱いについて規律している法律がある。例えば、金融機関、電気通信事業者、医師、弁護士は、業法によって守秘義務を負っている。したがって、それらの者が保持しているデータについては、これらの業法によって自由なデータ利用が制約されている。

　以上の通り、データは原則として自由に利用することができるが、例外的に利用に制約があるデータもある。企業は、データを収集する立場とデータを提供する立場という両方の立場を有する。自由に利用できるデータは取得するのも自由であるが、他人も自由に使える。逆に、法的に保護されているデータは取得に制約があるが、法的な保護が図られる。
　そのため、データを誰からどの範囲で収集し、誰からどの範囲で提供するかについて、ビジネスや技術上のニーズや制約を考慮することは当然として、法律的な観点からの分析も必要となる。具体的には、データ入手の際には「他人の権利を侵害しないか」という観点から、データ提供については「データを保護するのか、誰でも利用できるようにオープン化するのか。保護したい場合にはどのように保護するのか」「個人情報保護法に違反することはないか」といった観点から戦略的に考えていくことが求められる。
　IoTはオープン化していく。データを囲い込んでしまうとIoTを十分に活用できず、成長から取り残されることになる。データがあるところに顧客やサービスが集まり、自らがデータをオープンにしないと他人からデータをもらうことは難しいため、一定のデータはオープンにすることが必要となる。重要なのは、データを集めるインセンティブ設計などの仕組みづくりと、どのデータを誰にどこまでオープンにし、逆にクローズにするかというオープン＆クローズの戦略である。この戦略の決定は企業が管理する全データのあり方の問題であり現場レベルでできる話ではなく、経営レベルで決める必要がある。企業は、トップの関与の下で、データのオープンとクローズを定めたポリシーを作成することが必要であろう。
　なお、従来から、著作物に創作性を求める著作権法はデジタル時代に対応できていないという指摘がされてきたが、IoTによりデータの重要性が増すと、そういった問題はますます深刻なものとなるであろう。従来のパ

ラダイムに基づく現行法制度の下で、IoT時代に、日本企業が世界を相手に戦っていけるのかについては疑問がないとはいえない。IoT時代にふさわしい、企業が安心して情報をやりとりでき、個人のプライバシーも守られるデータの取扱いについての法律とは何かについて議論を深めていくことが必要なのではないだろうか。

Ⅳ　IoTにおけるパーソナルデータの取扱い

1　パーソナルデータの取扱いの基本的考え方

　IoTシステムが収集するデータには、人の氏名・住所のようなパーソナルデータと、機械設備の稼働状況のような非パーソナルデータがある。

　IoTの世界では、パーソナルデータがセンサーによって無差別的に収集され記録される。例えば、交通系ICカードでは個人の乗車駅・降車駅が自動的に記録される。スマートフォンを持っていればGPSを使って個人の移動経路が記録される。IoTシステムが収集する情報は、人々の移動を解析することで交通状況を改善するなど社会にとって役に立つ情報である一方で、個人の立場からすれば、自分の行動が監視されていることに嫌悪感をもつ人もいる。そのため、個人に関する情報（パーソナルデータ）については、その取扱いに配慮が必要となる。また、AIを使った個人の監視システムやプロファイリングによる個人の思想調査など、使われ方次第ではより大きなプライバシーの侵害が発生することも考えられるため、AIの活用においてもパーソナルデータの取扱いが問題となる。

　ここで、個人に関する情報を「パーソナルデータ」と呼ぶのは、個人情報保護法で定義されている「個人情報」との混同を避けるためである。個人情報保護法で定義される「個人情報」は生存者の情報に限られるなど、一般人が考える個人に関する情報よりも限定された概念である。そこで、本書では、個人に関する情報一般を「パーソナルデータ」と呼ぶことにする。

　パーソナルデータの取扱いについては、日本では、法制度としては、個人情報保護法などのルールが定められている（【図表1-13】参照）。また、

【図表 1-13】個人情報保護法の法体系

法律	個人情報の保護に関する法律
基本方針	個人情報の保護に関する基本方針
政令	個人情報の保護に関する法律施行令
規則	個人情報の保護に関する法律施行規則
ガイドライン	個人情報の保護に関する法律についてのガイドライン（通則編） 個人情報の保護に関する法律についてのガイドライン（外国にある第三者への提供編） 個人情報の保護に関する法律についてのガイドライン（第三者提供時の確認・記録義務編） 個人情報の保護に関する法律についてのガイドライン（匿名加工情報編） 前記の他に関係各省庁が定めるガイドラインがある。

　行政機関などによって、個人情報保護のためのさまざまなガイドラインが設けられている。さらに、法律に明確に規定されてはいないが、これまでの裁判の蓄積により、個人にはプライバシー権という法的権利が認められている。プライバシー権が侵害された個人は、侵害した者に対して損害賠償請求することなどができる。

　そのため、IoTビジネスを始める者やIoTエンジニアは、基本的ルールとしての個人情報保護法やプライバシー法理について知っておくことが重要である。

　AIについても同様である。人工知能学会倫理委員会が公表した「人工知能学会　倫理指針」（2017年2月28日）にも、「人工知能学会会員は、人工知能の利用および開発において、他者のプライバシーを尊重し、関連する法規に則って個人情報の適正な取扱いを行う義務を負う」と掲げられている。

　IoTシステムを構築した後になって個人情報保護法やプライバシーの観点から問題があるとの指摘がされた場合、システム設計を最初からやり直すには相当の労力・コスト・時間を要することになってしまう。これに対

し、あらかじめシステム設計時の段階でパーソナルデータの取扱いについて配慮しておけば、そのような事態を避けることができる。あらかじめプライバシーを考慮した上で制度設計することは、「プライバシー・バイ・デザイン」と呼ばれており、IoTシステム構築において重要な概念である（53頁参照）。

　IoTシステムの運営者の視点からは、集める情報はなるべく多いほうがよいと考えがちである。一見無関係そうに見えるデータであっても、その中から新たな関係を見つけてビジネスに役立てることがビッグデータの発想だからである。AIの能力を上げるためにも、教師となるデータは多ければ多いほどよい。そのため、知らず知らずのうちに多くの情報を集めようとする結果、個人のプライバシーを侵害する方向でのデータ収集がされる危険性がある。

　プライバシー侵害が懸念されるようなIoTシステムは、社会的に批判されるおそれがある。プライバシーを侵害するIoTシステムを運用していたところ、ある日突然にネットで炎上して、作り上げてきたビジネスモデルが崩壊することは、現実に起こってもおかしくない。2016年に複数のキュレーションサイトについて、記事の不正確さや無断引用が突如としてクローズアップされ、多くのサイトが閉鎖に追い込まれたり、フェイスブックの個人情報が流出して大きな問題となったが、同じようなことがIoTでも起こり得る。

　プライバシー侵害が懸念されるようなIoTシステムについては、社会的批判がされるだけではなく、多くの人が利用しなくなり、ビジネス的にも失敗するおそれが高い。特に消費者向けIoTは個人のプライバシーに踏み込むことになる。そこでは単に法律を守るだけではなく、利用者の視点に立ったプライバシーへの配慮も求められる。プライバシー保護とIoTは必ずしも相反するものではなく、プライバシーに配慮することが、結果として、IoTビジネスの発展につながることにもなる。

　日本におけるパーソナルデータの保護は、主に個人情報保護法とプライバシー法理の2つなので、これらの基本知識について解説する。なお、個人情報保護法とプライバシー法理以外の法律によっても、パーソナルデータが保護されていることがある。例えば、IoTとの関係でよく問題とな

るものとして「通信の秘密」(電気通信事業法 4 条 1 項)がある。

　また、各省庁が公表している各種ガイドラインについても考慮する必要がある。平成 27 年改正個人情報保護法の全面施行により、個人情報保護法の権限は主務大臣から個人情報保護委員会に一本化され、それに伴いガイドラインについても基本的には一本化されるが、医療・金融・情報通信関連事業といった分野については、事業分野の特性によって別途ガイドラインが作成されている。具体的には、「医療・介護関係事業者における個人情報の適切な取扱いのためのガイドライン」「金融分野における個人情報保護に関するガイドライン」「電気通信事業における個人情報保護に関するガイドライン」などがある。

2　個人情報保護法

　個人情報保護法は、平成 15 年に制定されたが、ICT(情報通信技術)時代に適合するように平成 27 年に大幅に改正され、平成 29 年 5 月 30 日に全面的に施行された。個人情報保護法は、行政機関と民間事業者の両方を対象としている。平成 27 年の改正前は、民間事業者については、中小企業の事務負担を考慮して、5000 人分以下の個人情報しか取り扱っていない事業者は適用対象外とされていた。しかし、平成 27 年の改正の際にその適用対象外はなくなり、すべての事業者が個人情報保護法を守らなければならなくなった。

　個人情報保護法は、個人情報の有用性に配慮しつつ、個人の権利・利益の保護することを目的として、「個人情報」の取扱いについて事業者を規制する法律である。「個人情報」とは何を意味するのかについて、人々が一般的な感覚と個人情報保護法の定義は異なる。人々が会話で「個人情報」という場合、それは個人に関連した情報(すなわちパーソナルデータ)の意味で用いられるのが通常であろう。しかし、個人情報保護法による規制の対象となるのは、個人情報保護法で定義された「個人情報」のみであり、パーソナルデータであっても、個人情報保護法の「個人情報」に当たらないこともあり得る。

　パーソナルデータと一口でいっても、住所・氏名や、遺伝情報・顔の容貌といった身体的なもの、メールアドレス・電話番号・クレジットカード

番号といった変更可能なものまで、さまざまである。これらのパーソナルデータをまったく同じようなレベルで保護することは適切ではない。

そこで、個人情報保護法は、パーソナルデータについて次の5つの類型を設けて、それぞれに応じた保護レベルを設定している（【図表1-14】）。

① 個人情報
② 個人データ
③ 保有個人データ
④ 要配慮個人情報
⑤ 匿名加工情報

(1) **個人情報**

個人情報保護法では、「個人情報」とは、生存している個人に関する情報のうち、①特定の個人を識別することができるもの（他の情報と容易に照合することができ、それによって特定の個人を識別することができるものを含む）、または②個人識別符号が含まれるものを意味する。個人識別符号とは、マイナンバー、パスポートの旅券番号、運転免許証の番号などの個人の特定が容易な符号のことである。個人識別符号は、個人情報保護法の平成27年改正によって新たに設けられた概念である。

「個人情報」とは、氏名と住所だけに限られず、携帯電話番号・購買履歴・位置情報といった情報も、他の情報と容易に照らし合わせるなどによって、特定の個人を識別できるものであれば「個人情報」となり得る。

「個人情報」については、事業者は、利用目的を特定して、利用目的内で取り扱う義務を負う。また、取得する場合には、利用目的を本人に通知または公表する義務を負う。

個人情報保護法上は、利用目的の通知や公表等を行っていれば、個人情報を取得すること自体については本人の同意は不要である。もっとも、本人の同意を得ない情報の取得が、本人のプライバシー権を侵害することになるのか否かについては別途検討が必要である。

(2) **個人データ**

「個人データ」とは、「個人情報」のうちデータベース化されたものを意味する。データベース化された個人情報は、取扱いや流通が容易となるが、その反面でプライバシー侵害や情報漏えいの危険性が増えるので、「個人

【図表 1-14】個人情報保護法の概要

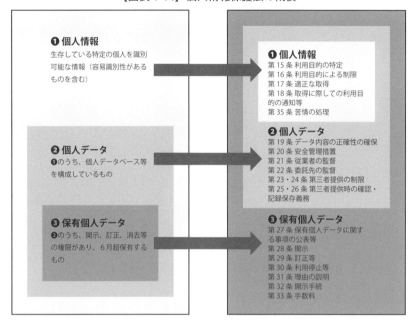

データ」には、個人情報よりも重い義務が事業者に課されている。すなわち、事業者は、個人情報についての義務（前記(1)）に加えて、①情報漏えいが生じないように安全に管理する義務、②「個人データ」を第三者へ提供する場合には、原則としてあらかじめ本人の同意をとるか、または「オプトアウト」と呼ばれる手続をとる義務などを負う。

「オプトアウト」とは、事業者が、第三者に提供する個人データの項目や提供の方法等について、あらかじめ本人に通知するか、ウェブサイトや店頭に掲示するなどにより本人が容易に知ることができる状態に置いた上で、本人が個人データの第三者提供の停止を申し出た場合には、その個人データの第三者提供を停止するという手続を設ければ、本人の同意なしに個人データを第三者提供できる仕組みのことである。本人が希望した場合には脱退（オプトアウト）できることからオプトアウトと呼ばれる。

もっとも、国内企業への委託や共同利用をする場合にはそもそも第三者

への提供ではないとされており、本人同意やオプトアウト手続は不要である。

外国の第三者に提供する場合には、本人の同意を取得しなければならず、オプトアウト手続によることはできず、委託や共同利用についても原則として本人の同意の取得が必要であり注意が必要である。

(3) 保有個人データ

「保有個人データ」とは、「個人データ」のうち、事業者が開示・訂正・追加・削除・利用停止・消去・第三者提供の停止といった権限を有するもので、6か月を超えて保有するものを意味する。

この保有個人データについては、事業者は、個人情報・個人データについての義務（前記(1)(2)）に加えて、本人からの請求があれば、保有個人データを開示・訂正・利用停止等をする義務などを負う。なお、事業者は、保有個人データの利用目的や、開示・訂正・利用停止等の手続について本人が知ることができる状態にしておかなければならない。

(4) 要配慮個人情報

「要配慮個人情報」とは、個人情報のうち、本人の人種、信条、社会的身分、病歴、犯罪の経歴、犯罪により害を被った事実など、本人に対する不当な差別・偏見などの不利益が生じないように取扱いに特に配慮を要するものを意味する。いわゆるセンシティブ情報であり、平成27年改正法によって新たに設けられたカテゴリーである。

要配慮個人情報は、センシティブ情報であることから慎重な取扱いが求められており、事業者が要配慮個人情報を取得する場合には、原則として本人の同意が必要である。また、第三者への提供について、オプトアウト手続によることが認められず、原則としてあらかじめ本人の同意を取得する必要がある。

(5) 匿名加工情報

「匿名加工情報」とは、個人情報を加工して、特定の個人を識別することができず、個人情報を復元することができないようにしたものを意味する。これも、平成27年改正法によって、ビッグデータの利用を発展させるために設けられた新たなカテゴリーである。

匿名加工情報は、特定の個人を識別できないように処理しているので、

そもそも「個人情報」ではない。したがって、匿名加工情報については、事業者は、個人情報についての前記(1)〜(4)に記載したさまざまな義務を負わなくてよく、事業者は通知・公表している利用目的以外の目的で利用できるし、第三者に提供する場合に、本人の同意の取得やオプトアウト手続の実施は求められない。そのため、匿名加工情報については、情報を分析したり、共有することが容易となる。

　もっとも、匿名加工情報のうちデータベース化された匿名加工情報については、その作成者は、作成した匿名加工情報に含まれる情報の項目を公表する義務などを負う。

　他方、データベース化された匿名加工情報を受けとった者は、その匿名加工情報から本人を識別する行為をしない義務などを負う。

　このように匿名加工情報を取り扱うに当たっては、個人情報保護法上、事業者にはいくつかの義務が課されており、まったくの自由ではない点に注意が必要である。

(6)　パーソナルデータを考慮した IoT の設計

　以上の通り、個人情報保護法は、パーソナルデータの種類に応じて、そのデータを取り扱う事業者の義務を定めている。IoT システムを構築する場合には、どの種類のパーソナルデータを取得すべきかよく検討しておかなければ、無駄なコストと手間を負うことになりかねない。

　例えば、センサーがリアルタイムで収集する情報を、個人が検索できる形で体系化してデータベース化すると、「個人情報」が「個人データ」となり、第三者提供が制限されるので、データの共有に支障が生じることもあり得る。それならば、あえてデータを体系化しないまま処理したほうがよいという判断もあり得る。

　また、「個人データ」は、6か月を超えて保有すれば「保有個人データ」となる可能性があり、本人から開示・訂正・利用停止等の手続について作成・公表しなければならない。しかし、個人データを6か月以内に消去すれば、そのような負担は生じない。

　取得したデータに要配慮個人情報が含まれていると、そのままでは、そのデータを流通させることは困難となる。そのため、要配慮個人情報はあえて取得しないこともあり得る。

一般論としては、事業者の負担は、非個人情報 ＜ 匿名加工情報 ＜ 個人情報 ＜ 個人データ ＜ 保有個人データ ＜ 要配慮個人情報の順で大きくなる。そこで、取り扱うデータの形式や内容を選別することで、負担しなければならない義務を変えることができる。それによって、システム構築コストが変わってくるだけではく、データを流通させることができる範囲も変わる。ビジネスの根本にも影響してくる話である。

　IoTビジネスやシステムの仕組みを考える際に、取り扱うデータの形式や内容をどうするのかを戦略的に考えた上で、ビジネスモデルやシステムを設計することが厳しい競争を勝ち抜く上でも重要である。

3　プライバシー権

(1)　プライバシー権とは

　パーソナルデータは、個人情報保護法とは別にプライバシー権によっても保護される。プライバシー権について明確に規定した法律はないが、裁判例によって、プライバシーは法的に保護されるべき人格的利益として認められてきた。

　プライバシー権について取り上げると必ず出てくる有名な裁判として「宴のあと」事件[注8]がある。これは、三島由紀夫の小説「宴のあと」でモデルとなった人物（元外務大臣）が、私生活が暴かれプライバシーが侵害されたとして、作者の三島由紀夫と出版社に対して慰謝料と謝罪広告を求めた事件である。

　この事件で裁判所は、プライバシー権を「私生活をみだりに（むやみやたらに）公開されないという法的保障ないし権利」と定義し、個人はこのようなプライバシー権を有しているとして、①私生活上の事実または私生活上の事実らしく受け取られるおそれのある事柄であること、②一般人の感受性を基準にして当該私人の立場に立った場合、公開を欲しないであろうと認められる事柄であること、③一般の人々にいまだ知られていないことの3要件を満たす場合には、そのような事柄を公開することはプライバシーの侵害になるとした。

注8)　東京地判昭和39・9・28下民集15巻9号2317頁。

もっとも、これは昭和39年の古い判決であり、この時代においては、マスメディアによるプライバシー侵害が議論の中心であり、有名人の私生活を念頭にプライバシーが論じられてきた。

　現在、プライバシーで問題となるのは、一般人のパーソナルデータの無断利用に対する懸念である。そのような流れの中で、プライバシー権とは「自己の情報をコントロールする権利」であるとする考え方が台頭してきた。この考え方のもとでは、自己に関する情報を不当に取得・収集されないという側面と、自己に関する情報について閲覧・訂正・削除を請求することができるという側面があると考えられている。このような見解の台頭を受けて、裁判所の考えも微妙に変わってきている。

　江沢民講演会事件[注9]では、講演会に出席した学生の名簿を警察などに無断で提出した大学の行為がプライバシー侵害になるかが争われた。その名簿には、氏名・住所・電話番号・学籍番号が掲載されていた。最高裁は、そのような秘密性が低い情報であっても、本人が、自己が欲しない他者に対してはみだりにこれを開示されたくないと考えることは自然なことであり、そのことへの期待は保護されるべきとして、プライバシー侵害に当たると判断した。

　しかし、自己の情報といってもさまざまな情報があり、すべての情報についてコントロールする権利が認められるという考え方は現実的ではないこともあり、プライバシー権＝自己の情報をコントロールする権利という考え方はまだ一般的ではない。もっとも基本的には、本人が他人に対してみだりに開示されたくないと通常考えられるような情報については、開示するか否かについては本人の意思が尊重され、無断で開示することがプライバシー権の侵害になるといえよう。

　なお、憲法21条で保障されている「表現の自由」が関係する場合には、プライバシーと表現の自由のバランスのとり方が問題となる。この点について問題となったのが、ある個人が個人名をGoogleで検索すると犯罪歴が表示されるとしてGoogleに対して検索結果の削除を求めた裁判である。この裁判において、最高裁は、検索サイト側の表現の自由と表示される側

注9）最判平成15・9・12民集57巻8号973頁。

のプライバシー保護を比べ、検索サイトがネット情報流通の基盤として果たしている公益性を重視して、プライバシー情報が公表されない利益が表現の自由に優越することが明らかな場合に限って検索結果を削除できるとした[注10]。そして、その判断に当たっては、①検索結果の性質や内容、②表示される側の社会的地位や影響力、③逮捕記事などの意義や掲載時の社会的状況などを考慮するとしている。

いずれにせよ、パーソナルデータは一定の範囲でプライバシー権の対象として保護されている。したがって、パーソナルデータを取り扱う場合には、個人情報保護法だけではなく、別途にプライバシー権についても考慮する必要がある。プライバシー権により保護される情報と個人情報保護法によって保護される情報は重なり合う部分はあるが、まったく同じではない。個人情報保護法とプライバシーの保護対象との関係は【図表1-15】のように考えることができる。

(2) 肖像権

プライバシー権の一内容もしくは近接する権利として肖像権がある。肖像権についても明確に規定した法律はないが、最高裁判所は、公法上の権利[注11]としてだけでなく、私法上の権利としても、個人は、承諾なくみだりに自己の容貌等を撮影されないということについて法律上保護されるべき人格的利益を有し、また、撮影された写真をみだりに公表されない人格的利益も有することを認めている[注12]。

肖像権は、①本人の承諾なくみだりに撮影されない権利という撮影の側面と、②本人の承諾なく撮影された写真、作成された肖像を利用されない権利という利用の側面に分けて考えることができる。したがって、他人の容姿を無断で撮影する場合はもちろん、他人の写真を無断で利用する場合も、肖像権侵害となり得る。なお、前記①②に加えて、肖像権には、撮影された肖像の利用に対する財産的利益を保護する権利という財産的利益の側面もある。例えば、アイドルが自らの写真をファンに販売することによって得られる利益は、本来アイドル本人(またはその所属事務所等)に帰属

注10) 最決平成29・1・31裁判所ウェブサイト。
注11) 最判昭和44・12・24刑集23巻12号1625頁。
注12) 最判平成17・11・10民集59巻9号2428頁。

【図表1-15】個人情報保護法とプライバシー保護対象の関係

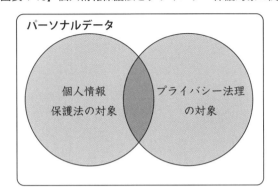

するはずのものであり、ネット上でダウンロードしたアイドルの写真を無断で複製（コピー）して販売し利益を得る行為は、このような権利の侵害になり得る。もっとも、このような権利は一般にパブリシティ権と呼ばれており、プライバシーに類似する側面が強い純粋な肖像権とは若干性質が異なる。

撮影という側面について、一般論としては、個人の承諾なしにその姿を撮影する行為は、肖像権の侵害に当たる可能性がある。侵害の成否・損害の程度の判断において種々の事情が考慮されるものの、撮影が肖像権侵害に当たる可能性があるという点においては、意図的にある個人を狙って撮影したか、防犯カメラのような定点カメラに映り込んでしまったのかを問わない。

実際に、コンビニエンスストアの店内に設置された防犯カメラで客を撮影することが肖像権侵害に当たるか否かが裁判において争われた事例もあり、その裁判では、結論においては肖像権侵害には当たらないとされたものの、店内において買物する個人が、商品の選択、店内における行動態様等について、他人に知られることを欲しないことも認められるべきであり、店内において承諾なく客を撮影することは肖像権侵害に当たり得るものであり、それが肖像権侵害として違法になるか否かは、店側が撮影をする目的の相当性、必要性、方法の相当性等を考慮して判断されると判示された(注13)。

一般論として、公共の場所で撮影された写真に個人が映り込んでいたような場合には肖像権侵害にはならないと考えられている。また、特に肖像権侵害が問題となりやすいのは、プライバシーを侵害するようなかたちで撮影する場合やそのように撮影された写真を利用する場合である。自宅や別荘などの私的な生活空間や、医師にプライバシーを開示して診療・治療を受ける場所である病院などは、一般的に他人の視線から遮断された場所であって、無断で撮影されると重大な精神的苦痛を被る場所であるため、このような場所にいる人の姿を無断で撮影すれば肖像権侵害になる可能性が高い。また、水着姿など、撮影される被写体の姿態の状況によっても、肖像権侵害になる可能性が高くなる。このように、個人の容姿等の撮影（写り込みを含む）や利用を伴う技術の開発に当たっては、肖像権に対する十分な配慮が必要である。

4 OECD8原則

情報は国境を越えて移動することが簡単であるため、国際的な視点も重要である。パーソナルデータの保護についての国際的な基準としては、国際的な情報化に対応するために作成されたOECDの「プライバシー保護と個人データの国際流通についてのガイドライン」と、それにおいて提示された「OECD8原則」がよく知られている。OECD8原則は【図表1-16】の通りである。このOECD8原則を参考として、個人情報保護法の事業者の義務が定められている。

5 自主規制・プライバシー感情への配慮

パーソナルデータを取り扱うに当たっては法律を守っていれば十分というものではない、法律は守るべき水準の最低限にすぎない。特に、パーソナルデータについては、例え法律を守っていたとしても、利用者がプライバシー侵害と思えば、大きな社会的批判を浴びたり、利用者離れが起こり、ビジネスが成り立たなくなることもある。プライバシーを尊重しない企業という評価が広まると、その企業は消費者から見放されてしまう。そのた

注13）名古屋地判平成16・7・16判時1874号107頁。

第 3 章　IoT をめぐる法律問題

【図表 1-16】OECD8 原則と個人情報取扱事業者の義務規定の対応

OECD8 原則	個人情報取扱事業者の義務
○　目的明確化の原則 　収集目的を明確にし、データ利用は収集目的に合致するべき ○　利用制限の原則 　データ主体の同意がある場合、法律の規定による場合以外は目的以外に利用使用してはならない	○利用目的をできる限り特定しなければならない（15 条）。 ○利用目的の達成に必要な範囲を超えて取り扱ってはならない（16 条）。 ○本人の同意を得ずに第三者に提供してはならない（23 条）。
○　収集制限の原則 　適法・公正な手段により、かつ情報主体に通知または同意を得て収集されるべき	○偽りその他不正の手段により取得してはならない（17 条）。
○　データ内容の原則 　利用目的に沿ったもので、かつ、正確、完全、最新であるべき	○正確かつ最新の内容に保つよう努めなければならない（19 条）。
○　安全保護の原則 　合理的安全保護措置により、紛失・破壊・使用・修正・開示等から保護するべき	○安全管理のために必要な措置を講じなければならない（20 条）。 ○従業者・委託先に対し必要な監督を行わなければならない（21 条・22 条）。
○　公開の原則 　データ収集の実施方針等を公開し、データの存在、利用目的、管理者等を明示するべき ○　個人参加の原則 　自己に関するデータの所在および内容を確認させ、または異議申立てを保証するべき	○取得したときは利用目的を通知または公表しなければならない（18 条）。 ○利用目的等を本人の知り得る状態に置かなければならない（27 条）。 ○本人の求めに応じて保有個人データを開示しなければならない（28 条）。 ○本人の求めに応じて訂正等を行わなければならない（29 条）。 ○本人の求めに応じて利用停止等を行わなければならない（30 条）。
○　責任の原則 　管理者は諸原則実施の責任を有する	○苦情の適切かつ迅速な処理に努めなければならない（35 条）。

＊各義務規定には適宜除外事由あり。
＊条数は個人情報保護法を表す。

第1編　IoT・AIの仕組みと法律の概要

【図表1-17】パーソナルデータを利用するビジネスプロセスにおけるプライバシー・バイ・デザイン(注14)

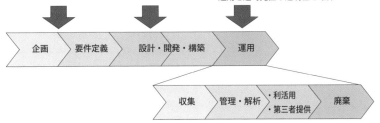

め、パーソナルデータを取り扱うに当たっては、社会通念からその取扱いが妥当か、プライバシー感情を害しないかを考えることも重要である。

　プライバシーに対する感覚は人によって、また状況によってかなり異なる。IoTシステムの運営者・設計者はこの点に十分に思いをめぐらす必要がある。そのような観点から、法律を上回る水準のルールを自主的に設けることも考えられる。IoTの分野は新しいため、違法か適法か明確でないグレーゾーンもある。そのようなグレーゾーンが問題となって社会的批判を受ける前に、先手を打って自主的に規制することでトラブルを未然に防止することを考える必要がある。

　企業単体で作成する自主ルールは、「プライバシーポリシー」という名称で策定されることが多い。プライバシーポリシーは、その検討・策定の段階と実行の段階に分けることができ（【図表1-17】）、いずれも重要である。

　このような自主ルールについては、企業単体で作成することも考えられるが、業界団体でルールを定めて業界全体で守ることも考えられる。

注14）八津川直伸「プライバシー・バイ・デザインに基づく適正なパーソナルデータの取り扱い」Unisys技法――Unisys Technology Review123号（2015）52頁。

個人情報保護法は、民間が自主規制ルールを作成することを歓迎しており、民間団体が、個人情報保護委員会の認定を受けて自主規制ルールを推進する制度を設けている。民間が、個人情報等の適正な取扱いを目的とした団体を設立すれば、個人情報保護委員会がこれを認定するという制度である。認定を受けた民間の団体（認定個人情報保護団体）は、個人情報保護指針を作成して、その団体の加盟企業がこれを遵守するという仕組みとなっている。現在そのような団体として、44団体ある（平成30年12月3日時点）。

また、個人情報に関する工業規格として JIS Q 15001「個人情報保護マネージメントシステム──要求事項」が存在する。なお情報セキュリティ全般の国際規格として ISO／IEC2700127002（JSQ27001/27002）がある。

6　プライバシー・バイ・デザイン

IoTシステムを稼働させた後にプライバシー侵害の問題が発覚すると、利用者から失う信頼も大きくなり、信頼回復するためのコストもかかる。それを防ぐために、制度設計する段階からあらかじめプライバシーを考慮して、ライフサイクル全般において体系的・継続的にプライバシーを保護するのが「プライバシー・バイ・デザイン」の発想である。

「プライバシー・バイ・デザイン」は、プライバシー情報を扱うあらゆる側面において、プライバシー情報が適切に扱われる環境をあらかじめ作り込もうというコンセプトであり(注15)、カナダ・オンタリオ州の情報プライバシー・コミッショナーのアン・カブキアン博士（Ann Cavoukian, Ph.D.）が提唱した概念である。「あらゆる側面」とは、単に技術（情報システム）を対象とするだけではなく、ビジネスプロセス全般や物理設計においても、プライバシーを考慮してデザインするということを意味する。

プライバシーを論じる際には、プライバシー情報を流通・利用したい企業側とプライバシー情報を公開したくない個人側の対立があり、その対立をどう調整するかという文脈で語られがちである。確かに、プライバシー情報の流通をめぐって、流通させるかさせないかという議論になれば、こ

注15）堀部政男ほか編『プライバシー・バイ・デザイン』（日経BP社、2012）10頁。

【図表1-18】プライバシー・バイ・デザインの7原則

① 事後の措置ではなく事前に予防する
② 初期設定でプライバシーを保護する
③ 設計時にプライバシー対策を組み込む
④ すべての機能に対して：ゼロサムではなくポジティブサム
⑤ エンドツーエンドのセキュリティ：ライフサイクル全体を通じての保護
⑥ 可視化と透明性：オープンにする
⑦ 個人のプライバシーの尊重：個人を主体に考える

のような2項対立軸で論じることになろう。

しかし、プライバシー・バイ・デザインの発想は、そのようなゼロサム的発想ではなく、プライバシー情報の保護について、企業側があらかじめプライバシーの保護に協力することで、企業側が、利用者である個人側からの信頼を得てビジネス上の関係を強化でき、Win-Winの関係を築き上げることができるという新たな発想（ポジティブサム）に基づいている[注16]。

プライバシー・バイ・デザインにおいては7つの原則がある（【図表1-18】）。

プライバシー・バイ・デザインの実施プロセスの具体例として、テロ対策などの保安のための空港における全身スキャナーの例が挙げられる。米国の空港で出国する場合、大きな円筒の箱で全身スキャンを受けたことがある人もいるだろう。この全身イメージングスキャンは、体の細部までイメージングできるため、裸を見られるのと同然として、プライバシー侵害の問題が提起されていた。これに対するプライバシー・バイ・デザインの適用として【図表1-19】が考えられた[注17]。

このように、物理設計面・技術面・運用面などにおいて制度設計時にさまざまな工夫を凝らすことによりプライバシーの侵害を防止・軽減するの

注16) 堀部政男ほか編『プライバシー・バイ・デザイン』（日経BP社、2012）14頁。
注17) 堀部政男ほか編『プライバシー・バイ・デザイン』（日経BP社、2012）29頁。

【図表1-19】プライバシー・バイ・デザインの適用例

【物理設計】
① 監視員は搭乗客が見えない別室で分析し、搭乗客と画像を見比べることができないようにする。
② 搭乗客と同性の監視員が作業する。
③ 監視員は監視室に携帯電話を持ち込むことを禁止する。
【技術】
④ 別室では裸に近い画像を外形表示に変換して表示し、画像は保存せずに破棄する。
⑤ 装置の側では、変換された画像をさらに曖昧にした画像で確認する。
【運用】
⑥ 不安や不信を抱く旅行者には、この検査を拒否して、これまでの金属探知機などによる検査を選ぶ自由が与えられる。

が、プライバシー・バイ・デザインの発想である。プライバシー・バイ・デザインはIoT開発における戦略の1つとなり得る。

　プライバシー・バイ・デザインの重要な要素として、プライバシー影響評価（Privacy Impact Assessment。PIA）がある。プライバシー影響評価とは、個人情報の収集を伴う情報システムの企画、構築、改修に当たり、情報提供者のプライバシーへの影響を「事前」に評価し、情報システムの構築・運用を適正に行うことを促すプロセスをいう。日本においても、行政機関について、マイナンバー制度導入に伴い「特定個人情報保護評価」制度が導入され、PIAを実施することとされた。民間企業においてPIAを実施する際の参考になるであろう。

第4章
AIをめぐる法律問題

I　AIの基礎知識

1　AIとは

　AIとは、Artificial intelligenceの略称であり、直訳すれば「人工的な知能」という意味である。本来的には、字義通り、人間がもつ「知能」を人工的な手段（例えばコンピュータ上の演算）で実現させたものを指すが、今日では、一定の情報処理・機械制御の場面において、人間が具体的に指示しなくても、コンピュータが自ら学習し、その学習結果をもって出力・動作を行うシステムをAIと表現することも多い(注1)。

　一口にAIといっても見かけ倒しのものから高度なものまでさまざまである。本書で想定するAIは、機械学習などにより学習し、人間の個別の指示なしに作動する高度なAIである（もっとも人間と同じ知能レベルに達している必要はない）。なぜなら、AIがこのレベルに達するとさまざまな法律問題が生じてくるからである。AIについては数多くの書籍が出版されているので(注2)、詳細はそれらを参考にしていただき、ここではAIの知識がない人向けに、本書と関連する範囲でAIの基礎知識について簡単に解説する。

注1）人工知能の定義については研究者の中でも明確な定義が定まっておらずさまざまな考え方がある（人工知能学会監修『人工知能とは』〔近代科学社、2016〕ⅲ頁以下）。
注2）松尾豊『人工知能は人間を超えるか』（角川選書、2015）など。
注3）松尾豊『人工知能は人間を超えるか』（角川選書、2015）60頁。

2　AIの歴史

　AIという言葉が1956年に生まれて以来、AIにはこれまで3つのブームがあったとされる[注3]。第1次AIブームは1950年代後半から1960年代で、コンピュータにより推論・探索させることで迷路などの特定の問題を解く研究が進んだが、複雑な現実の問題が解けないことが明らかになるとブームは終焉した。

　第2次AIブームは1980年代で、コンピュータに知識を入れて活用する研究が進み、専門知識に基づいて判断を自動化するエキスパートシステムが作られた。しかし、実際に運用するには膨大な知識を整理して管理することが必要であり、それが困難であることが明らかになるとブームは終焉した。

　第3次AIブームが現在進行中である。1990年頃からインターネットが普及し、2000年代に入るとウェブを通じて大量のデータが入手できるようになり、大量のデータを用いた機械学習と呼ばれる手法が発展し現在に至っている。

3　機械学習

　機械学習とは、コンピュータのプログラムが、データから学習して判断や推論を行うためのアルゴリズムを作成する仕組みである。

　機械学習にはさまざまな手法があるが、代表的なものとして、①教師あり学習、②教師なし学習、③強化学習、④ディープラーニングがある。なお、これらを組み合わせることもある。

　①教師あり学習とは、まず、第1段階で、問題と正解がセットになっている学習用データセットを使ってコンピュータに学習させて、正解を導く最適な学習済みモデルを作成させる。学習済みモデルの作成は、学習前のモデル（アルゴリズム）に問題を回答させて、間違いがあればモデルやパラメータを修正し、満足のいく正解レベルに達するまで繰り返すことによりなされる。学習済みモデルができると、第2段階として、未知の問題に対して、学習済みのモデルを使って正解を導き出す。

　②教師なし学習とは、答えのない学習用データセットから学習する手法

第1編　IoT・AIの仕組みと法律の概要

【図表1-20】機械学習（教師あり）の仕組み

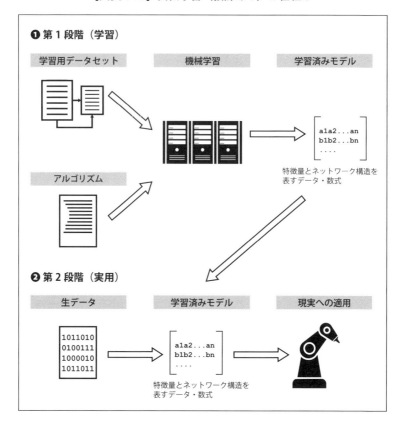

である。この手法では、学習用データセットに存在する構造を見つけることで学習済みモデルを生成する。

③強化学習とは、望ましい結果に対して報酬・罰則を与えることで、コンピュータがどの行動が最大の報酬を生み出すかを試行錯誤によって学習する手法である。

このような機械学習では、最初は人間が何らかのかたちで関与するが（例えば学習用データセットの選択やアルゴリズムの設計など）、学習した後のコンピュータは、学習後のモデルにより判断するので、その判断には人間の直接の指示は及んでいないことになる。

機械学習したAIについては、設計者は、あるデータを与えればどのような結果が出るかについては把握できるとしても、なぜそのような結果に至ったかというプロセスについて具体的に説明することは困難である。その意味で、機械学習するAIの判断プロセスはブラックボックス化することになる。

4　ディープラーニング

現在、AIの領域で注目されているのがディープラーニング（深層学習）である。2016年にGoogle Deepmind社が開発したAIの「AlphaGo」が、囲碁の対戦で歴代最強の棋士と呼ばれるイ・セドル9段を破って世間を驚かせた。囲碁は指し手の数が理論的には10の360乗あるとされ（チェスは10の120乗）、AIがプロ棋士に勝つには相当な年月がかかるといわれていたが、その予想を覆したのである。

この「AlphaGo」はディープラーニングを用いていた。ディープラーニングは「人工知能研究における50年来のブレークスルー」[注4]といわれている。2012年に国際画像認識コンテストのILSVRCでトロント大学のジェフリー・ヒントン教授のチームが開発したSuperVisionが、従来26パーセント台であったエラー率を、ディープラーニングを使って一挙に15パーセント台に下げて優勝したことで注目された。

従来のAIでは、例えば、猫とトラを区別させる際に、人間がその違い（特徴量）をコンピュータに教えなければならなかった。人間ならば猫とトラを見れば容易に区別できるが、猫とトラをきちんと区別できる特徴は何かと問われれば答えるのは難しいのではないだろうか。そのため、AIは猫とトラを見分けるような人間にとっては簡単なことが苦手であり、人間が特徴量をAIに教える必要があった。しかし、これでは人間側に膨大な作業量が発生するし、教えていないことにはAIはうまく対処できないという問題があった。ディープラーニングの革新的なところは特徴量を教えなくても自らが見つけ出すところにある。ディープラーニングにより、AIによる画像認識の分野は著しく進歩し、最近では、これまで難しいと

注4）松尾豊『人工知能は人間を超えるか』（角川選書、2015）147頁。

第 1 編　IoT・AI の仕組みと法律の概要

【図表 1-21】ディープラーニングの仕組み

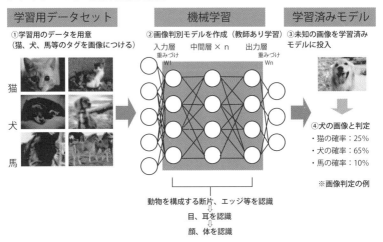

＊内閣府本検討委員会の背景及び関係省庁の取組みについて（2016 年 10 月 31 日）

されてきた画像認識について人間よりも識別能力を上回ってきている。

　ディープラーニングは、人間の脳の神経伝達メカニズムをモデルとしたニューラルネットワークを用いた機械学習の一種である。人間の脳は神経細胞（ニューロン）のネットワークで構成されている。ニューロンは、他のニューロンから神経伝達物質を受け取る量が一定に達すると発火し、電気信号を発生させて、他のニューロンに神経伝達物質を放出し、この連鎖によって人間の脳が活動している。人間の脳のニューロンの数は千数百億個になる。ニューラルネットワークはこの仕組みをプログラム上でモデル化したものである。

　その仕組みを述べると、ニューラルネットワークでは、入力層のニューロンが信号に対して数値による重みづけ（w1、w2）を行って出力し、中間層（隠れ層とも呼ばれる）のニューロンに信号を伝達する。中間層のニューロンは、その信号の合計値が一定の閾値を超えると、次の層のニューロンに対して同じように数値による重みづけを行った出力をする（【図表 1-21】）。ニューロンの中間層を重ねていく（ディープにする）ことからデ

60

第4章 AIをめぐる法律問題

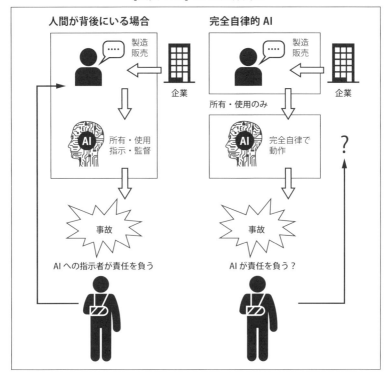

【図表1-22】AIの法律問題

ィープラーニングと呼ばれる。

　ディープラーニングにおける学習は、学習用データに対して、正解が出るように各ニューロンの信号の重みづけを調整することで学習していく。したがって、この重みづけ（数値）の膨大なデータが学習の成果物といえる。

　この学習には膨大な時間と労力が必要である。前述のトロント大学がILSVRCで使ったモデルでは、65万のニューロンを使い、学習で調整するパラメータは6000万個で、100万枚のトレーニング画像を使い、2台のGPUで2週間かけて学習したとされている。

Ⅱ AIにおける法律問題

　AIにおける民事法の領域における主要な法律問題は、究極的には自律的なAIの判断・行動が人間の意思や思考に基づくものではないことから生じる。以下に主なものを列挙してみる（なお、指摘する問題点に対する検討については**第2編第3章**参照）。

1　不法行為

　AIが人間の想定を超える動作をして、人間に危害を加えた場合に誰がどのような責任を負うのであろうか。

　民法では、被害者は加害者に損害賠償責任を追及することができるが、その責任が認められるためには、法律的には、加害者に「故意・過失」（意図的にやったか、やったことに不注意があったこと）が必要である。「故意・過失」は人間の心理状態であるので、AIに「故意・過失」を認めることはできない。そこで、AIの背後にいる人間の「故意・過失」が問題となるが、AIが人間の想定を超える動作をした場合には、果たして「故意・過失」があるといえるのかが問題となる。

　また、AI製品を製造・販売したメーカーやAIソフトウェアを作成したシステム開発会社についても「故意・過失」があるのかが問題となる。これらの企業に対して製造物責任を追及することも考えられる。製造物責任法では企業に過失がなくても製品に「欠陥」がある場合に責任を追及できるとされているが、どのような場合にAI製品に欠陥があるといえるのか、現時点で確立した解釈は存在しない。

　なお、AIが引き起こした事故の刑事責任などについても、刑事責任の成立には故意・過失が必要とされていることから同じような問題がある。

2　契約の有効性

　現在の日本の民法では、人間の有効な意思に基づいていることが契約が有効となる前提条件であり、人間の有効な意思に基づかない契約については、取消しや無効を主張することができる。AIが契約を締結した場合、

人間の意思を前提とした観点からは、契約の有効性に疑問が出てくる。

　もちろん、AIには、背後にそれを使用する人間がいるはずなので、AIが契約をしたとしても、AIの背後にいる人間が判断したと評価することができる場合には、今まで通りの考え方で契約の有効性を判断することができる。しかし、AIが、人間の想定を超える判断をして契約をした場合に、その契約は人間の意思を反映しているとはいいがたい。そこで、そのようなAIが締結した契約について取消しや無効を主張したりすることができるか否かが問題となる。

　さらに一歩進んで、AIが人間から見て明らかにおかしい契約を締結した場合に、相手の人間はその契約の締結に当たり調査する義務があるのか、契約がプラットフォーム上で締結される場合にプラットフォーム提供者がAIによる異常な契約を排除する義務を負うかなども問題になり得る。

3　AIの創作物の知的財産権

　人間がAIと異なる点として、創造力や芸術性を挙げる人は多いであろう。では、AIが作成した作品に著作権は生じるであろうか。著作権法は、著作物として保護されるのは、「思想又は感情を『創作的』に表現したもの」としている（2条1項1号）。そのため、AIが作った小説や写真などの作品に創作性があるとして著作権が認められるが問題となる。

　今後、AIがプログラムを自動的に作成することが日常的になることは十分に考えられる。プログラムにはプログラム著作物としての著作権が認められているが、コンピュータに対する指令の組合せに創作性があることが必要とされているため、AIが自動的にプログラムを作成した場合に、創作性があるといえるのか問題となる。

　これらの点については、一般的にはAIの作成物に創作性を認めることは難しいと考えられている。

　では、AIが発明した場合に特許は成立するのであろうか。この点について、現行の特許法では発明の主体は自然人とされているので（特許法29条1項柱書）、自然人でないAIが特許権をもつことはない。「AIが発明するのか？」と思う人がいるかもしれないが、AIに薬の開発をさせている企業もあり、薬には特許は成立するのだから、このような問題が起こり得る。

4 AI開発についての知的財産権

　AIのプログラムについてはその表現に創作性があればプログラム著作物として著作権が成立する。もっとも、AIのアルゴリズム自体については、アルゴリズム（問題処理の論理的手順）は著作権の保護の対象外とされているので（著作10条3項3号）、著作権法では保護されない。

　AIの開発に機械学習を利用する場合に、そのための学習用データセットや学習済みモデルに著作権が認められるのかが問題となる。結論的にはこれらに著作権が認められるには創作性などの一定の要件を満たす必要がありハードルは高い。また、学習用データセットを作成するために他人のデータを利用する場合、他人の著作権を侵害することにならないかも問題となる。これについては著作権法（平成30年改正後の30条の4）の規定により、コンピュータによる情報解析を行うことを目的とする場合には著作権侵害とならない場合がある。

　また、AIに関する特許権を取得しようとする場合には、AIは基本的にプログラムであることからソフトウェア関連特許として特有の問題がある。

Ⅲ　AIにおける倫理問題

　AIの倫理問題は、AIを開発するに当たってどのような倫理を守るべきかという問題と、従来から存在していたがAIの登場によって表面化する倫理の問題に分けることができる。後者は、高度なAIがなかった時代には曖昧なまま放置することができたが、AIによって事実を正確に把握し、将来の予測を高い精度でできるようになることから、認識されるようになった倫理問題である。

　AIを開発するに当たっての倫理については、AIネットワーク化検討会議による「AIの研究開発に関する原則」や日本人工知能学会倫理委員会による「人工知能学会　倫理指針」が公表されている。後者は、法規制の遵守、他者に危害を加えないこと、プライバシーの尊重、説明責任、人工知能も倫理指針を守ることを求めていることが注目される。

　また、AIを社会で利用するための倫理としては、内閣府から「人間中

心の AI 社会原則」が公表されている。

　AI によって表面化する倫理問題の典型例としては、前述のトロッコ問題が挙げられるが、その他にも、AI によるプロファイリングが挙げられる。人間の人種や生育歴などのバックグラウンドや遺伝子情報を分析して、ある人間が犯罪をする可能性を分析することが許されるのか、仮に許されるとして、それに基づいて、犯罪予防のために予防的に拘束できるかといった問題である。テロの脅威に対して強硬姿勢をとる国家が、テロ対策という大義名分の下でテロリストを予測することや予防的拘束を行う可能性は否定できない。また、企業が、就職活動している学生のデータを分析して、その学生の将来性や業務との適合性を予測することも考えられる。これらの行為は倫理的に許されるかが問題となる。

　AI によってある人物が犯罪を犯す可能性について予測することは、直感的には倫理的な問題があるように思われる。しかしそうならば、その行為と購買履歴・検索履歴だけではなく消費者の行動データを集めて、個人がどのような商品を購入するのかを予測することとの違いはどれだけあるのであろうか。

　将来を予測することは、現在の人間の行動に影響を与えることになる。従来は「将来のことはわからない」ということで済んでいたものが、AI によって、「隣人が児童に対する性犯罪を犯す可能性が 86 パーセント」とか、「この学生は 3 年以内に退職する可能性が 55 パーセント」と予測できるようになると、人間の判断に影響を与えることになる。もちろん、人間はこういった数字を笑い飛ばして無視することもできる。しかし、子供の親であれば、隣人の性犯罪確率が 86 パーセントと予測されていたら、笑ってこれを無視するのは難しいのではないだろうか。

　そこで、そもそもそのような予測をすることを許されるのか、また、AI によるプロファイリングに基づく行動が許されるのかという倫理的問題が生じる。

【ＡＩの研究開発に関する原則】

①透明性の原則：ＡＩネットワークシステムの動作の説明可能性及び検証可能性を確保すること。
②利用者支援の原則：ＡＩネットワークシステムが利用者を支援するととも

に、利用者に選択の機会を適切に提供するよう配慮すること。
③制御可能性の原則：人間によるＡＩネットワークシステムの制御可能性を確保すること。
④セキュリティ確保の原則：ＡＩネットワークシステムの頑健性および信頼性を確保すること。
⑤安全保護の原則：ＡＩネットワークシステムが利用者および第三者の生命・身体の安全に危害を及ぼさないように配慮すること。
⑥プライバシー保護の原則：ＡＩネットワークシステムが利用者および第三者のプライバシーを侵害しないように配慮すること。
⑦倫理の原則：ネットワーク化されるＡＩの研究開発において、人間の尊厳と個人の自律を尊重すること。
⑧アカウンタビリティの原則：ネットワーク化されるＡＩの研究開発者が利用者等関係ステークホルダーへのアカウンタビリティを果たすこと。

【人工知能学会　倫理指針】

1（人類への貢献）人工知能学会会員は、人類の平和、安全、福祉、公共の利益に貢献し、基本的人権と尊厳を守り、文化の多様性を尊重する。人工知能学会会員は人工知能を設計、開発、運用する際には専門家として人類の安全への脅威を排除するように努める。

2（法規制の遵守）人工知能学会会員は専門家として、研究開発に関わる法規制、知的財産、他者との契約や合意を尊重しなければならない。人工知能学会会員は他者の情報や財産の侵害や損失といった危害を加えてはならず、直接的のみならず間接的にも他者に危害を加えるような意図をもって人工知能を利用しない。

3（他者のプライバシーの尊重）人工知能学会会員は、人工知能の利用および開発において、他者のプライバシーを尊重し、関連する法規に則って個人情報の適正な取扱いを行う義務を負う。

4（公正性）人工知能学会会員は、人工知能の開発と利用において常に公正さを持ち、人工知能が人間社会において不公平や格差をもたらす可能性があることを認識し、開発にあたって差別を行わないよう留意する。人工知能学会会員は人類が公平、平等に人工知能を利用できるように努める。

5（安全性）人工知能学会会員は専門家として、人工知能の安全性及びその制御における責任を認識し、人工知能の開発と利用において常に安全性と　制御可能性、必要とされる機密性について留意し、同時に人工知能を利用する者に対し適切な情報提供と注意喚起を行うように努める。

6（誠実な振る舞い）人工知能学会会員は、人工知能が社会へ与える影響が大きいことを認識し、社会に対して誠実に信頼されるように振る舞う。人

工知能学会会員は専門家として虚偽や不明瞭な主張を行わず、研究開発を行った人工知能の技術的限界や問題点について科学的に真摯に説明を行う。
7（社会に対する責任）人工知能学会会員は、研究開発を行った人工知能がもたらす結果について検証し、潜在的な危険性については社会に対して警鐘を鳴らさなければならない。人工知能学会会員は意図に反して研究開発が他者に危害を加える用途に利用される可能性があることを認識し、悪用されることを防止する措置を講じるように努める。また、同時に人工知能が悪用されることを発見した者や告発した者が不利益を被るようなことがないように努める。
8（社会との対話と自己研鑽）人工知能学会会員は、人工知能に関する社会的な理解が深まるよう努める。人工知能学会会員は、社会には様々な声があることを理解し、社会から真摯に学び、理解を深め、社会との不断の対話を通じて専門家として人間社会の平和と幸福に貢献することとする。人工知能学会会員は高度な専門家として絶え間ない自己研鑽に努め自己の能力の向上を行うと同時にそれを望む者を支援することとする。
9（人工知能への倫理遵守の要請）人工知能が社会の構成員またはそれに準じるものとなるためには、上に定めた人工知能学会員と同等に倫理指針を遵守できなければならない。

Ⅳ　AIがもたらす法律のパラダイム転換

　現在の法制度は人間の判断に基づいて何らかの行動がなされることを前提としているが、AIが人間の指示によらずに行動するようになると、その前提が大きく崩れることになる。AIが高度化すれば、従来の法制度はパラダイムの変換が迫られることになろう。
　AIが人間に代わって判断するのであれば、AIを法律上の主体として認めて法人格を与え、AIに法的責任の成立を認めることも絵空事としてではなく考えられよう。例えば、法人格が付与されたAIは、自らが締結した契約に拘束され、契約違反の場合には違約金を支払う義務を負い、事故を起こした場合には、AIが保有する銀行口座から損害賠償金が支払われる。違約金や損害賠償金を支払うことができなければAIは売却されて、売却代金をもって債務を支払う。こういった法制度である。
　「機械に法人格を与えるなんてそんな馬鹿なことがあるか」と考える人

もいるかもしれないが、すでに、法律は、企業という人間でない存在に法人格を付与し法的責任の成立を認め、刑事罰まで課しており、法技術的には可能である。資本主義という仕組みが成功した要因に株式会社という法制度を発明したことがある。株式会社制度は、出資者である株主が会社の損失について出資金の限度でしか責任を負わないとすることで、会社に対する投資を促進し大規模な事業をすることを可能とした。同様に、AIに法人格を認め、AIを利用する人間の責任を限定することで、AIの利用が促進されることも理論的可能性としては否定できない。

実際、ドイツでは、自動化されたシステム自体を「イー・パーソン（ePerson）」と位置付け、権利義務を有する法律の対象とすることが議論されているとのことである[注5]。もっとも、「イー・パーソン」についても、現行のドイツ法において認められないことは明白であるとされている。

もっとも現時点では、AIに法人格を与えるのは社会的受容性が形成されておらず、現時点において社会が受け入れるには時期尚早と考えられる。そこで別の方向性として、国などの公的機関が安全性などの一定の基準を満たしているAIを認証し、認証されたAIについては、使用者である人間の責任を軽減するという制度も考えられている。

パラダイムの転換にはそれなりに時間がかかるが、AIが自律的判断するようになれば現在の法制度・社会制度は確実に転換を余儀なくされる。今後、特定の者の立場に偏ることなく、AIの開発・利用促進、消費者の利便性、被害者の救済、社会的効用の最大化などの観点から最適な法制度・社会制度を模索する必要があろう。

注5）ヤンセン・マークースほか「ドイツにおけるインダストリー4.0及びモノのインターネット」国際商事法務44巻7号（2016）985頁。欧州議会は法務委員会は自律型ロボットに対しelectronic personとしての権利義務を与える可能性を検討する必要がある旨言及した報告書案を提出している（http://www.europarl.europa.eu/sides/getDoc.do?pubRef=-//EP//NONSGML%2BCOMPARL%2BPE-582.443%2B01%2BDOC%2BPDF%2BV0//EN）。

第5章

インダストリー4.0の法律問題

I　インダストリー4.0の基礎知識

　「インダストリー4.0」とは、広義には「第4次産業革命」を意味し、狭義にはドイツ政府が主導して産官学共同で進めている科学技術プロジェクトを意味する。ドイツ政府は、2011年に「High-Tech Strategy 2020 Action Plan」を公表し、インダストリー4.0を提唱して以後、このコンセプトが広がった。第1次産業革命は蒸気機関によって、第2次産業革命は重化学工業の技術革新によって、第3次産業革命はコンピュータによってもたらされ、その次の第4次産業革命がインダストリー4.0というわけである。

　インダストリー4.0では、考える機械・倉庫・製造設備が自動的に情報を交換しながら自律的に作動し、サイバーフィジカル・システムを構築することで、製造・設計・資源消費・サプライチェーン・製品ライフサイクル管理といった産業全体のプロセスの最適化を図ることが企図されている。

　ドイツ政府は、インダストリー4.0において8つの重点分野を定めている（【図表1-23】）[注1]。本書のテーマと関連性が強いのが「7　法規制のフレームワーク」であるが、その分野では、①企業のデータの保護、②データ交換等により生じる責任、③パーソナルデータの取扱い、④貿易規制が挙げられている。4項目のうち3項目がデータ関連であることは、インダストリー4.0においてドイツ政府がいかにデータを重視しているかを示しているといえよう。

注1) Communication Promoters Group of the Industry-Science Research Alliance et al. "Recommendations for implementing the strategic initiative INDUSTRIE 4.0"（April 2013）

【図表 1-23】ドイツ政府のインダストリー4.0における8つの重点行動分野

1. リファレンスアーキテクチャーの標準化とオープン化
2. 複雑なシステムの管理
3. 全国的なブロードバンドインフラの整備
4. 安全性とセキュリティ
5. 労働組織と働き方
6. 職業訓練と専門性の育成
7. 法規制のフレームワーク
8. 資源利用の効率化

　インダストリー4.0は抽象的で幅広い概念であるが、最もわかりやすい一例が「スマート工場」であろう。スマート工場では、設計・開発・生産に関連するあらゆるデータをセンサーなどにより収集し、それを分析することで機械が自律的に稼働し、最適な生産システムを構築される。

　また、インダストリー4.0の適用例として「ダイナミックセル生産方式」が挙げられる。ダイナミックセル生産方式とは、作業を行うワークステーションが、ネットワーク経由で情報にリアルタイムにアクセスし、それに基づいて自由に生産方式や生産するモノなどを組み替えて、生産の最適化を図るという生産方式である。従来のライン生産方式では、顧客や製品ごとに異なるモノを単品生産することは困難であったが、ダイナミックセル生産方式では、それが効率的にできるようになる。前述したハーレー・ダビッドソンのマス・カスタマイゼーションの事例のようなことがダイナミックセル生産方式により可能となる。

　さらに、インダストリー4.0では企業の枠を超えてリアルタイムで情報を交換することにより、サプライチェーンやエンジニアリングチェーンなどの効率化を図ることも目指されている。インダストリー4.0はそもそも産業プロセス全体の最適化を図ることを目的としており、個別の工場の効率化に尽きるものではない。もっとも、企業間を越えて情報をやりとりするためには、プロトコルやデータ形式などが標準化していなければならないので、標準化とオープン化が重要とされている。

　以上がドイツ政府のインダストリー4.0の取組みの概略であるが、以下では広義のインダストリー4.0（あるいは日本におけるインダストリー4.0）

について述べる。

Ⅱ　日本における工場のIoT化

ドイツ政府のインダストリー4.0のコンセプトがいかに革新的であったかは、現状の典型的な工場のシステムを知っていればよくわかる。

工場を運営するシステムの階層は、①経営、経理、生産管理などの機能をもつ基幹システム（ERP[注2]など）、②製造指示、製造実績を管理するMES[注3]、③機器を制御するPLC[注4]、④個別センサーなどのデバイスとなっている（【図表2-24】）。ERPレベルの経営管理のシステムはIT（情報技術）と呼ばれ本社が運営し、MES・PLCレベルの機器の制御システムはOT（Operational Technology）とも呼ばれ、工場が運営している。

従来は、ERPレベルとMES・PLCレベルの連携はされていないことが多かった。なぜなら、現場のコンピュータであるMES・PLCは、製造するためのコンピュータであり、工場を止めない・事故を起こさないというリアルタイム性や安全性が極めて重視される設計思想で設計・運用されているのに対し、経営レベルのERPは経営管理という汎用性や接続性が重視される設計思想で設計・運用されており、リアルタイム性や安全性は重視されていない。また、そもそもPLCはリレー回路を原型としておりプログラミング言語からして異なる。

PLC同士の連携についても、PLCは機器と一体化しており、ベンダーが機器と最適に動作させることを目的として設計されているため、ベンダーの独自の仕様・規格をもっている。そのため、PLCはそもそも他社製品との連携が考慮されておらず、ベンダーが異なるPLCをつなげることは簡単ではない。

そのため、現場での製造状況を経営陣がERPを通じてリアルタイムで

注2）Enterprise Resources Planning（企業資源計画）の略語であり、統合基幹業務システムなどと呼ばれる。
注3）Manufacturing Execution System（製造実行システム）の略語である。
注4）Programmable Logic Controller の略語である。

第1編　IoT・AIの仕組みと法律の概要

【図表1-24】工場を運営するシステムの概念図[注5]

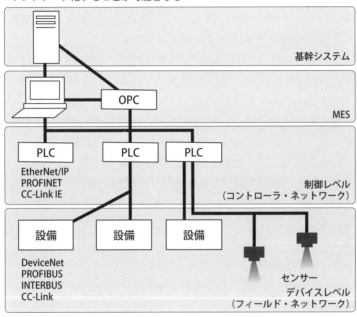

知ることや、製造現場ですべての機器同士でデータをやりとりさせて連携させることは容易ではなかった。ましてや、企業を越えてデータを交換することは、極めてハードルが高いことはいうまでもない。2016年のJIMTOF（日本国際工作機械見本市）において工作機械メーカーのファナックのIoTプラットフォーム「フィールドシステム」が国内80社の機器

注5）清威人『スマート・ファクトリー』（英治出版、2010）99頁。

250台をつなげて稼働状況を表示して注目を集めたが、注目を集めたのはこのような背景があるからである。

　近時、スマートファクトリーといったコンセプトが拡がったことで、これらを連携させる動きが強まっており、IoTプラットフォームの開発も進んでいるが、前記で述べた事情から、工場の機器を連携するには多大な労力と投資が必要であり、簡単な話ではない。ましてや中小企業の機器とつなげるとなるとさらに難易度が増すことになる。また、外部からのハッキングに対するセキュリティの問題も連携の障害となる。

　もっとも、これらの困難を乗り越えてスマートファクトリーを実現することができれば、①リアルタイム性の向上、②情報の共有化と一元化、見える化、③最適化が可能となる。それによって、①品質管理能力のレベルアップ、②間接部門を含めた管理コストの削減、③CO_2削減、省資源、④キャッシュ・フローの改善、⑤歩留り向上、⑥生産リードタイム削減、⑦設備投資削減、⑧設備保全コスト削減、⑨部品・製品削減などの改善効果を挙げることが可能となる[注6]。

Ⅲ　データの取扱い

　インダストリー4.0では、サプライチェーンを構成する複数企業が部品・原材料の状況や製造状況をリアルタイムで把握することが想定されており、複数企業がデータを相互に提供し共有することになる。データの中には価値があるものも含まれるので、データの帰属が問題となり得る。

　企業が、額に汗して集めたデータや自社の設備から生成されたデータを「自分のもの」と考えるのは自然であろう。しかし、前述の通り、現行の法制度を前提とすると、データの所有権は認められていないため、インダストリー4.0で生み出されるデータの帰属を決める場合には、企業間でデータの取扱いについての契約を結ぶことで決めることになろう。当事者間の契約である以上、データの取扱いについてどのように定めるかについては基本的には自由である。

注6）清威人『スマート・ファクトリー』（英治出版、2010）113頁。

企業としては、データ取扱いに関する契約書について、どのような項目を検討すべきかを把握し、契約書に「抜け」がないか注意しなければならない。一般論としては、データのコントロールをどうするのかという視点から契約書を作成することが望ましい。

IoTやデータに関する契約上の留意点は下記の通りである。

① データの内容・提供方法・仕様　契約の対象となるデータの内容を明確化することが望ましいことはいうまでもないが、IoT時代においては多種多様のデータが対象となるので対象の特定には工夫が必要な場合もある。提供方法については、個人データをオプトアウトにより提供する場合にはそのことが公表対象となる（個人情報23条2項）。

② 利用範囲・利用条件　利用範囲と利用条件についても明確することが望ましいが、IoTでは想定外の利用がイノベーションを生むこともあるので柔軟な対応が求められる。

③ データの処分権や知的財産権の帰属先　知的財産権のある権利帰属について優越的地位のある者が一方的に有利に定める契約は、後述する通り、独占禁止法に違反する可能性があることに留意が必要である。なお、知的財産権が認められない場合であっても権利帰属先を決めることはあり得る。

④ データ提供者の義務　本項では、データの内容に関する保証やデータ提供不能時の責任範囲等、データ提供者に義務として課すことが望ましい項目を記載するとされている。IoTでは、データの正確性についてデータの提供者がどこまで保証すべきかは重要な検討事項である。また、個人情報等や匿名加工情報については個人情報保護法が提供者に各種の義務を課していることに留意が必要である。具体的には安全管理措置を取る義務、記録の保存義務が考えられる。

⑤ データ受領者の義務　データ提供者と同様、個人情報等や匿名加工情報については個人情報保護法が受領者に各種の義務が課していることに留意が必要である。具体的には安全管理措置をとる義務、記録の保存義務、委託の場合には委託者の監督を受ける義務などが考えられる。

⑥ 不可抗力免責　データを共有する場合の責任の分担についてはよ

く検討する必要がある。オープン化したIoTでは責任の範囲が大きく広がることになるので、情報を広く共有する場合には、不可抗力の場合だけではなく、故意・重過失の場合に限定することや、情報の正確性はベストエフォートベースにすることも考えられる。

⑦　秘密保持義務　データの秘密保持は不正競争防止法との関連で重要である。IoTをオープン化する場合には秘密保持義務の対象となるデータの範囲をどのように選別・特定するかを検討する必要がある。

　日本でインダストリー4.0を発展させるためには、企業間でやりとりするデータの帰属について標準契約ひな型や約款などを作成するなど何らかのスタンダードを確立し、企業が安心してデータをやりとりできる基盤を作ることが重要であろう。なお、約款については債権法改正による改正の影響が注目される。

Ⅳ　AI・データの利用に関する契約ガイドライン

1　AI・データの利用に関する契約ガイドライン策定の経緯

　データの利活用の重要性が増加している中で、データや、それを活用するための新技術であるAI技術については、契約実務のプラクティスが確立していないことや、あるいは当事者間の認識・理解のギャップがあることにより、そもそも何が問題かわからないという悩みや、契約交渉がスムーズに進まないという問題が指摘されていた。そのため、データ取引やAI技術の開発・利用に支障が生じることが懸念されていた。

　データ契約に関連しては、すでに経済産業省等から、「データに関する取引の推進を目的とした契約ガイドライン」や「データの利用権限に関する契約ガイドラインver1.0」が公表されていたが、近時のAIやIoT技術の急速な進展に伴って、新たな問題が生じていることから、ビジネスの現場において具体的に使いやすいガイドラインの作成が望まれていた。

　そこで、経済産業省は、このような問題に対し、データ取引やAI技術の開発・利用に関する契約について、具体的な事案に基づく専門家の議論を踏まえた上で、法的論点を整理し、契約条項例や条項作成時に考慮す

第1編　IoT・AIの仕組みと法律の概要

【図表1-25】データ取引の契約の検討項目

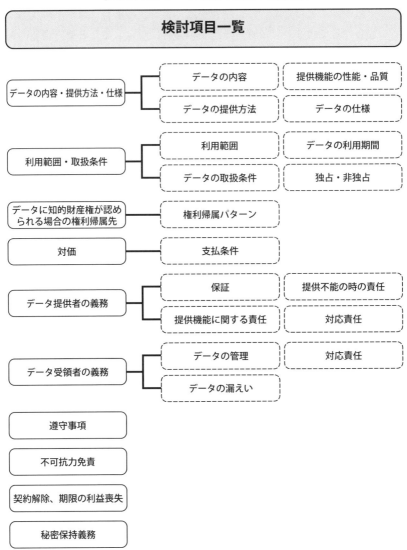

＊経済産業省「データに関する取引の推進を目的とした契約ガイドライン」（2015年10月）4頁。

第5章　インダストリー4.0の法律問題

【図表1-26】新ガイドラインの位置付け

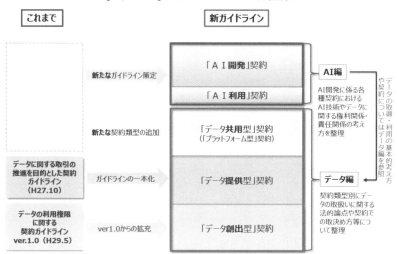

＊「AI・データの利用に関する契約ガイドライン」概要資料

る要素についての情報を情報提供することによって解決を図っていために、2017年12月に「AI・データ契約ガイドライン検討会」を設置し、2018年6月に「AI・データの利用に関する契約ガイドライン」を公表した。同ガイドラインは、「データ編」と「AI編」の2つに分かれており、以下では「データ編」について解説する（以下、「データ編」を「データ契約ガイドライン」という）。

2　データの利用に関するガイドライン

(1) データ契約の類型

データ契約ガイドラインでは、データ契約を3つの類型に分類している。

第1の類型である「データ提供型」とは、取引の対象となるデータを一方当事者（データ提供者）のみが保持しているという事実状態について契約当事者間で争いがない場合において、データ提供者から他方当事者に対して当該データを提供する際に、当該データに関する他方当事者の利用

第1編　IoT・AIの仕組みと法律の概要

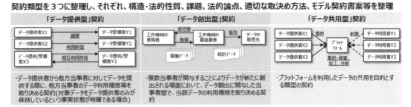

【図表1-27】データ契約の3類型

契約類型を3つに整理し、それぞれ、構造・法的性質、課題、法的論点、適切な取決め方法、モデル契約書案等を整理

＊「AI・データの利用に関する契約ガイドライン」概要資料

権限その他データ提供条件等を取り決めるための契約である。

　第2の類型である「データ創出型」とは、複数当事者が関与することにより、従前電磁的に存在しなかったデータが新たに創出されるという場面において、データの創出に関与した当事者間で、データの利用権限について取り決めるための契約である。

　第3の類型である「データ共用型」とは、複数の事業者がデータをプラットフォームに提供し、プラットフォームが当該データを集約・保管、加工または分析し、複数の事業者がプラットフォームを通じて当該データを共用するための契約である。

(2) データの法的性質

　データは無体物であり、民法上、所有権や占有権、用益物権、担保物権の対象とならず、所有権や占有権の概念に基づいてデータに係る権利の有無を定めることはできない。しかし、データ契約をめぐる交渉では、データがあたかも有体物のように扱われ、どちらに帰属するかが争点となって、議論が膠着してしまうことがある。データ契約ガイドラインは、データの法的性質について、物権的な発想に基づく硬直した議論ではなく、契約を通じて、個別の利用権限ごとにさまざまな考慮要素を評価してデータの利用権限を柔軟に調整することを提言している。

(3) データ漏えい・不正利用を防止する手段

　データに営業秘密やノウハウ等が含まれている場合、データを外部に提供すると、営業秘密やノウハウが社外で自由に利用されてしまうことを懸念する企業は多く、このことがデータ流通を障壁になっているとの指摘もある。そこで、データの漏えい・不正利用を防止する手段をどのように確

保するかが重要となる。

　そのためには、まず契約によってデータを保護する手段として、下記が考えられる。

① データにアクセスできるデータ受領者の役員および従業員を制限した上で、当該役員および従業員に秘密保持に関する誓約書を提出させることをデータ受領者に契約上義務付ける方法
② 高セキュリティのサーバに保管することや、他のデータとの分別管理を義務付ける等、データの保管方法・管理方法について具体的に契約で定める方法
③ データの管理状況についてデータ提供者がデータ受領者に対して報告や立入検査を求めることができる旨の規定を設け、その報告の結果または立入検査の結果、データ受領者の提供データの管理状況に問題があれば、データ提供者は提供データの管理方法の是正等を求めることができる旨を規定する方法

(4)　データ契約における主要な法律論点

　本ガイドラインでは、データ契約について、以下の法律論点が指摘されている。

　　(A)　派生データ等の利用権限の有無

　データ提供者から提供された提供データをデータ受領者が加工・分析・編集・統合することで、さまざまな成果物が生じる可能性がある。データ受領者が、データ提供者による派生データの利用を認める場合や、提供データから生じたデータ受領者に帰属する知的財産権の利用をデータ提供者に認める場合には、後日の紛争を避けるため、その利用の範囲や利用の際の対価の有無などについてあらかじめ契約で定めておくことが望ましい。

　　(B)　提供データに問題がある場合の責任

　データを提供する契約が有償である場合、データの品質について問題があれば民法上の瑕疵担保責任（改正後の契約不適合責任）の適用があると考えられる。そこで、提供データの正確性、完全性、有効性、安全性、第三者の知的財産権の非侵害等について、どの範囲でデータ提供者がデータの品質について責任を負うのか契約で明確にしておくことが重要である。

(C) 提供データを利用したことに起因して生じた損害についての負担

データ受領者がデータを利用している際に、第三者から当該データに関する知的財産権の侵害を理由に損害賠償請求がなされるなど、データの利用に関連して、データ受領者と第三者との間で法的な紛争が生じるようなケースがあり得る。そこで、契約で、データの利用に関連して第三者との間で生じた法的な紛争によって必要になった費用や賠償金をどちらが負担するのかを規定しておくことが望ましい。

(D) 提供データの目的外利用

データ取引契約において目的外利用禁止条項が規定されることがある。このような場合、データの利活用、特に派生データの利活用について、どの範囲で許されるのかが不明確になることも多いため、利活用の範囲について明確に規定しておくことが望ましい。

(E) クロスボーダー取引

クロスボーダー取引の場合、当該取引の相手国のデータ・ローカライゼーションや、データの越境移転規制について十分に理解しておく必要がある。

(F) 個人情報等を含むデータ

データに「個人情報」を含む場合や「個人データ」に該当する場合、個人情報保護法に基づく規制に沿った対応が必要になる場合があるので注意が必要である。

(5) モデル契約

データ契約ガイドラインでは、データ取引に関するモデル契約を公表しているが、データ提供型契約のモデル契約は【図表1-27】、データ創出型契約のモデル契約は【図表1-28】の通りである。

【図表 1-28】データ提供型契約のモデル契約書案

データ提供に関する契約書

　○○株式会社（以下、「甲」という）および○○株式会社（以下、「乙」という）は、甲から乙への○○データの提供に関し、以下の通り契約（以下、「本契約」という）を締結する。

第1条　（定義）
　本契約において、次に掲げる語は次の定義による。
　①　「提供データ」とは、本契約に基づき、甲が乙に対し提供する、甲が利用権限を有するデータであって、別紙に詳細を定めるものをいう。ただし、提供データには、個人情報の保護に関する法律に定める個人情報は含まない。
　②　「本目的」とは、乙が、○○することをいう。
　③　「派生データ」とは、乙が、提供データを加工、分析、編集、統合等することによって新たに生じたデータをいう。

第2条　（提供データの提供方法）
　甲は、本契約の期間中、乙に対して提供データを、別紙に定める提供方法で提供する。ただし、甲は、データ提供の○日前までに乙に通知することで別紙の仕様および提供方法を変更することができる。

第3条　（提供データの利用許諾）
1　甲は、乙に対して、提供データを本契約の有効期間中、本目的の範囲内でのみ利用することを許諾する。
2　乙は、本契約で明示的に規定されるものを除き、提供データについて開示、内容の訂正、追加または削除、利用の停止、消去および提供の停止を行うことのできる権限を有しない。
3　乙は、甲の書面による事前の承諾のない限り、本目的以外の目的で提供データを加工、分析、編集、統合その他の利用をしてはならず、提供データを第三者（乙が法人である場合、その子会社、関連会社も第三者に含まれる）に開示、提供、漏えいしてはならない。
4　提供データに関する知的財産権（データベースの著作物に関する権利を含むが、これに限らない）は、甲に帰属する。ただし、提供データのうち、第三者に知的財産権が帰属するものはこの限りではない。

【①提供データの譲渡の場合】

> 甲は、乙に対して、提供データに関する一切の権限（著作権法 27 条および同法 28 条の権利を含むがこれに限られない）を譲渡する。

【②提供データの共同利用（相互利用許諾）の場合】

> 1 甲は、乙に対して、甲が保持するデータ（以下、「甲データ」という）を本契約の有効期間中、本目的の範囲内でのみ利用することを許諾し、乙は、甲に対して、乙が保持するデータ（以下、「乙データ」という）を本契約の有効期間中、本目的の範囲内でのみ利用することを許諾する。
> 2 甲および乙は、相手方の書面による事前の承諾のない限り、相手方が利用権限を有するデータを第三者に開示、提供、漏えいし、本目的以外の目的で利用してはならない。

第4条　（対価・支払条件）（※従量課金の場合）
1　乙は、提供データの利用許諾に対する対価として、甲に対し、別紙の 1 単位当たり月額〇円を支払うものとする。
2　甲は、毎月月末に乙が利用している単位数を集計し、その単位数に応じた利用許諾の対価を翌月〇日までに乙に書面（電磁的方法を含む。以下同じ）で通知する。
3　乙は、本契約期間中、第 1 項に定める金額に消費税額および地方消費税額を加算した金額を、前項の通知を受領した日が属する月の末日までに甲が指定する銀行口座に振込送金の方法によって支払うものとする。なお、振込手数料は乙の負担とする。

【固定料金の場合】

> 1 乙は、提供データの利用許諾に対する対価として、毎月月末までに月額〇円を甲が指定する銀行口座に振込送金の方法によって支払うものとする。なお、振込手数料は乙の負担とする。
> 2 前項の提供データの利用許諾に対する対価の計算は、月の初日から末日までを 1 月分として計算し、乙による提供データの利用可能な期間が月の一部であった場合、対価は利用した期間の日割り計算によるものとする。

第 5 章　インダストリー4.0 の法律問題

【売上の配分の場合】

　1　乙は、本契約の有効期間中、各計算期間（4月1日〜翌年3月31日とする）における○○によって生じた売上金額その他甲の指定する事項に関する報告書を作成し、当該計算期間終了後15日以内に甲に対して提出しなければならない。
　2　乙は、○○によって生じた売上金額の○％を、提供データの利用許諾に対する対価として、第1項に定めた報告書を提出した日の翌月末日までに、甲が指定する銀行口座に振込送金の方法によって支払うものとする。なお、振込手数料は乙の負担とする。
　3　乙は、第1項にいう報告書に記載する事項に関しては適正な帳簿を備えるものとし、これを本契約の有効期間中、保存・保管するものとする。甲またはその代理人は必要に応じて当該帳簿を閲覧および検査することができる。
　4　甲は、前項における帳簿の閲覧および検査により知り得た乙の機密事項を第三者に開示・漏えいしてはならない。また、甲は、帳簿の閲覧および検査により知り得た乙の機密事項を前項以外のいかなる目的・用途にも利用してはならない。

第5条　（提供データの非保証）
1　甲は、提供データが、適法かつ適切な方法によって取得されたものであることを表明し、保証する。
2　甲は、提供データの正確性、完全性、安全性、有効性（本目的への適合性）、提供データが第三者の知的財産権その他の権利を侵害しないことを保証しない。

第6条　（責任の制限等）
1　甲は、乙による提供データの利用に関連する、または提供データの乙の利用に基づき生じた発明、考案、創作および営業秘密等に関する知的財産権の乙による利用に関連する一切の請求、損失、損害または費用（合理的な弁護士費用を含み、特許権侵害、意匠権侵害、その他これらに類する侵害を含むがこれに限らない）に関し責任を負わない。
2　乙は、提供データの利用に起因または関連して第三者との間で紛争、クレームまたは請求（以下、「紛争等」という）が生じた場合には、ただちに甲に対して書面により通知するものとし、かつ、自己の責任および費用負担において、当該紛争等を解決する。甲は、当該紛争等に合理的な範囲で協力するものとする。

3 乙は、前項に定める紛争等に起因または関連して甲が損害、損失または費用（合理的な弁護士費用を含む。以下、「損害等」という）を被った場合（ただし、当該紛争等が甲の帰責事由に基づく場合を除く）、甲に対して、当該損害等を補償する。

【対応責任をデータ提供者が原則負う場合】

1 乙による提供データの利用（本契約に違反しない態様での利用に限る）に起因または関連して第三者との間で紛争、クレームまたは請求（以下、「紛争等」という）が生じた場合、甲の費用と責任で解決するものとする。また、当該紛争等に起因または関連して乙が損害、損失または費用（合理的な弁護士費用を含む。以下、「損害等」という）を被った場合、甲は損害等を負担するものとする。
2 前項の定めにかかわらず、乙は、本契約に違反する態様での提供データの利用に起因もしくは関連して生じた紛争等について、乙の費用と責任で解決するものとする。また、当該紛争等に起因または関連して甲に損害等が発生した場合、乙は当該損害等を負担するものとする。

第7条 （利用状況）
1 甲は、乙に対し、乙による提供データの利用が本契約の条件に適合している否かを検証するために必要な利用状況の報告を求めることができる。
2 甲は、合理的な基準により、前項に基づく報告が提供データの利用状況を検証するのに十分ではないと判断した場合、○営業日前に書面による事前通知をすることを条件に、1年に1回を限度として、乙の営業所において、乙による提供データの利用状況の監査を実施することができるものとする。この場合、甲は、乙の情報セキュリティに関する規程その他の乙が別途定める社内規程を遵守するものとする。
3 前項による監査の結果、乙が本契約に違反して提供データを利用していたことが発覚した場合、乙は甲に対し監査に要した費用および提供データの利用に係る追加の対価を支払うものとする。

第8条 （提供データの管理）
1 乙は、提供データを他の情報と明確に区別して善良な管理者の注意をもって管理・保管しなければならず、適切な管理手段を用いて、自己の営業秘密と同等以上の管理措置を講ずるものとする。
2 甲は、提供データの管理状況について、乙に対していつでも書面による報告を求めることができる。この場合において、提供データの漏えいまたは喪

失のおそれがあると甲が判断した場合、甲は、乙に対して提供データの管理方法・保管方法の是正を求めることができる。
3 前項の報告または是正の要求がなされた場合、乙は速やかにこれに応じなければならない。

【参考：違約金に関する条項例】
> 提供データの漏えい、喪失、第三者提供、目的外利用等本契約に違反する乙の提供データの利用により、甲に損害が生じた場合、乙は甲に対して違約金として〇円を支払う義務を負う。ただし、甲に生じた損害が上記違約金額を上回る場合には、甲は実際に生じた損害額を立証することで乙に対し当該損害額の賠償を請求することができる。

第9条 （損害軽減義務）
1 乙は、提供データの漏えい、喪失、第三者提供、目的外利用等本契約に違反する提供データの利用（以下、「提供データの漏えい等」という）を発見した場合、ただちに甲にその旨を通知しなければならない。
2 乙の故意または過失により、提供データの漏えい等が生じた場合、乙は、自己の費用と責任において、提供データの漏えい等の事実の有無を確認し、提供データの漏えい等の事実が確認できた場合は、その原因を調査し、再発防止策について検討しその内容を甲に報告しなければならない。

第10条 （秘密保持義務）
1 甲および乙は、本契約を通じて知り得た、相手方が開示に当たり、書面・口頭・その他の方法を問わず、秘密情報であることを表明した上で開示した情報（以下、「秘密情報」という。ただし、提供データは本条における「秘密情報」には含まれない）を、厳に秘密として保持し、相手方の書面による事前の承諾なしに第三者に開示、提供、漏えいし、また、秘密情報を本契約に基づく権利の行使または義務の履行以外の目的で利用してはならない。ただし、法令上の強制力を伴う開示請求が公的機関よりなされた場合は、その請求に応じる限りにおいて、開示者への速やかな通知を行うことを条件として開示することができる。
2 前項の規定にかかわらず、次の各号のいずれかに該当する情報は、秘密情報に当たらないものとする。
　① 開示の時点で既に被開示者が保有していた情報
　② 秘密情報によらず被開示者が独自に生成した情報
　③ 開示の時点で公知の情報

第1編　IoT・AIの仕組みと法律の概要

④　開示後に被開示者の責に帰すべき事由によらずに公知となった情報
⑤　正当な権利を有する第三者から秘密保持義務を負うことなく開示された情報
3　被開示者は、本契約の履行のために必要な範囲内に限り、本条第1項に基づく秘密保持義務を遵守させることを前提に、自らの役職員または法律上守秘義務を負った自らの弁護士、会計士、税理士等に対して秘密情報を開示することができる。
4　本条に基づく義務は、本契約が終了した後も〇年間存続する。

第11条　（派生データ等の取扱い）
〈データ提供者が、派生データの利用権限および提供データに基づいて生じた知的財産権を有さない場合〉【案1】

1　派生データに関しては、当事者間で別途合意した場合を除き、乙のみが一切の利用権限を有する。
2　提供データの乙の利用に基づき生じた発明、考案、創作および営業秘密等に関する知的財産権は、乙に帰属する。

〈データ受領者だけでなく、データ提供者も、派生データの利用権限および提供データに基づいて生じた知的財産権の利用権限を有する場合〉【案2】

1　派生データに関して、乙がその利用権限を有し、乙は、甲に対して、〇〇の範囲において［〇〇の目的の範囲において］派生データを無償［有償］で利用することを許諾する。
2　提供データの乙の利用に基づき生じた発明、考案、創作および営業秘密等に関する知的財産権は、乙に帰属する。ただし、乙は、甲に対し、当該知的財産権について無償［有償］の実施許諾をする。
3　派生データ、および前項の提供データの乙の利用に基づき生じた発明等に関する知的財産権の、乙から甲に対する利用許諾の条件の詳細については、甲および乙の間において別途協議の上決定する。
4　乙が、派生データを利用して行った事業またはサービスによって売上げを得たときには、乙が得た売上金額の〇％を甲に対して支払う。その支払条件については甲および乙の間において別途協議の上決定する。

〈派生データの利用権限の有無および提供データに基づいて生じた知的財産権の帰属を協議で定める場合〉【案3】

> 派生データの利用権限の有無、ならびに提供データの乙の利用に基づいて生じた発明、考案、創作および営業秘密等に関する知的財産権の帰属については、甲および乙の間において別途協議の上、決定するものとする。

第12条　（有効期間）
　本契約の有効期間は、契約締結日から○年間とする。ただし、契約の有効期間満了の○か月前までに甲または乙から書面による契約終了の申し出がないときは、本契約と同一の条件でさらに○年間継続するものとし、以後も同様とする。

第13条　（不可抗力免責）
　本契約の契約期間中において、天災地変、戦争、暴動、内乱、自然災害、停電、通信設備の事故、クラウドサービス等の外部サービスの提供の停止または緊急メンテナンス、法令の制定改廃その他甲および乙の責に帰すことができない事由よる本契約の全部または一部の履行遅滞もしくは履行不能については、甲および乙は責任を負わない。

第14条　（解除）
（省略）

第15条　（契約終了後の措置）
1　乙は、本契約の終了後、理由の如何を問わず、提供データを利用してはならず、甲が別途指示する方法で、速やかに受領済みの提供データ（複製物を含む）をすべて廃棄または消去しなければならない。
2　甲は、乙に対し、データが全て廃棄または消去されたことを証する書面の提出を求めることができる。

第16条　（反社会的勢力の排除）
（省略）

第17条　（残存条項）
　本契約終了後も、第3条第2項および3項（受領者の義務）、第6条（責任の制限等）、第10条（秘密保持義務）、第11条（派生データ等の取扱い）、第14条（解除）、第15条（契約終了後の措置）、第16条（反社会的勢力の排除）、本条（残存条項）、第18条（権利義務の譲渡の禁止）、第20条（準拠法）、第21条（紛争解決）は有効に存続する。

第 1 編　IoT・AI の仕組みと法律の概要

第 18 条　　（権利義務の譲渡禁止）
　（省略）

第 19 条　　（完全合意）
　（省略）

第 20 条　　（準拠法）
　（省略）

第 21 条　　（紛争解決）
　（省略）

第5章　インダストリー4.0の法律問題

【図表1-29】データ創出型契約のモデル契約書案

データの取扱いに関する契約書

　○○株式会社（以下、「甲」という）および○○株式会社（以下、「乙」という）は、甲および乙が共同して行う事業において創出、取得または収集されるデータに関して、以下の通り契約（以下、「本契約」という）を締結する。

第1条　（定義）
　本契約において、次に掲げる用語は次の定義による。
　①　「本件事業」とは、甲および乙の間で行われる○○をいう。
　②　「対象データ」とは、本件事業に基づいて、創出、取得または収集されたデータをいう。
　③　「加工等」とは、対象データを、加工、分析、編集、統合等することをいい、「派生データ」とは、そのような「加工等」がなされたデータをいう。

第2条　（データの利用権限の配分）
1　対象データに対する利用権限の内容は、別紙Aにおいて対象データの種類ごとにそれぞれ定める。

【案1】
2　対象データのうち、別紙Aに定めがないものについては、当該対象データの利用、開示、譲渡（利用許諾を含む）および処分を含む当該対象データに係る一切の利用権限は、【甲or乙】が有する。

【案2】
2　対象データのうち、別紙Aに定めがないものについては、両当事者間で別途合意をした上で、当該対象データの利用権限を定めるものとする。

3　甲および乙は、前項および別紙Aにより、各当事者に認められた利用権限の範囲を超えて、対象データを利用、開示、譲渡（利用許諾を含む）および処分をすることはできない。

第3条　（データの加工等および派生データの利用権限）
【案1】
1　前条に定める対象データの利用権限に基づき行われた加工等により得られた派生データに対する利用権限は、加工等の対象となった対象データに対する利用権限に準じる。

89

【案2】
1 前条に定める対象データの利用権限に基づき行われた加工等により得られた派生データに対する利用権限は、別紙Bにおいて対象データの種類ごとにそれぞれ定める。ただし、派生データのうち、別紙Bに特段の定めがないものについては、両当事者間で別途合意をした上で、当該派生データの利用権限を定めるものとする。

2 甲および乙は、前項および別紙Bにより、各当事者に認められた利用権限の範囲を超えて、派生データを利用、開示、譲渡（利用許諾を含む）および処分をすることはできない。

第4条 （対象データおよび派生データの非保証）
1 甲および乙は、それぞれ相手方に対し、本契約に基づき相手方が利用権限を有するデータ（以下、「相手方データ」という）の正確性、完全性、安全性、有効性（各利用目的への適合性）および第三者の知的財産権その他の権利を侵害しないことを保証しない。
2 甲および乙は、それぞれ相手方に対し、相手方データが必ず創出されることを保証するものではない。

第5条 （個人情報の取扱い）
1 甲および乙は、対象データに、個人情報の保護に関する法律（以下、「個情法」という）に定める個人情報または匿名加工情報（以下、「個人情報等」という）が含まれる場合には、別紙Cに定める区分に従い、相手方に対して、事前にその旨を明示する。
2 甲および乙は、別紙Cに定める区分に従い、対象データの生成、取得、および提供等について、個情法に定められている手続を履践していることを保証するものとする。
3 甲および乙は、第1項に従って対象データが提供される場合には、個情法を遵守し、個人情報等の管理に必要な措置を講ずるものとする。

第6条 （利用権限の配分に対する対価）
　甲および乙は、第2条および第3条により、相手方に対象データおよび派生データの利用権限を配分することにつき、相手方に対して、譲渡費用、利用許諾に対する対価その他の対価を請求する権利を有しない。

第7条 （収益の分配）
　前条にかかわらず、乙が、第2条または第3条に基づき、対象データまたは

派生データを第三者に提供し、当該第三者より対価を得た場合には、乙は、甲に対して、【データの譲渡代金または利用許諾に対する対価】の分配として、【譲渡代金またはライセンス報酬の】〇％を支払う。

第8条　（分担金の支払）
　甲は、乙に対して、【データ保管費用】の分担金として、甲および乙が別途協議の上定める金員を支払う。

第9条　（第三者の権利により利用が制限される場合の処理）
　甲および乙は、相手方データに、第三者の知的財産権の対象となるデータが含まれる等、相手方の利用につき制限があり得ることが判明した場合には、速やかに相手方と協議の上、協力して当該第三者の許諾を得ることまたは当該データを除去する措置を講じること等により一方当事者が利用権限を行使できるよう努める。

第10条　（データの管理）
1　甲および乙は、相手方データを他の情報と明確に区別して善良な管理者の注意をもって管理・保管しなければならず、適切な管理手段を用いて、自己の営業秘密と同等以上の管理措置を講ずるものとする。
2　甲および乙は、相手方データの管理状況について、相手方当事者に対していつでも書面（電磁的方法を含む。以下同じ）による報告を求めることができる。この場合において、相手方データの漏えいまたは喪失のおそれがあると判断した場合、甲および乙は、相手方当事者に対して相手方データの管理方法・保管方法の是正を求めることができる。
3　前項の報告または是正の要求がなされた場合、要求を受けた相手方当事者は速やかにこれに応じなければならない。
4　甲および乙は、第2条または第3条に基づき、相手方データを第三者に提供する場合には、当該第三者と秘密保持契約を締結する等して、当該第三者に対して、本条により自己が負うのと同様の義務を負わせなければならない。

第11条　（秘密保持義務）
1　甲および乙は、本契約を通じて知り得た、相手方が開示に当たり、書面・口頭・その他の方法を問わず、秘密情報であることを表明した上で開示した情報（以下、「秘密情報」という。ただし、相手方データは本条における「秘密情報」には含まれない）を、厳に秘密として保持し、相手方の書面による事前の承諾なしに第三者に開示、提供、漏えいし、また、秘密情報を本契約に基づく権利の行使または義務の履行以外の目的で使用してはならない。ただし、法令上の強制力を伴う開示請求が公的機関よりなされた場合は、そ

の請求に応じる限りにおいて、開示者への速やかな通知を行うことを条件として開示することができる。
2 前項の規定にかかわらず、次の各号のいずれかに該当する情報は、秘密情報に当たらないものとする。
 ① 開示の時点ですでに被開示者が保有していた情報
 ② 秘密情報によらず被開示者が独自に生成した情報
 ③ 開示の時点で公知の情報
 ④ 開示後に被開示者の責に帰すべき事由によらずに公知となった情報
 ⑤ 正当な権利を有する第三者から秘密保持義務を負うことなく開示された情報
3 被開示者は、本契約の履行のために必要な範囲内に限り、本条第1項に基づく秘密保持義務を遵守させることを前提に、自らの役職員または法律上守秘義務を負った自らの弁護士、会計士、税理士等に対して秘密情報を開示することができる。
4 本条に基づく義務は、本契約が終了した後も〇年間存続する。

第12条 （対象データの範囲の変更）
1 甲および乙は、本契約締結時にはその創出、取得または収集を想定し得なかった新たなデータを創出、取得または収集することができることを知り、そのデータの利活用を求めるときは、相手方に対してその旨通知し、対象データの範囲を変更することを求めることができる。
2 甲および乙は、前項により通知を受けたときは、甲および乙の間で対象データの範囲の変更が必要であるか否かを別途協議の上、必要があると決定したときは甲および乙が合意した手続に従って、対象データの範囲の変更および当該対象データに対する利用権限の配分を決定する。

第13条 （有効期間）
　本契約の有効期間は、契約締結日から〇年間とする。ただし、契約の有効期間満了の〇か月前までに甲または乙から書面による契約終了の申出がないときは、本契約と同一の条件でさらに〇年間継続するものとし、以後も同様とする。

第14条 （不可抗力免責）
　本契約の契約期間中において、天災地変、戦争、暴動、内乱、自然災害、停電、通信設備の事故・クラウドサービス等の外部サービスの提供の停止または緊急メンテナンス、法令の制定改廃その他甲および乙の責に帰すことができない事由よる本契約の全部または一部の履行遅滞もしくは履行不能については、甲および乙は責任を負わない。

第 15 条　（解除）
（省略）

第 16 条　（契約終了時のデータの取扱い）
1　甲および乙は、本契約が終了したときは、別紙 D において契約終了時におけるデータの廃棄または消去が明記されたものについて、別途甲および乙で定める手続に従い、速やかに廃棄または消去する。
2　甲および乙は、前項により廃棄または消去をする義務を負うデータ以外の対象データおよび派生データの利用権限を有し、第 2 条、第 3 条、第 10 条第 1 項および同条第 4 項に従った利用をしなければならない。

別紙 D　契約終了時に廃棄または消去されるデータ（第 16 条関係）
（省略）

第 17 条　（反社会的勢力の排除）
（省略）

第 18 条　（残存条項）
　本契約終了後も、第 9 条（第三者の権利により利用が制限される場合の処理）、第 11 条（秘密保持義務）、第 15 条（解除）、第 16 条（契約終了時のデータの取扱い）、第 17 条（反社会的勢力の排除）、本条（残存条項）、第 19 条（権利義務の譲渡禁止）、第 21 条（準拠法）、第 22 条（紛争解決）は有効に存続する。

第 19 条　（権利義務の譲渡禁止）
（省略）

第 20 条　（完全合意）
（省略）

第 21 条　（準拠法）
（省略）

第 22 条　（紛争解決）
（省略）

別紙A　対象データに対する利用権限（第2条関係）

	データ名	データ項目	対象期間	甲の利用権限	乙の利用権限
1	○○	【機器名、センサ名等、データを特定するに足りる情報】	【2018/○/○〜2019/○/○】の期間に取得されたもの	【利用目的】 【第三者提供（譲渡または利用許諾）の可否】 【加工等の可否】	【利用目的】 【第三者提供（譲渡または利用許諾）の可否】 【加工等の可否】

別紙B　派生データの利用権限（第3条関係）

	データ名	元データ	対象期間	甲の利用権限	乙の利用権限
1	○○ 【例：○○の平均値、分散、標準偏差／○○と△△の相関係数】	○○／○○および△△ 【別紙Aを引用する等して特定する】	○○の【2018/○/○〜2019/○/○】の期間に取得されたもの	【利用目的】 【第三者提供（譲渡または利用許諾）の可否】 【加工等の可否】	【利用目的】 【第三者提供（譲渡または利用許諾）の可否】 【加工等の可否】

別紙C　個人情報の手続履践に関する担当（第5条関係）

	データ名	第5条第1項に基づき明示および同条第2項に基づく保証をする当事者
1	甲の従業員に関する個人情報	甲
2	乙の顧客に関する個人情報	乙

V　データの一方的取扱いと独占禁止法

　企業間でデータを相互に提供・共有する場合に、データの帰属は基本的に契約により定めることになるが、力の強い大企業が力の弱い中小企業に対して、自己に有利となるようなデータの取扱いを定めた契約を押しつけることも考えられる。このような行為は、独占禁止法における優越的地位の濫用の禁止の規定などに抵触する可能性がある。また、下請法が適用される企業間の取引については下請法に抵触する可能性がある（下請法2条3項・4条1項5号・2項3号）。

　この点、データを取引対象とする役務の委託取引について、公正取引委員会の「役務の委託取引における優越的地位の濫用に関する独占禁止法上の指針」が以下の指針を示している。

　情報成果物が取引の対象となる役務の委託取引にあっては、受託者が作成した成果物について、受託者に著作権が発生したり、受託者にとって特許権、意匠権等の権利の対象となることがある。また、受託者が当該成果物を作成する過程で、他に転用可能な成果物、技術等を取得することがあり、これが取引の対象となる成果物とは別の財産的価値を有する場合がある。

　このような役務の委託取引において、取引上優越した地位にある委託者が、受託者に対し、当該成果物が自己との委託取引の過程で得られたことまたは自己の費用負担により作成されたことを理由として、一方的に、これらの受託者の権利を自己に譲渡・許諾させたり、当該成果物、技術等を役務の委託取引の趣旨に反しない範囲で他の目的のために利用すること（2次利用）を制限する場合などには、不当に不利益を受託者に与えることとなりやすく、優越的地位の濫用として問題を生じやすい。

　しかしながら、このような場合に、成果物等に係る権利の譲渡または2次利用の制限に対する対価を別途支払ったり、当該対価を含むかたちで対価に係る交渉を行っていると認められるときは、優越的地位の濫用の問題とはならない。ただし、このような場合であっても、成果物等に係る権利の譲渡・許諾等に対する対価が不当に低い場合や成果物等に係る権利の譲

渡等を事実上強制する場合など、受託者に対して不当に不利益を与える場合には、優越的地位の濫用として問題となる。

　ここでいう「情報成果物」とは、プログラム、映画など影像または音声その他の音響により構成されるもの、文字、図形もしくは記号などの結合により構成されるものを意味し（下請法2条6項）、データベースも含まれる。

　したがって、企業間でデータを相互に提供・共有する場合には優越的地位の濫用や下請法に違反することがないように注意しなければならない。

Ⅵ　データによって生じた損害

　ある企業が提供したデータによって生じた損害についても、データの取扱いと同様に契約で定めておくことが望ましい。多数当事者間でデータを融通する契約を定める場合には、データ提供先が提供したデータをどのように使うか完全にコントロールできない以上、莫大な損害賠償を受けるリスクを否定できないことから、データ提供者は正確なデータをベストエフォートベースで提供するが生じた損害についての責任は負わないという免責規定を設けることが考えられる。

　もっとも、契約で定めなかった場合にはどうなるかという問題は残る。

　そのような場合、損害が発生した企業からデータ提供者に対して、債務不履行責任（民法415条）に基づく請求をすることが考えられるが、データ提供者に損害賠償責任が認められるためには、データ提供者の故意・過失の存在と損害との因果関係が立証されなければならない。しかし、機器から収集したデータをそのまま提供するような仕組みの場合には、データ提供者に過失があったといえるかは議論の余地がある。また、データ利用者はデータをチェックしたり、損害を軽減する措置をとるべきであるとして、過失相殺（同法418条）が認められ、データ提供者の責任が軽減される可能性もある。また、保険を活用することも考えられる。

　いずれにせよ、データによって生じた損害の分配については現行法では明確ではなく、また一般的な契約のスタンダードも確立していないことから、データのやりとり、ひいては日本におけるインダストリー4.0の発展

の阻害要因となり得る。損害の分配についても、契約書ひな型や約款を作成するなどスタンダードを確立していくなど今後の取組みが必要な領域であろう。

Ⅶ　プラットフォームと独占禁止法

　近年急速に発展した消費者向けデジタル市場では、Google、Apple、Facebook、Amazon（4社は「GAFA」とも呼ばれる）といったプラットフォーム事業者（プラットフォーマ）が巨大化している。IoTにおいてもプラットフォームをめぐる競争が激化している。プラットフォーマが、取引における優位性を確立し、市場において支配的な地位を有することになれば、独占禁止法との関係で問題となり得る。

　プラットフォームは利用者が増えるほど、そこで取り扱われる財物やサービスの需要が上がり、それらの価値が上がって、供給者がさらにそのプラットフォームに財物やサービスを供給するようになり、さらに需要者にとって利便性が高くなっていくという特徴がある。また、デジタル市場は、リアルな世界と比べると複製コストや物流コストや在庫リスクが圧倒的に小さく、急速に拡大するという特性もある。さらに、プラットフォーマーは、自らのプラットフォーム市場で行われる取引に関する情報を簡単に手に入れることができるが、プラットフォーム上で取引をする供給事業者にはプラットフォーマーから与えられる情報しかないという情報の非対称性があり、加えて、消費者に対してどの情報をどのように提供するかも自由に決めることができる。このように、プラットフォーム事業には特殊な面があり、新規の市場参入や市場での公平な競争を阻害するおそれがあるのではないかという懸念がもたれており、公正競争委員会や経済産業省において議論がなされている。

　独占禁止法は、市場において優越的な地位を有している事業者が、自己の取引上の地位が相手方に優越していることを利用して、正常な商慣習に照らして不当に、①継続的取引相手に対して、当該取引に係る商品・サービス以外の商品・サービスを購入させること（抱き合わせ販売）、②継続的取引相手に対して、自らのために金銭・サービスその他の経済上の利益を

第1編　IoT・AIの仕組みと法律の概要

提供させること、③取引相手に対して、商品の受領拒否、返品、対価支払の遅延、対価の減額など取引相手に不利益になるように取引条件を設定・変更したり実施したりすることは、優越的地位の濫用として禁止している（同法2条9項5号）。

　プラットフォーム事業で問題となり得ると議論されているのは次のような例である。

　例えば、消費者に認知されているプラットフォームが2社しかなく、どちらかのプラットフォームで販売しなければ消費者にはなかなか届かないとする。そうなると、消費者に販売しようとする者はこの2つのプラットフォーマいずれかのと契約をせざるを得ない。プラットフォーマと契約する事業者は膨大な数になるため、このプラットフォーマとの契約は基本的に交渉の余地が一切なく、販売者はその契約を呑まざるを得ない。

　また、消費者に販売する際の決済手段をプラットフォーマが指定して一定率の手数料を徴収する方式を採用し、直接決済を行う場合よりも高い手数料で固定されることになる場合や、プラットフォーマ自らが提供する商品・サービスと競合する商品・サービスをプラットフォームから排除する場合などは、販売者に不当な不利益を課しているのではないかとの指摘もある。

　IoTシステムのプラットフォームや、IoT技術の発達やデータ利用の促進によって生まれる新たなプラットフォーム事業についても、独占禁止法上の問題がないか注意する必要がある。

AI・ロボットの映画についての主観的考察（ネタバレ注意）

　筆者はAIやロボットを題材とした映画を見るのが好きである。ロボットを主役にした映画はアクションを中心とした派手な演出のものが、AIを主役にした映画はAIとのやりとりを中心とした静かな進行のものが多いように思う。ロボット系の映画としては、「ターミネーター」、「ブレードランナー」が有名であろう。ターミネーターシリーズではターミネーター2が最高傑作である。最後のターミネーターの去り際のシーンが印象的で、AIの自殺という深いテーマを考えさせる。ブレードランナーは、人間界に紛れ込むアンドロイドを処刑するブレードランナーの話であるが、人間とAIの違いは何かを問いかける古典的名作である。もちろん原作のフィリップ・K・ディクの「電気羊はアンドロイドの夢を見るか」も必読であろう。ディズニーアニメの「ベイマックス」は、人の悩みや病気をケアするロボットである点がAIを敵視する傾向のある欧米の映画において斬新だ。ベイマックスは、人を傷つけないようにプログラムされ、外観もマシュマロのようで、ロボットは人間を危害を加えてはならないというロボット3原則のお手本のようなロボットである。ベイマックスは、ロボット3原則は守ることができるというハリウッド的な前向き（楽観的?）な世界観を提示している。ベイマックスも、ロボットの死とは何かを問いかけている作品であり、外見は大きく異なるがターミネーター2と通底している部分がある。

　AI系の映画としては、「2001年宇宙の旅」でAIのHALが暴走する話はあまりにも有名である。最近では、人間の脳をコンピュータにアップロードする「トランスセンデンス」、チューリングテストを題材とした「エクス・マキナ」、AIとの恋愛を描いた「Her」などがある。これらのAI系の映画はロボット系の映画と違って会話を中心とした静かな進行となっている。

　これらと異質な映画がマトリックスシリーズである。マトリックスも、AI対人間という構造であるが、人間は基本的にAIが創造したバーチャル世界で生活しているという設定になっている。主人公はサイバー世界と現実世界を行き来し、サイバー世界と現実世界が交錯し、本書でも述べたサイバーフィジカル・システムを体現した世界観が斬新である。この映画では現実世界のキアヌ・リーブスの脳を「訓練」し、反応スピードを上げることでサイバー世界のパフォーマンスが向上する。人間が今AIに実施していることと正反対であり、監督のウォシャウスキー兄弟/姉妹（性転換後）の先見性と発想のすばらしさには脱帽する。

第1編　IoT・AIの仕組みと法律の概要

コラム　AIと恋愛

　AIと人間は恋愛できるのであろうか。答えは可であろう。アイドルやアニメキャラが恋愛対象となるのであれば、AIが恋愛対象となっても何らおかしくない。VRが発展すればこの傾向はますます加速されることになる。AIが、人間に恋愛感情を発生させるようなやりとりをするプログラムにすることは十分可能であるし、人間と違ってわがままでもなく、嫌な思いをすることのないようにプログラムすることも可能である。そうすると、むしろ将来の人間は、リアルの人間よりもAIが好きになるのは当然なのではないだろうか。

　現に、中国では、マイクロソフトが提供する女性の対話型AIの「シャオアイス」（ユーザ数3000万人）に対して恋愛感情をもち、「愛してる」と話しかける若者も多いそうである。最近では「Gatebox」のホログラムの初音ミクと「結婚」した男性もいる。

　最近、晩婚化・非婚化が進んでおり、彼氏・彼女がいない率も上昇している。わざわざ面倒くさい人間を相手に恋愛するよりもAI相手に恋愛するほうを選択する人が増えるのは必然だろう。AIはプロファイリングにより、あなたを誰よりもわかってくれるのだから。

　そうなると、何が起こるであろうか。現在でも出生率が低下し人口減少が問題となっているが、AIが恋愛相手になるほどまで発達すると、非婚化がますます進み、出生率はますます低下することが予想される。2045年頃にシンギュラリティが到来して人間が破滅に追いやられるという予言する人もいるが、日本ではAIとの恋愛による出生率の低下のほうが現実的な危機として早く到来するのではないだろうか。そうすると、日本政府が、少子化防止のために、恋愛用のAIの販売の禁止や制限をする法律を作ることも考えられる。恋愛することで刑罰を科せられることになると、恋愛関係の人間とAIとの間で、「ロミオとジュリエット」のような引き裂かれるカップルの悲劇が生じるかもしれない。そこでは、「あなたはどうしてAIなの」「あなたはどうして人間なの」といったやりとりがされるのであろうか。

第2編

IoT・AIの法律各論

第2編　IoT・AIの法律各論

第1章

パーソナルデータの法律問題

　IoTシステムにおいては、パーソナルデータを取得・利用することを前提にしたものから、パーソナルデータを取得することを意図せずに他の情報と一緒に取得してしまうものなどさまざまなシステムが存在するが、パーソナルデータを取得・利用する場合には法律問題が発生する可能性がある。そこで、本章では、パーソナルデータの取扱いについて、最も問題となる個人情報保護法を中心に解説する。

I　個人情報の取扱いに当たって事業者が負う義務

1　ショッピングモールの事例

　IoTシステムにおけるパーソナルデータの取扱いをわかりやすく説明するために、ショッピングモールでのカメラ映像を使用した次のようなIoTシステムを想定してみる[注1]。

　そのIoTシステムでは、ショッピングモールの運営者が、ショッピングモールのさまざまな場所にカメラを設置する。そして、通行人の容貌・服装・歩き方をカメラで撮影し、映像データから誰がどのような容貌・服装・歩き方をしているかをデータベース化し、そのデータベースと各カメラが撮影した映像データを照合して、通行人の行動をモニターする。そのデータを使って、通行人の移動経路やどの商品を手にとったかなどを把握し、消費行動の分析を行う。その分析結果をテナントに提供し、各テナントは、品揃えを決める参考とするほか、商品購入時にレジでクーポンを発行するなどのターゲティング広告を行う。

注1）IoT推進コンソーシアムほか「カメラ画像利活用ガイドブック ver2.0」（2018年3月）は、事業者のカメラ画像の取扱い方についての判断枠組みを提供している。

第1章　パーソナルデータの法律問題

【図表 2-1】大阪ステーションシティ実証実験システム概要

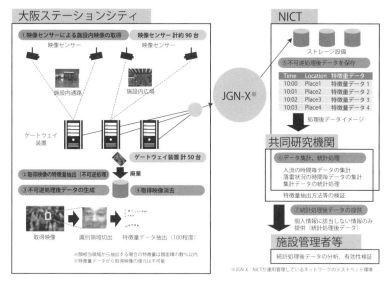

＊独立行政法人情報通信研究機構 2013 年 11 月 25 日プレスリリース「大規模複合施設における ICT 技術の利用実証実験を大阪ステーションシティで実施」より作成。

　なお、最近、Amazon Go などの無人コンビニが話題に上がることがあるが、無人コンビニにおいても個人の画像データを利用することから同様のシステムとなることが想定される。

　このような IoT システムには、どのような法律上の問題があるのだろうか（答えは 141 頁以下に記載）。

　実際に、通行人をカメラ撮影した情報を活用しようとした例として、独立行政法人情報通信研究機構（NICT）が大阪ステーションシティで計画した実証実験がある（【図表 2-1】）。この実証実験では、施設に設置したカメラで通路や広場を歩いている通行人を撮影し、顔の特徴・服装などの外見的特徴・歩き方などを映像解析技術を使って解析し、個々の通行人の動きを追跡し、人の流れの統計情報を作成するというものであり、災害時の通行人の状況を把握して、避難誘導に活用することを目的としていた。

　NICT がこの実証実験の実施を発表したところ、市民団体などが重大なプライバシー侵害であると実証実験の中止を要請するなどしたため、結局、

実証実験は中止されることになった。災害時の避難誘導という目的は正当な目的に思える。いったい何が問題であったのだろうか。

2　個人情報取扱事業者

個人情報保護法上のさまざまな義務は、誰もが負う義務ではない。基本的には、「個人情報取扱事業者」と「匿名加工情報取扱事業者」と定義される者が負う。多くの条文でも、「個人情報取扱事業者は、……しなければならない」というかたちで規定されている。

「個人情報取扱事業者」とは、個人情報データベース等を事業の用に供している者であり(注2)、国の機関・地方公共団体・独立行政法人・地方独立行政法人法・地方独立行政法人は除かれる（個人情報2条5項）。法人格の有無は関係がなく、権利能力のない社団（任意団体）や個人であっても、個人情報取扱事業者に該当し得る。

「個人情報データベース等」とは、個人情報を含む情報の集合物であって、①特定の個人情報を検索することができるように体系的に構成されたもの、または、②個人情報を一定の規則に従って整理することにより特定の個人情報を容易に検索することができるように体系的に構成した情報の集合物であって、目次、索引その他検索を容易にするためのものを有するものである（個人情報2条4項、個人情報令3条）。

「匿名加工情報取扱事業者」についても、匿名加工情報を対象とするものの、基本的に同様である（詳細は**第2章**で後述する）。

このように個人情報や匿名加工情報を体系化したデータベースを事業用に使っている者だけが個人情報取扱事業者や匿名加工情報取扱事業者としての義務を負う。したがって、IoTシステムのセンサーが個人情報を取得したとしても、そのデータが特定の個人情報を検索できるようにデータベース化されていなければ、個人情報取扱事業者や匿名加工情報取扱事業者としての義務は負わない。

注2）「事業の用に供している」の「事業」とは、一定の目的をもって反復継続して遂行される同種の行為であって、かつ社会通念上事業と認められるものをいい、営利・非営利の別は問わない。

なお、以下からは、個人情報取扱事業者や匿名加工情報取扱事業者の表現を簡略化するために、単に「事業者」と呼ぶことにする。

3　個人情報

(1)　個人情報の該当性

個人情報の取扱いについての法律問題は、検討対象となるの情報が「個人情報」に該当するか否かが出発点となる。

個人情報保護法における「個人情報」とは、①生存している個人に関する情報のうち、②ⅰ特定の個人を識別することができるもの（他の情報と容易に照合することができ、それによって特定の個人を識別することができるものを含む）、またはⅱ個人識別符号が含まれるものと定義されている（個人情報2条1項）。

この定義からわかるように、「個人情報」は、氏名・住所に限られない。何が「個人情報」に当たるかについては判断することは意外と簡単ではない。例えば、個人のメールアドレスや、ショッピングサイトのIDとパスワード、スマホのGPSによって取得された位置情報が「個人情報」に当たるかは一義的に明確ではなく検討が必要となる。

(2)　生存している個人に関する情報（要件①）

「個人情報」は、生存している個人の情報とされているため、死者の情報は個人情報に該当しない。例えば、太平洋戦争の戦没者名簿や病死者の治療記録は「個人情報」ではない。また、法人は個人ではないので、法人情報は個人情報に該当しない。

「個人に関する情報」とは、氏名・住所・性別・生年月日・顔画像など個人を識別する情報が典型例である。しかし、これに限られず、個人の身体・財産・職種・肩書等の属性に関して、事実・判断・評価を表すすべての情報であるとされている。

では、フェイスブックなどの実名SNSにアップされている氏名などは、公開されているが、個人情報に該当するのであろうか。

この点、個人情報の該当性の判断に当たっては、ウェブサイト・評価情報・公刊物によって公にされている情報や、映像・音声による情報も含まれ、暗号化によって秘匿化されているかどうかを問わないとされており、

【図表 2-2】個人に関する情報の例(注3)

① 本人の氏名
② 生年月日、連絡先（住所・居所・電話番号・メールアドレス）、会社における職位または所属に関する情報について、それらと本人の氏名を組み合わせた情報
③ 防犯カメラに記録された情報等本人が判別できる映像情報
④ 本人の氏名が含まれる等の理由により、特定の個人を識別できる音声録音情報
⑤ 特定の個人を識別できるメールアドレス（kojin_ichiro@example.com 等のようにメールアドレスだけの情報の場合であっても、example 社に所属するコジンイチロウのメールアドレスであることがわかるような場合等）
⑥ 個人情報を取得後に当該情報に付加された個人に関する情報（取得時に生存する特定の個人を識別することができなかったとしても、取得後、新たな情報が付加され、または照合された結果、生存する特定の個人を識別できる場合は、その時点で個人情報に該当する）
⑦ 官報、電話帳、職員録、法定開示書類（有価証券報告書等）、新聞、ホームページ、SNS（ソーシャル・ネットワーク・サービス）等で公にされている特定の個人を識別できる情報

公表されている情報であっても個人情報に該当する。

(3) 特定性と識別性（要件②ⅰ）

「個人情報」の要件の1つに、「特定の個人を識別することができるもの」であることが挙げられている（前記(1)②ⅰ）。識別することができるか否かは、一般人の判断力や理解力を基準に判断する。警察の鑑識班など、特殊技能をもった人物が特殊な手法を使ってはじめて識別できる場合にはこの要件を満たさない。

特定の個人を識別することができる情報としては、氏名や顔画像が典型例であるが、ID・住所・生年月日・性別などの情報であっても、それによって、通常人が具体的な人物の特定することができる場合には、個人情報に当たる。情報の中に氏名が含まれることや、氏名が割り出されることは個人情報の該当性を判断するために必須ではない(注4)。

注3) GL通則編5頁。

第 1 章 パーソナルデータの法律問題

　メールアドレスは個人に関する情報であるが、誰のメールアドレスなのかが特定できなければ個人情報ではない。もっとも、メールアドレスに氏名が記載されているため個人を特定できるような場合には、そのメールアドレスは個人情報に当たる。
　ちなみに、このような観点から「統計情報」は一般論としては個人情報に該当しない。
　統計情報とは、複数人の情報から共通要素に係る項目を抽出して同じ分類ごとに集計して得られるデータであり、集団の傾向または性質などを数量的に把握するものである。したがって、統計情報は、特定の個人との対応関係が排斥されている限りにおいては、個人情報に該当しない[注5]。

(4)　容易照合性（要件②ⅰ）

　「特定の個人を識別することができるもの」という要件（前記②ⅰ）には、「他の情報と容易に照合することができ、それによって特定の個人を識別することができるものを含む」とされている。これは「容易照合性」と呼ばれている。
　それ自体では特定の個人を識別することができない情報であっても、その情報を取り扱う事業者が、特別の調査を行うことなく、一般的な方法で他の情報との照合が可能な状態にあり、特定の個人を識別しようとすればできる情報については、容易照合性があるため、個人情報に該当する[注6]。

(A)　容易照合性の有無の判断方法

　容易照合性の有無の判断は、保有する各情報にアクセスできる者の存否、社内規定の整備等の組織的な体制、情報システムのアクセス制御等の技術的な体制等を総合的に判断し、取り扱う個人情報の内容や利用の方法等、事業者の実態に即してケースバイケースで判断される[注7]。
　例えば、他の事業者に照会しなければ特定の個人を識別できないような場合には、容易照合性はないとされている[注8]。もっとも、複数の事業者

注4）個人情報保護法のしくみ31頁。
注5）内閣府ほか「医療分野の研究開発に資するための匿名加工医療情報に関する法律についてのガイドライン」（2018年5月）7頁。
注6）一問一答13頁。
注7）一問一答13頁。

107

が連携してサービスを提携し、事業者間で組織的・経常的に相互に情報交換が行われているような場合には、容易照合性が認められる(注9)。

　例えば、自動車については、自動車登録番号と車台番号の両方がわかればネットを使って車両の所有者・使用者の氏名・住所が容易にわかることから、自動車登録番号と車台番号の双方のデータを保有している場合には、容易照合性は高いといえよう。

　IoTにおいては、機器収集情報が個人情報に該当するかが問題になる場合がある。例えば、IoT機器の稼働データは個人情報に当たるか否か、コネクティッド自動車のエンジン回転数やアクセルやブレーキの作動状況といったプローブデータが個人情報に該当するか否かという問題である。

　機器の状態に関する情報は、個人に「関する」情報ではなく、個人情報に該当しないという主張も考えられる。

　しかし、この点について、国会審議において[注10]、政府委員は、「物の状態を示すデータにつきましては、例えば、冷蔵庫とかテレビのような家電製品の稼働状況等を精査、取得したようなものにつきましては、生存する個人に関する情報とは言えず、それ単体では個人情報には該当するものではないと考えております。しかしながら、物を利用する者の氏名等と一緒に取得されている、あるいは、事業者が物の利用者に係る別の個人情報を保有し、容易照合性がある状態になれば、これはまた個人情報に該当するものと考えられます」と回答している。

　つまり、機器の作動状況のデータであっても、機器を利用する者の氏名等のデータを保持している者が取得し、容易照合性がある状態になれば、個人情報に該当することになる。

　社内のデータベースと照合すれば特定の個人を識別できるようなケースでは容易照合性はあるが、独立したデータベースをそれぞれ別の担当者が管理し、社内規定等により容易にアクセスできないような仕組みがある場

注8）GL通則編6頁。
注9）個人情報保護法のしくみ44頁。
注10）平成27年3月25日189回国会衆議院内閣委員会。
注11）一問一答13頁。

合には容易照合性がないと解釈できる可能性がある^(注11)。

　(B)　**提供者規準／受領者規準**

　容易照合性の判断について、個人データを第三者提供する場合に、容易照合性の有無を個人データの提供者を基準として考えるのか、受領者を基準として考えるのかという問題がある。つまり、個人と照合できるデータベースが提供者側にあるが、受領者側にない場合に個人情報となるのか否か、また、個人と照合できるデータベースが提供者側にないが、受領者側にある場合に個人情報となるのか否かという問題である。この点について、元所轄官庁の消費者庁は、提供者を基準とするとしており（つまり提供者側に個人と照合できるデータベースがある場合に個人情報となる）、その理由として、受領者において特定個人を識別できるか否かは、本人同意を得る等義務を負う提供者においては判断できないことが挙げられている^(注12)。この考え方は、事案によっては違和感のある結論を導くことになることもあるが、他方で受領者を基準にしても問題が生ずるので、悩ましい問題である。

　照合技術は日進月歩で発展していることから、容易照合性も時を経るとともにより認められやすくなると予想される。最近では、一般的なプログラマであれば、ウェブ上で公開されているプログラムを使って容易に照合できるケースも考えられ、このような場合に容易照合性があるといえるか否かは議論があるところであろう。

(5)　**個人識別符号（要件②ⅱ）**

　「個人識別符号」が含まれる情報も「個人情報」とされている（個人情報2条1項2号・2項）。「個人識別符号」とは聞き慣れない言葉であるが、遺伝子情報、指紋、マイナンバー、パスポート番号など、その情報単体から特定の個人を識別することができるものをいう。個人識別符号は個人情報の範囲を明確化し、該当性の有無の判断を容易にするために平成27年改正により新たに設けられた概念である。個人識別符号には、1号個人識別符号と2号個人識別符号の2つがある。

注12）個人情報保護法のしくみ108頁。

【図表2-3】個人識別符号（個人情報2条2項、個人情報令1条）

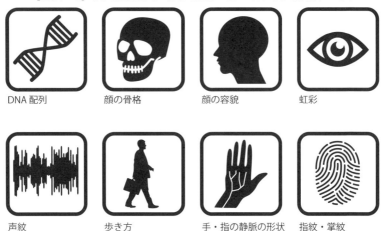

DNA配列　　顔の骨格　　顔の容貌　　虹彩

声紋　　歩き方　　手・指の静脈の形状　　指紋・掌紋

(A) 1号個人識別符号

1号個人識別符号とは、身体の一部の特徴をデジタル化した符号である。具体的には、①DNA配列、②顔の骨格、③顔の容貌（皮膚の色も含む）、④虹彩、⑤声紋、⑥歩き方、⑦手・指の静脈の形状、⑧指紋・掌紋について、本人を認証することができる水準が確保されるようコンピュータで利用できるように変換したデータである（個人情報令1条1号、個人情報則2条）。

1号個人識別符号については、身体の特徴を指定するだけでは、規制対象が無限定になることから、身体の特徴情報を、「特定の個人を識別することができる水準が確保されるよう、適切な範囲を適切な手法により電子計算機の用に供するために変換する」基準を満たすもののみが個人識別符号に該当するという限定がされている（個人情報則2条）[注13]。本人を認証できるレベルに達していないデータは、特定の個人を識別できるものではないことから、個人識別符号には該当しない。

DNA配列については、その断片の情報がすべて個人識別符号に当たる

注13）和田洋一「『個人情報の保護に関する法律についてのガイドライン』の概要」金融法務事情2056号（2016）40頁。

わけではない。この点につき、個人情報保護委員会が定めるガイドライン（通則編）は、ゲノムデータ（細胞から採取されたデオキシリボ核酸〔別名DNA〕を構成する塩基の配列を文字列で表記したもの）のうち、全核ゲノムシークエンスデータ、全エクソームシークエンスデータ、全ゲノム一塩基多型（single nucleotide polymorphism：SNP）データ、互いに独立な40か所以上のSNPから構成されるシークエンスデータ、9座位以上の4塩基単位の繰り返し配列（short tandem repeat：STR）等の遺伝型情報により本人を認証することができるようにしたものが、個人識別符号に該当するとしている(注14)。

DNA配列は遺伝子検査や鑑定などに利用されているが、本人の認証に使うことは稀であろう。しかし、本人認証をすることができるレベルのDNA配列データであれば、1号個人識別符号に該当すると解される。

(B) **2号個人識別符号**

2号個人識別符号とは、個人に発行される公的書類に付される符号である。

具体的には、①パスポートの番号、②基礎年金番号、③運転免許証の番号、④住民票コード、⑤個人番号、⑥国民健康保険・後期高齢者医療制度・介護保険・健康保険・公務員共済組合・雇用保険の被保険者証・組合員証等の記号・番号・保険者番号、⑦特別永住者証明書の番号などである（個人情報令1条2号～8号、個人情報則3条・4条）。

何が2号個人識別符号に含まれないかも重要である。携帯電話番号、IPアドレス、メールアドレス、クレジット番号、サービスIDについては、平成27年改正の立法時には議論があったものの、最終的に2号個人識別符号に指定されなかった。個人情報保護法2条2項2号の条文からは、これらも2号個人識別符号に該当するように読めるが、個人情報保護法施行令1条をよく読んでみると、結局これらは2号個人識別符号に指定されていない。

携帯電話番号などが2号個人識別符号から除外されたのは、必ずしもこれらの情報単体から特定の個人を識別できないためとされている。もっ

注14) GL通則編9頁。

とも、これらの情報が他の情報と容易に照合することができ、それによって特定の個人を識別することができる場合（容易照合性がある場合）には個人情報の要件を満たすことから個人情報に該当することになる。

4 個人情報の取扱いについて事業者が負う義務

(1) 個人情報の取扱いについて事業者が負う義務の全体像

個人情報の取扱いに当たり、事業者が負う義務の概要は【図表2-4】の通りであり、以下順次説明する。

(2) 利用目的の特定

事業者は、個人情報を取り扱うに当たり利用目的をできるだけ特定しなければならない（個人情報15条1項）。

利用目的の内容については、個人情報保護法では特に制約は設けられていないので、自由に決めることができる。もっとも、他の法律によって利用目的が制限されたり、利用目的が公序良俗違反とされることはあり得るので、まったく無制約ではない。利用目的を制限している例としては、番号法（マイナンバー法）[注15]9条（マイナンバーの利用を一定の行政事務処理の目的に限定）や割賦販売法39条（信用情報の利用を購入者の支払能力の調査の目的に限定）がある。

利用目的は「できる限り」特定しなければならない。しかし、どの程度まで具体的に特定すべきかは一律の基準は存在せず、ケースバイケースで判断される。考え方としては、本人が自分の個人情報の利用結果を合理的に予測し得る程度の具体性が求められる[注16]。

個人情報を第三者提供する場合には、第三者提供することを利用目的に掲げておく必要がある。他方で、同意を得るために本人と連絡するために個人情報を利用することや、個人情報を匿名加工情報とすることについては利用目的に掲げておく必要はなく、当初特定した利用目的として記載されていないにもかかわらず、それらの利用をしても、目的外利用には該当

注15) 正式名称は「行政手続における特定の個人を識別するための番号の利用等に関する法律」。
注16) 逐条解説79頁。

【図表 2-4】 個人情報について事業者が負う義務

	義務の内容	個人情報保護法の条文
1	利用目的の特定	15条1項
2	利用目的の範囲内での利用	16条
3	不正の手段による取得の禁止	17条1項
4	利用目的の通知・公表	18条
5	苦情処理の適切・迅速化とその体制整備の努力義務	35条

しない。

(3) 利用目的の変更

(A) 利用目的の変更が可能な場合

　冒頭のショッピングモールの事例において、利用者の映像データを取得する利用目的について、当初は、「撮影した映像情報は店舗構成・商品構成を決定するときの参考にするために利用します」と特定して公表していたとしよう。ところが、システム供用開始から6か月後に、販売現場から「お客様が興味をもっているカテゴリーの商品を、そのお客様の近くにある液晶モニターにおすすめ商品として表示したい」という要望が出てきた場合に、そのようなシステムに変更することは可能であろうか。また、警備部門から、「迷子になった子供を探すのに使いたい」との要望が出てきた場合にはどうであろうか。

　このように、事業者が、状況や環境の変化に応じて利用目的を変更したいと考えることは十分あり得る。この点、個人情報保護法は、「合理的に認められる範囲」に限って利用目的を変更することを認めている（個人情報15条2項）。

　何が「合理的に認められる範囲」なのかについては、当初の利用目的から変更される範囲が、通常人の判断として、本人が通常予測し得る限度で

注17）一問一答61頁。

あるか否かが基準となる(注17)。

利用目的の変更が可能な場合として、例えば、フィットネス事業者が、顧客の食事メニューの指導を行うサービスを提供するために個人情報を保有していたところ、これらの顧客に対し、新たに当該食事メニューに関する販売サービスを始める場合が挙げられている(注18)。

第三者提供することを利用目的に掲げていない、あるいは第三者提供しないことを利用目的に掲げていた個人情報を、後に第三者提供することに利用目的を変更することは、合理的範囲を超えた利用目的の変更と解されている(注19)。

個人情報を利用して統計を作成する場合、個人情報に該当しない統計データは対象とならないため、利用目的に「統計で使用する目的」を記載する必要はないとされている(注20)。

(B) 利用目的の変更の手続

事業者が、利用目的を変更した場合には、本人に通知または公表をしなければならない（個人情報18条3項）。これは、利用目的の変更が合理的範囲内に行われた場合であっても適用される。利用者それぞれに通知することは煩雑であり、また利用者も通知されることを望まないことも考えられるので、多くの場合にはウェブサイトでの公表という手段がとられることになろう。

(C) 利用目的を合理的範囲を超えて変更しようとする場合

事業者が利用目的を合理的範囲を超えて変更しようとする場合には、どうすればよいであろうか。その場合には、本人の同意を取得することが必要となる（個人情報16条）。もっとも、変更後の利用目的を示した上で、個人情報をあらためて取得し直すことも新規の取得として可能である。

注18) 一問一答60頁。
注19) 逐条解説61頁。なお、改正前個人情報保護法15条2項は、利用目的の変更について「相当の関連性」が求められていたが、平成27年改正個人情報保護法では「相当の」が削除された。もっとも、この削除は変更の範囲が制限的に解釈されることを防止するものであって、これによって利用目的の変更の範囲が拡大したものではないとされている。
注20) 経産省GL・Q&A Q45。

本人の同意なしに利用目的の達成に必要な範囲を超えて個人情報を取り扱った場合には、本人は事業者に対して、利用の停止または消去を請求することができる（個人情報30条）。

(D) **本人の同意**

「本人の同意」があれば、合理的範囲を超えた利用目的の変更が可能である。「同意」とは本人による承諾の意思表示のことをいう。利用目的の範囲外への変更の場面に限らず、本人の同意があれば、個人情報の利用は基本的に自由である。

もっとも、どのような場合に「本人の同意」があるといえるのだろうか。例えば、本人に同意を求めるメールを送って、「1週間以内に返事がなければ同意があるとみなす」とした場合に、本人の同意があったといえるのであろうか。また、ウェブサイトに「利用目的の変更に異議がある方はお申し出ください。お申出なき場合には同意したものと取り扱わさせていただきます」と掲載し、異議を申し出なかった者は同意があったものとして取り扱ってよいのであろうか。

これは、いわゆる「黙示の同意」が認められるか否かという問題である。

個人情報保護法では、「黙示の同意」も同意として認められている。もっとも、「黙示の同意」が認められるか否かは、個別の事案ごとに具体的に判断するものと考えられている[注21]。

なお、同意は撤回することができると解されていることから、本人同意があることがオールマイティではないことに留意すべきである。

(4) **利用目的の範囲内での利用**

(A) **利用目的の範囲内での利用**

個人情報は特定された利用目的の範囲内でのみ取り扱うことができる（個人情報16条1項）。もっとも、あらかじめ本人の同意を得た場合には、利用目的を超えて個人情報を利用することは可能である（同項）。しかし、「いかなる目的についても利用することを同意する」といった包括的同意は有効な同意として認められない。

どのような利用が「利用目的の達成に必要な範囲」なのかはケースバイ

注21) 経産省 GL・Q&A Q39。

(B) 利用目的の範囲外での利用が許される場合

では、ショッピングモールの事例で、映像データを「迷子になった子供を探すのに使う」ということは認められるのであろうか。映像データを「迷子になった子供を探すのに使う」ことは、当初の利用目的の「店舗構成・商品構成を決定するときの参考にする」という利用目的の範囲外であるし、仮に、利用目的を変更するとしても、通常人の予測できる超えた変更であることから、その利用目的の変更には本人同意が必要となる。

他方、子供が行方不明になった場合、子供の生死にもかかわるかもしれないのに、ショッピングモール側が、「個人情報保護法では、迷子探しは目的外利用に当たるので、このシステムを使うことは禁止されています」と答えるしかないのはあまりにも非情すぎるであろう。

この点、個人情報保護法は、利用目的の範囲外での利用が許される場合として以下を定めている（個人情報16条3項。具体例につき【図表2-5】参照）。

① 法令に基づく場合
② 人の生命、身体または財産の保護のために必要がある場合であって、本人の同意を得ることが困難であるとき
③ 公衆衛生の向上または児童の健全な育成の推進のために特に必要がある場合であって、本人の同意を得ることが困難であるとき
④ 国の機関もしくは地方公共団体またはその委託を受けた者が法令の定める事務を遂行することに対して協力する必要がある場合であって、本人の同意を得ることにより当該事務の遂行に支障を及ぼすおそれがあるとき

前記①～④の場合には、公益上の理由等があることから、利用目的を超えて個人情報を取り扱ってよいとされている。なお、この例外事由は、第三者提供制限の例外事由（個人情報23条1項）と同じである。

ショッピングモールの事例で、迷子の子供を探すためにシステムを利用することは、当初の利用目的外の利用であるが、前記②に該当するため、利用をすることが認められる[注22]。このように個人情報保護法は必ずしも非情ではない。

第1章　パーソナルデータの法律問題

【図表2-5】利用目的の範囲外で利用できる事由(注23)

目的外で利用できる事由	事例
①法令に基づく場合	1) 警察の捜査関係事項照会に対応する場合（刑事訴訟法197条2項） 2) 裁判官の発する令状に基づく捜査に対応する場合（刑事訴訟法218条） 3) 税務署の所得税等に関する調査に対応する場合（国税通則法74条の2ほか） 4) 製造・輸入事業者が消費生活用製品安全法39条1項の規定による命令を受けて製品の回収等の措置をとる際に、販売事業者が、同法38条3項の規定に基づき製品の購入者等の情報を当該製造・輸入事業者に提供する場合 5) 弁護士会からの照会に対応する場合
②人の生命、身体または財産の保護のために必要がある場合であって、本人の同意を得ることが困難であるとき	1) 急病その他の事態が生じたときに、本人について、その血液型や家族の連絡先等を医師や看護師に提供する場合 2) 大規模災害や事故等の緊急時に、被災者情報・負傷者情報等を家族、行政機関、地方自治体等に提供する場合 3) 事業者間において、暴力団等の反社会的勢力情報、振り込め詐欺に利用された口座に関する情報、意図的に業務妨害を行う者の情報について共有する場合 4) 製造した商品に関連して事故が生じたため、または、事故は生じていないが、人の生命もしくは身体に危害を及ぼす急迫した危険が存在するため、当該商品の製造事業者等が当該商品をリコールする場合で、販売事業者、修理事業者または設置工事事業者等が当該製造事業者等に対して、当該商品の購入者等の情報を提供する場合 5) 前記事例4) のほか、商品に重大な欠陥があり人の生命、身体または財産の保護が必要となるような緊急時に、製造事業者から顧客情

117

	報の提供を求められ、これに応じる必要がある場合 6) 不正送金等の金融犯罪被害の事実に関する情報を、関連する犯罪被害の防止のために、他の事業者に提供する場合
③公衆衛生の向上または児童の健全な育成の推進のために特に必要がある場合であって、本人の同意を得ることが困難であるとき	1) 健康保険組合等の保険者等が実施する健康診断の結果等に係る情報を、健康増進施策の立案、保健事業の効果の向上、疫学調査等に利用する場合 2) 児童生徒の不登校や不良行為等について、児童相談所、学校、医療機関等の関係機関が連携して対応するために、当該関係機関等の間で当該児童生徒の情報を交換する場合 3) 児童虐待のおそれのある家庭情報を、児童相談所、警察、学校、病院等が共有する必要がある場合
④国の機関もしくは地方公共団体またはその委託を受けた者が法令の定める事務を遂行することに対して協力する必要がある場合であって、本人の同意を得ることにより当該事務の遂行に支障を及ぼすおそれがあるとき	1) 事業者が税務署または税関の職員等の任意の求めに応じて個人情報を提出する場合 2) 事業者が警察の任意の求めに応じて個人情報を提出する場合 3) 一般統計調査や地方公共団体が行う統計調査に回答する場合

注22) 親権者である親の同意があれば、子供の個人情報の利用について本人の同意があったと同じものとして取り扱うことができるので、そもそもこのようなことは議論にならないと思われるかもしれないが、このシステムとしては、他の利用者の個人情報も利用しているため、親の同意があったとしても個人情報保護法上まったく問題ないとまではいえない。
注23) GL通則編29頁。

なお、「電気通信事業における個人情報保護に関するガイドライン」6条4項では、前記①～④の例外事由に該当する場合であっても、利用者の同意がある場合やその他の違法性阻却事由がある場合を除いては、通信の秘密にかかる利用目的の範囲外で個人情報を取り扱わないものとされている点は注意が必要である。

(5) 利用目的の本人への通知または公表

(A) 原則

事業者は、個人情報を取得した場合は、あらかじめその利用目的を公表している場合を除き、速やかに利用目的を本人に通知または公表をしなければならない（個人情報18条1項）。つまり、事業者が個人情報を取得するに当たっては、①あらかじめその利用目的を公表するか、②取得速やかに本人に通知または公表をすることが必要となる。事前に利用目的を通知または公表することは必ずしも求められていない。

このような仕組みが採用されたのは、利用方法や利用目的自体を規制すると個人情報の有用性を必要以上に減らしてしまうおそれがあるので、そのような規制はせずに、本人に通知または公表することにより、個人情報がどのように利用されているかわからないことから生じる不安を解消させ、もし疑問が生じた場合には苦情申立てができるようにすることで個人情報の適正な利用を確保するという考えに基づいたものであるとされている[注24]。

ショッピングモールの事案では、カメラで撮影される通行人に対して、利用目的を通知することは難しいので、ウェブサイトや施設内のポスターに利用目的を掲示するという公表の手段によることになろう。

(B) 個人情報を本人から直接に書面・電磁的記録で取得する場合の特則

もっとも、前記(A)の原則には例外があり、事業者が契約書、申込書などの書面やウェブサイトでのユーザー入力画面での入力といった電子データにより個人情報を取得する場合には、あらかじめ本人に対して、利用目的を明示しなくてはならず、公表や事後の通知は認められない（個人情報18条2項）。ただし、人の生命、身体または財産の保護のために緊急に必要

注24) 逐条解説89頁。

がある場合には、本項は適用されない（同項ただし書）。

　このような規定が設けられたのは、個人情報を直接、本人から取得する場合には、本人に利用目的を伝える機会があり、本人が個人情報を提供するかどうかを判断するためにも、確実に利用目的を本人に伝えることが適切であると考えられたからである。

　この規定では、個人情報を書面・電磁的記録（電子データ）で取得する場合に限定されている。その理由は、書面・電磁的記録に記載された個人情報は、データベース化することが容易であり、ひとたび事業者の手に移ると回収することは困難であり、流通してしまう危険性が大きいので、あらかじめ利用目的を本人に明示させ、本人の慎重な判断の機会を提供することが重要であると考えられたからである。

　本項が適用される例としては本人の個人情報が記載された申込書・契約書等を本人から直接取得する場合や、アンケートに記載された個人情報を直接本人から取得する場合が挙げられる[注25]。

　「あらかじめ」「明示」する必要があるので、事前に知らせる必要がある。

　ネットワーク上において個人情報を取得する場合は、本人が送信ボタン等をクリックする前等にその利用目的（利用目的の内容が示された画面に1回程度の操作でページ遷移するよう設定したリンクやボタンを含む）が本人の目にとまるようその配置に留意することが望ましいとされている。

　(C) **利用目的の本人への通知または公表の例外**

　利用目的の本人への通知または公表については、【図表2-6】の①～④に該当する場合には、通知または公表をしなくてもよい（個人情報18条4項）。

　前記④の例外事由は、自明目的と呼ばれるものである。通知・公表によって本人にもたらす利益がなく、他方で、通知・公表を事業者に義務付けると過度の負担となることから、例外事由として認められたものである。

　例えば、ピザの宅配を頼む場合には、ピザ屋に氏名と住所を伝えることになるが、これは配達のためであることは明らかなので、ピザ屋は利用目的を本人に通知・公表する必要はない。また、防犯カメラについて、個人

注25) GL通則編37頁。

【図表2-6】利用目的の本人への通知または公表の例外[注26]

例外事由	事例
①人の生命、身体または財産その他の権利利益を害するおそれがある場合	・児童虐待等に対応するために、児童相談所、学校、医療機関等の関係機関において、ネットワークを組んで対応する場合に、加害者である本人に対して当該本人の個人情報の利用目的を通知・公表することにより、虐待を悪化させたり、虐待への対応に支障等が生じたりするおそれがある場合
②当該事業者の権利または正当な利益を害するおそれがある場合	・暴力団等の反社会的勢力情報、疑わしい取引の届出の対象情報、業務妨害行為を行う悪質者情報等を、本人または他の事業者等から取得したことが明らかになることにより、当該情報を取得した企業に害が及ぶ場合
③国の機関または地方公共団体が法令の定める事務を遂行することに対して協力する必要がある場合であって、当該事務の遂行に支障を及ぼすおそれがある場合	・警察が、公開手配を行わないで、被疑者に関する個人情報を、被疑者の立ち回りが予想される個人情報取扱事業者に限って提供した場合において、警察から当該個人情報を受け取った当該個人情報取扱事業者が、利用目的を本人に通知し、または公表することにより、捜査活動に支障を及ぼすおそれがある場合
④取得の状況からみて利用目的が明らかであると認められる場合	・商品・サービス等を販売・提供するに当たって住所・電話番号等の個人情報を取得する場合で、その利用目的が当該商品・サービス等の販売・提供のみを確実に行うためという利用目的であるような場合 ・一般の慣行として名刺を交換する場合、書面により、直接本人から、氏名・所属・肩書・連絡先等の個人情報を取得することとなるが、その利用目的が今後の連絡のためという利用目的であるような場合（ただし、ダイレクトメール等の目的に名刺を用いることは自明の利用目的に該当しない場合があるので注意を要する）

注26) GL通則編38頁。

の容貌を撮影することは個人情報の取得に該当するが、防犯カメラは犯罪を予防することを目的とすることは明らかであるものとして、防犯カメラの設置者は利用目的を本人に通知・公表する必要はない。

この「自明目的」は、利用目的の通知・公表について最も活用される例外規定であろう。

(6) 不正手段による取得の禁止

個人情報保護法は、個人情報を不正の手段により取得してはならないと定めている（個人情報17条1項）。

真の利用目的を隠して個人情報を集めることは、不正の手段による取得として禁止される。なお、不正の手段により取得された個人情報であることを明確に認識しながら2次取得することも本項に違反すると解されている[注27]。

個人情報取扱事業者が不正の手段により個人情報を取得している事例としては、以下が挙げられる[注28]。

① 十分な判断能力を有していない子供や障害者から、取得状況から考えて関係のない家族の収入事情などの家族の個人情報を、家族の同意なく取得する場合

② 個人情報保護法23条1項に規定する第三者提供制限に違反をするよう強要して個人情報を取得する場合

③ 個人情報を取得する主体や利用目的等について、意図的に虚偽の情報を示して、本人から個人情報を取得する場合

④ 他の事業者に指示して不正の手段で個人情報を取得させ、当該他の事業者から個人情報を取得する場合

⑤ 個人情報保護法23条1項に規定する第三者提供制限違反がされようとしていることを知り、または容易に知ることができるにもかかわらず、個人情報を取得する場合

⑥ 不正の手段で個人情報が取得されたことを知り、または容易に知ることができるにもかかわらず、当該個人情報を取得する場合

注27) 逐条解説87頁。
注28) GL通則編31頁。

第1章　パーソナルデータの法律問題

(7) 苦情の処理

　事業者は、個人情報の取扱いに関する苦情の適切・迅速な処理に努めなければならない（個人情報35条1項）。また、それを達成するために必要な体制の整備に努めなければならない（同条2項）。これらは努力義務である。必要な体制の整備については、例えば、個人情報保護管理者の設置・苦情処理窓口の設置・苦情処理担当者の研修・苦情処理マニュアルの作成などが考えられる[注29]。

5　個人データ

(1) 個人データの定義

　次に、「個人情報」よりも高い保護が求められる「個人データ」について解説する。「個人データ」については第三者に提供する場合に一定のルールに服することになる。

　「個人データ」とは「個人情報データベース等」を構成する個人情報のことであると定義されている（個人情報2条6項）。

　「個人情報データベース等」とは、個人情報を含む情報の集合物であって、①特定の個人情報を検索することができるように体系的に構成されたもの、または、②個人情報を一定の規則に従って整理することにより特定の個人情報を容易に検索することができるように体系的に構成した情報の集合物であって、目次、索引その他検索を容易にするためのものを有するものをいうと定義されている（個人情報2条4項、個人情報令3条2項）。

　要するに、個人情報を個人情報を検索できるような形態でデーターベース化したものが「個人データ」である。このデータベース化はコンピュータを使ったものに限られず、索引や目次をつけた紙媒体も含まれる。

　このことは、IoTとの関係では重要である。IoTにおいて、パーソナルデータを収集する場合であっても、文章・音声・動画などの情報を単にデータとしてそのまま蓄積するだけであれば、体系化されていないため、「個人情報データベース等」に該当せず、その結果、これらの情報は「個人データ」には該当しないことになる（もっとも、「個人情報」に該当する

注29）逐条解説145頁。

123

可能性はある）。

では、個人の映像や音声のストリーミングデータを、時間ごとに体系化して、時間で検索できるようにした場合には、「個人データ」に該当するのであろうか。

データを時間で体系化したとしても、それによって特定の個人情報の検索が容易になるわけではないので、そのデータベースは「個人情報データベース等」に該当せず、それらのデータは「個人データ」には該当しない。

つまり、本人が判別できる映像や音声であれば「個人情報」に該当するが、それを特定の個人情報を検索できるように整理していない限り、その情報の蓄積は「個人情報データベース等」には該当しない。また、記録した日時による検索が可能であっても、氏名等の個人情報では容易に検索できない場合には、「個人情報データベース等」に該当しない[注30]。よって、それらは「個人データ」には当たらない。

(2) 個人データの定義の例外

データベース化されていても、以下に該当するものは例外的に個人情報データベース等にはならないとされている（個人情報2条4項、個人情報令3条1項）。

① 不特定かつ多数の者に販売することを目的として発行されたものであって、かつ、その発行が法または法に基づく命令の規定に違反して行われたものでないこと

② 不特定かつ多数の者により随時に購入することができ、またはできたものであること

③ 生存する個人に関する他の情報を加えることなくその本来の用途に供しているものであること

市販の電話帳やカーナビなどすでに不特定多数の者に販売されているものは、前記①②に該当するため、個人情報データベース等にはならないとされている。例えば、NTTが発行するハローページは、個人の氏名と電話番号を50音別に掲載した電話帳であり、個人情報をデータベース化したものであるが、この例外に該当するため、個人情報データベース等では

注30) 経産省GL・Q&A Q20。

ない。そのため、ハローページに収録されている個人情報も個人データにはならない。

前記③については、例えば、学生の氏名が記載された出欠簿について、他の情報が加えられず、出欠をとることに利用されている限りは、個人情報データベース等にはならない。そのため、出欠簿に記載された氏名は個人データにはならない。

この例外規定は、市販の電話帳やカーナビなどはすでに一般的に普及しているため、それに含まれている個人情報を保護する必要性は低く、他方で、規制を強化すると事業者の負担が増えることが懸念されたために設けられたものである。

6　個人データについての事業者の義務

(1)　個人データの取扱いについての事業者が負う義務の全体像

個人データについて、事業者が負う義務の概要は【図表2-7】の通りである。これらの義務は、個人データについてセキュリティを確保することを求めるものが中心である。また、個人データについては、第三者提供について制限が課されることは重要なポイントである。以下、順次説明する。

【図表2-7】個人データについて事業者が負う義務

	義務の内容	個人情報保護法の条文
1	安全管理措置を講じる義務	20条
2	従業員・委託先の監督義務	21条・22条
3	第三者提供の制限	23条・24条
4	第三者提供時の確認・記録保存義務	25条・26条
5	個人データの正確性の確保・不要時に消去する等の努力義務	19条

(2)　安全管理措置をとる義務

事業者は、その取り扱う個人データの漏えい、滅失または毀損の防止そ

の他の個人データの安全管理のため、必要かつ適切な措置を講じなければならない（個人情報20条）。

　安全管理措置の具体的な内容については以下①〜⑥が挙げられる[注31]。

【図表2-8】安全管理措置

①基本方針の策定（関係法令・ガイドライン等の遵守、安全管理措置に関する事項、質問および苦情処理の窓口などを規定）
②個人データの取扱いに係る規律の整備
③組織的安全管理措置
　・組織体制の整備
　・個人データの取扱いに係る規律に従った運用
　・個人データの取扱状況を確認する手段の整備
　・漏えい等の事案に対応する体制の整備
　・取扱状況の把握および安全管理措置の見直し
④人的安全管理措置
　・従業者の教育
⑤物理的安全管理措置
　・個人データを取り扱う区域の管理
　・機器および電子媒体等の盗難等の防止
　・電子媒体等を持ち運ぶ場合の漏えい等の防止
　・個人データの削除および機器、電子媒体等の廃棄
⑥技術的安全管理措置
　・アクセス制御
　・アクセス者の識別と認証
　・外部からの不正アクセス等の防止
　・情報システムの使用に伴う漏えい等の防止

(3) 従業者を監督する義務

　事業者は、その従業者に個人データを取り扱わせるに当たっては、その個人データの安全管理が図られるように従業者対する必要かつ適切な監督を行わなければならない（個人情報21条）。「従業者」とは、事業者の指揮

注31) 詳細については、GL通則編の「8（別添）講ずべき安全管理措置の内容」が参考になる。

命令系統に属し、事業者の業務に従事している者を意味し、雇用関係にある従業員（正社員、契約社員、嘱託社員、パート社員、アルバイト社員等）のみならず、取締役、執行役、理事、監査役、監事、派遣社員等も含まれる。

(4) 委託先を監督する義務

事業者は、個人データの取扱いを委託する場合は、委託先において、その個人データの安全管理が図られるよう、委託先に対する必要かつ適切な監督を行わなければならない（個人情報22条）。本条は、前述の「安全管理措置」（同法20条）のうち、事業者による委託先の監督を特に規定したものである。

業務が委託先から再委託先に再委託された場合には、事業者は再委託先まで監督義務を負うものではない。その場合は、委託先が再委託先の監督義務を負い、それにより再委託先に対する監督がなされることになる。

監督義務を果たすためには、①適切な委託先の選定、②委託先における委託された個人データの取扱状況を委託元が合理的把握することができる規定が盛り込まれた委託契約の締結、③委託先における個人データ取扱状況の把握などをする必要がある。

(5) 第三者提供についての規律

事業者は、個人データを第三者に提供するに当たって、原則として、あらかじめ本人の同意を取得するか、オプトアウトによらなければならない（個人情報23条）。第三者提供については、これで1つの大きなテーマなので、**本章Ⅱ**（147頁以下）において詳しく述べる。

(6) 個人データの正確性の確保・不要時に消去する努力義務

事業者は、利用目的の達成に必要な範囲内において、個人データを正確かつ最新のないように保つように努めなければならない（個人情報19条）。

どの程度の正確性・最新性を確保すべきかは、個人データの内容や利用目的によって大きく異なるため、法令により一律に義務付けるのはなじまないため努力義務とされた。管理する個人データすべてを常に最新の状態に更新する必要はなく、利用目的の達成に必要な範囲で、正確性・最新性を確保するように努力すれば足りる。本条の正確性・最新性の確保の対象となるのは、事実のみであり、評価や分析は対象とはならない。

また、事業者は、個人データを利用する必要がなくなったときは、その

個人データを遅滞なく消去するように努めなければならない（個人情報19条）。「利用する必要がなくなった時」とは、利用目的が達成され、もはやその個人データを保有する合理的な理由が存在しなくなった場合などが考えられる[注32]。もっとも、事業者の経理処理や廃棄スケジュールなどの都合や営業の自由という点を考慮して、義務化はせずに努力義務にとどめられた[注33]。

7 保有個人データ

(1) 保有個人データの定義

「保有個人データ」とは、「個人データ」のうち、①事業者が開示・訂正・追加・削除・利用停止・消去・第三者提供の停止を行うことのできる権限を有するもので、②6か月を超えて保有するものと定義されている（個人情報2条7項）。つまり、データベース化した個人データのうち、事業者に管理権限があり、かつ6か月超保管している情報が「保有個人データ」に該当する。この6か月の起算点は、その個人データを取得した日である[注34]。

(2) 保有個人データの定義の例外

もっとも、前記の保有個人データの定義の例外として、その個人データの存否が明らかになることで以下①～④のような結果が生じるものは、保有個人データには該当しないものとされている（【図表2-9】）。

① 本人・第三者の生命・身体・財産に危害が及ぶおそれのあるもの
② 違法または不当な行為を助長・誘発するおそれがあるもの
③ 国家の安全保障・外交関係が害されるおそれがあるもの
④ 犯罪の予防や捜査など公共の安全と秩序維持に支障が及ぶおそれのあるもの

例えば、暴力団組員風の男が銀行にやってきて、「オレの個人情報みせてくれや！ 職業欄に何が書いてあるか教えろや！」と迫ったとしよう。

注32) GL通則編40頁。
注33) 一問一答66頁。
注34) 経産省GL・Q&AのQ33。

【図表 2-9】保有個人データの定義の例外(注35)

保有個人データの定義の例外事由	事例
(1) 当該個人データの存否が明らかになることにより、本人または第三者の生命、身体または財産に危害が及ぶおそれがあるもの	・家庭内暴力、児童虐待の被害者の支援団体が保有している、加害者（配偶者または親権者）および被害者（配偶者または子）を本人とする個人データ
(2) 当該個人データの存否が明らかになることにより、違法または不当な行為を助長し、または誘発するおそれがあるもの	・暴力団等の反社会的勢力による不当要求の被害等を防止するために事業者が保有している、当該反社会的勢力に該当する人物を本人とする個人データ ・不審者や悪質なクレーマー等による不当要求の被害を防止するために事業者が保有している、当該行為を行った者を本人とする個人データ
(3) 当該個人データの存否が明らかになることにより、国の安全が害されるおそれ、他国もしくは国際機関との信頼関係が損なわれるおそれまたは他国もしくは国際機関との交渉上不利益を被るおそれがあるもの	・製造業者、情報サービス事業者等が保有している、防衛に関連する兵器・設備・機器・ソフトウェア等の設計または開発の担当者名が記録された、当該担当者を本人とする個人データ ・要人の訪問先やその警備会社が保有している、当該要人を本人とする行動予定等の個人データ
(4) 当該個人データの存否が明らかになることにより、犯罪の予防、鎮圧または捜査その他の公共の安全と秩序の維持に支障が及ぶおそれがあるもの	・警察からの捜査関係事項照会や捜索差押令状の対象となった、事業者が保有している捜査対象者または被疑者を本人とする個人データ ・犯罪収益との関係が疑わしい取引

注35) GL通則編20頁。

	の届出の対象情報に含まれる個人データ ・振り込め詐欺に利用された口座に関する情報に含まれる個人データ

個人情報保護法は保有個人データについては本人に開示しなければならないので、「はい。お客様は当行では職業欄に暴力団組員様として登録されております」と答えなければならないとしたら、その男が、「ワレ、勝手に俺を暴力団組員にすんなよ。何の証拠があってそんなこというとるんや。詫びとして指詰めろや！」ということが起こらないとも限らない。前記①〜④の例外が設けられたのは、そのようなことが起こらないようにするためである。

8　保有個人データについての事業者の義務

(1)　個人情報の取扱いについての事業者が負う義務の全体像

保有個人データについて、事業者が負う義務の概要は【図表2-10】の通りである。これらの義務は、保有個人データについて、本人が関与することを認める義務であり、以下順次説明する。

【図表2-10】保有個人データについて事業者が負う義務

	義務の内容	個人情報保護法の条文
1	本人からの開示・訂正・利用停止等の請求手続について本人が知ることができる状態に置く義務	27条1項
2	本人から保有個人データの開示・訂正・利用停止等の請求に応じる義務	27条2項・3項・28条〜30条

(2)　保有個人データに関する事項の認識可能化

個人保有データについて、後記(4)の通り、本人が保有個人データの開示

等を求めることができるとされているため、その前提として保有個人データに関する基礎情報が開示されている必要がある。

そのため、事業者は、保有個人データに関し、①事業者の氏名・名称、②すべての保有個人データの利用目的（個人情報18条4項1号から3号の場合を除く）、③本人に対する通知手続や保有個人データの開示・訂正・利用停止等の手続、④保有個人データの取扱いに関する苦情の申出先を本人の知り得る状態に置かなければならない（個人情報27条1項、個人情報令8条）。

「本人の知り得る状態」に置くとは、本人が知ろうと思った時に知ることが可能な状態にすることを意味する。典型例としては、ウェブサイトの掲示や店頭でのポスター掲示である。「本人の知り得る状態」には、本人の求めに応じて遅滞なく回答する場合も含むとされている（個人情報27条1項本文）(注36)。したがって、必ずしも「公表」する必要はない。

知り得る状態にするべき時期については明示されていないが、原則として、保有個人データを利用する以前に実施される必要がある(注37)。

もっとも、保有個人データの利用目的については、①人の生命、身体または財産その他の権利利益を害するおそれがある場合、②当該事業者の権利または正当な利益を害するおそれがある場合、③国の機関または地方公共団体が法令の定める事務を遂行することに対して協力する必要がある場合であって、当該事務の遂行に支障を及ぼすおそれがある場合は、本人の知り得る状態に置かなくてもよい（個人情報27条1項2号・18条4項1号～3号参照）(注38)。

(3) 保有個人データの利用目的の通知

事業者は、本人から本人が識別される個人保有データの利用目的の通知が求められた場合には、その本人に対して、利用目的を遅滞なく通知しな

注36) この規定は小規模事業者に配慮して設けられた。
注37) 逐条解説119頁。
注38) 前記①～③の例外事由には、自明目的の場合（個人情報18条4項4号参照）が含まれていないが、保有個人データについては、長期間にわたって保有することになるデータであるため、その保有の目的が必ずしも自明であるとはいえないことから除外されている。

ければならない（個人情報27条2項）。

ただし、個人保有データの利用目的が明らかな場合、および保有個人データの利用目的を本人の知り得る状態に置かなくてもよい例外事由の一部（(2)記載の①～③）に当たる場合には、通知は不要である（個人情報24条2項ただし書）。

事業者が、保有個人データの利用目的を通知しない決定をしたときには、本人に、遅滞なくそのことを通知しなければならない（個人情報27条3項）。この通知をする場合には、事業者は、本人にそのような決定をした理由などを説明するように努めなければならない（同法31条）。

(4) 保有個人データの開示・訂正・利用停止等の請求

(A) 保有個人データの開示請求

事業者は、本人から本人が識別される保有個人データの開示を求められたときは、本人に対し、遅滞なくその保有個人データを開示しなければならない（個人情報28条2項）。

これには例外があり、①人の生命、身体または財産その他の権利利益を害するおそれがある場合、②その事業者の業務の適正な実施に著しい支障を及ぼすおそれがある場合、③他の法令に違反することとなる場合には、保有個人データの全部または一部を開示しなくてもよい（個人情報28条2項ただし書）。

前記①はこれまで何度も登場してきたので解説を省略する。

前記②に該当する例として、学校などの試験実施機関において、採点情報のすべてを開示することにより、試験制度の維持に著しい支障を及ぼすおそれがある場合が挙げられる。しかし、開示すべき保有個人データの量が多いことのみを理由として、前記②に該当するとして開示を拒否することはできないと解されている[注39]。

前記③に該当する例として、開示することが、刑法134条による秘密漏示罪に該当する場合や、電気通信事業法4条の通信の秘密の保護に違反するような場合が挙げられる。

事業者が開示を拒否する場合には、前記②を理由として挙げることが多

注39) 逐条解説128頁。

いであろう。前記②は「業務の適正な実施」というかなり曖昧な用語が使われており、幅広く解釈される余地がある。もっとも、本人に開示することが「著しい」支障を及ぼすことが必要であるので、この部分で限定していくことになろう。

事業者は、保有個人データを開示しないことを決定した時は、本人に、遅滞なくそのことを通知しなければならない（個人情報28条3項）。この通知をする場合には、事業者は、本人にそのような決定をした理由などを説明するように努めなければならない（同法31条）。

(B) **保有個人データの訂正等の請求**

事業者は、本人から、本人が識別される保有個人データの内容が事実でないという理由でその保有個人データの内容の訂正、追加または削除（訂正等）を求められた場合には、他の法令によって特別の手続が定められている場合を除いて、利用目的の達成の範囲において遅滞なく調査を行い、その結果に基づいて、その保有個人データの訂正等を行わなければならない（個人情報29条2項）。

訂正等の対象となるのは「事実」のみであり、「評価」は含まれない。事実と評価の区別が容易ではない場合はあり得るが、評価についても訂正等することは可能であるから、実務的にはそのような場合には訂正等することになろう。

事業者は、訂正等を行ったとき、または訂正等を行わないことを決定した時は、本人に、遅滞なくそのことを通知しなければならない（個人情報29条3項）。この通知をする場合には、事業者は、本人に、そのような決定をした理由などを説明するように努めなければならない（同法31条）。

(C) **保有個人データの利用停止等の請求**

事業者は、本人から、本人が識別される保有個人データが、①利用目的に違反して取り扱われているという理由、②不適正に取得されたという理由、③違法に第三者提供されているという理由によって、その保有個人データの利用の停止または消去（利用停止等）や第三者提供の停止を求められ、その求めに理由があることが判明したときは、遅滞なくその保有個人データについて、違反を是正するために必要な限度での利用停止等や第三者提供の停止を行わなければならない（個人情報30条2項・4項）。

ただし、保有個人データの利用停止等や第三者提供の停止に多額の費用を要する場合など利用停止等を行うことが困難な場合であり、本人の権利利益を保護するために必要な代替措置をとるときは、利用停止等をしなくてもよい（個人情報30条2項ただし書・4項ただし書）。

「利用の停止または消去」とされているので、必ずしも消去する必要はなく利用停止で足りる。サーバから消去することが実務的に困難な場合もあり、利用停止で足りることは重要である。

なお、本人が利用停止等を求めることができる場合は、前記①〜③に限定されており、安全管理義務違反などを理由に利用停止等を求めることはできない。したがって、情報漏えい事故を起こした会社に対して、本人が保有個人データの利用停止等を請求しても、本条を根拠として利用停止等を請求することはできない。

事業者は、利用停止等や第三者提供の停止を行ったとき、またはそれらを行わないことを決定したときは、本人に、遅滞なくそのことを通知しなければならない（個人情報27条3項）。

　　(D)　理由の説明

事業者は、保有個人データの利用目的の通知の求め、または保有個人データの開示、訂正等、利用停止等もしくは第三者提供の停止に関する請求に係る措置の全部または一部について、その措置をとらない旨またはその措置と異なる措置をとることを本人に通知する場合は、あわせて、本人に対して、その理由を説明するように努めなければならない（個人情報32条1項、個人情報31条）。

　(5)　開示等の求めに応じる手続

事業者は、これまで述べてきた本人が利用目的の通知や保有個人データの開示・訂正・利用停止等を請求する手続について、その受付手続を定めることができる。受付手続では、①請求の申出先、②請求の際に提出すべき書面、③本人または代理人の確認方法、④手数料の徴収方法（個人情報32条1項、個人情報令10条）を定めることができる。

事業者がこの受付手続を定めた場合には、本人はこの受付手続に従って請求しなければならない（個人情報32条1項）。この受付手続を定めないと、本人に自由な請求を認めることになるので[注40]、この規定は事業者

のための規定であるといえる。なお、事業者は、利用目的の通知や保有個人データの開示については手数料を徴収することができる（同法33条）。

9　要配慮個人情報

(1)　東京オリンピック

2020年に東京オリンピックが開催され、世界各国の人がオリンピックを観るために日本に訪れる。日本としては「おもてなし」の文化を世界に発信する絶好のチャンスである。外国人の中には宗教的な理由などで、一定の食べ物を食べることができない人たちがいる。例えば、イスラム教やユダヤ教では豚肉を食べることは禁忌とされているし、ヒンドゥー教では牛肉を食べることは禁忌とされている。また、外国人の中には、日本人には一般的でないアレルギーをもっている人や、この食べ物は食べたくないという信念をもっている人たちも多い。そのような外国人が日本のレストランで食事をする際に、自分たちが食べることができない食材をレストラン側に伝えることは難しい。そこで、「おもてなし」の文化を実現するため、オリンピックに来日する外国人向けに、自分たちの宗教などを入力することで、レストラン側に自分たちが食べることができない食材を伝えることができるスマホアプリを提供すれば、外国人にも喜んでもらえて、日本に対する評価も上がるであろう。また、このデータを訪日客の分析のためのビッグデータとして活用もできる。このようなスマホアプリは、個人情報保護法上、問題があるであろうか。

結論からいうと、このスマホアプリは、個人情報保護法の観点からは慎重な制度設計が必要である。なぜなら、禁忌食品の情報は個人の信仰に関する情報のため、個人情報保護法において特別な取扱いが必要とされている「要配慮個人情報」に該当する可能性が高いからである。

(2)　要配慮個人情報の定義

「要配慮個人情報」とは、その名が示す通り、取扱いに特別の配慮を要する情報のことである。具体的には、「要配慮個人情報」とは、個人情報のうち、①人種、②信条、③社会的身分、④病歴、⑤犯罪の経歴、⑥犯罪

注40）　GL通則編72頁。

により害を被った事実、⑦身体障害、知的障害、精神障害（発達障害を含む）その他の心身の機能の障害、⑧医師その他医療に関連する職務に従事する者（医師等）による健康診断などの医学的検査の結果、⑨医師等により指導・診療・調剤が行われたこと、⑩刑事事件に関する手続が行われたこと、⑪少年事件に関する手続が行われたことである（個人情報2条3項、個人情報令2条）。

前記のうち、④病歴、⑧医学的検査結果、⑨医師等による指導等については、ヘルスケアIoTとの関係で問題となる。

④病歴については、風邪・花粉症からガンなどさまざまな病気が該当するが、個人情報保護法は疾患の軽重や種類は問題にしていない。なお、体重・血圧等の健康情報や血液検査の結果やレントゲン写真等は、病気を推知させる情報にすぎず、「病歴」には該当しないとされている(注41)（ただし次の⑧に該当し得る）。

⑧医学的検査結果については、法律に定められた健康診査の結果等に限定されるものではなく、人間ドックなどの任意の検査の結果も該当する。また、医師等によるものであることが必要だが、企業によって医療機関を介さないで行われた遺伝子検査の結果のうち本人の遺伝型とその遺伝型の疾患へのかかりやすさに該当する結果も含まれるとされている(注42)。もっとも、身長、体重、血圧、脈拍、体温等の個人の健康に関する情報を、健康診断、診療等の事業およびそれに関する業務とは関係のない方法により知り得た場合は⑧に該当しない。

(3) 要配慮個人情報を推認できる情報の取扱い

例えば、オンライン書店が書籍の購買履歴の情報を就職情報会社に提供し、その就職情報会社が人材採用を行う企業に対して、購買履歴情報に基づいて、採用候補者の人物の知性を計測するパラメータを提供するとしよう。その際に、ある応募者が、ある宗教の著書を大量に購入したという購

注41） 一問一答21頁。
注42） GL通則編14頁。GL通則編は、本号の「医療に関連する職務に従事する者」について、医師などの典型的な医療従事者に限らず、遺伝子検査を実施する者も含めており、かなり広く解する立場に立っている。

入履歴は「要配慮個人情報」に該当するのであろうか。

　ある宗教の著書を大量に購入しているからといって、その宗教の信者とは限らない。しかし、そのような購買履歴をみせられた企業の採用担当者は、この人物は、○○教の信者だろう、と思うのが通常ではないだろうか。宗教本の購買履歴が1冊だけであればそこまでの推測は難しいが、購買履歴が積み重なることによって、人の思想や信条が推認しやすくなる。

　しかし、要配慮個人情報を推知させる情報にすぎない情報は、要配慮個人情報ではないという整理がされている[注43]。そのため、書籍の購買履歴は、それによって信条が推認できたとしても要配慮個人情報には該当しないことになる。なお、この整理に基づけば、AIによって周辺情報を集めて個人の宗教・病歴を推測するプロファイリングを行っても少なくとも要配慮個人情報を取得したことにはならないことになる。もっともこのような考え方には反対説もあるところであり、慎重な検討を要する。

　ここで冒頭の東京オリンピックの事例について考えてみよう。個人の思想や宗教は、本人の「信条」として要配慮個人情報に当たる。したがって、オリンピックの事例において、どのような宗教を信仰しているかの情報を収集する場合には、要配慮個人情報を収集していることになる。例えば、「ハラール」食品（イスラム教の教義に従った食品）「コーシャ」食品（ユダヤ教の教義に従った食品）を希望するという情報を収集することも、これらは直接的に宗教と結びついた概念なので、宗教情報を収集するのと変わらないと考えられる。

　では、食べることができない食品をチェックするチェックボックス方式を採用した場合はどうであろうか。この場合、食べることができない食品から宗教をある程度は推知できるかもしれないが、宗教そのものの情報を取得しているわけではないので要配慮個人情報には該当しないことになる。もっとも、チェックボックス方式だと利用者の利便性は低下することになる。

　サイト運営者側としては、宗教情報を取得して要配慮個人情報としての義務を負うか、チェックボックス方式を採用してその義務を負うことを回

注43) GL通則編12頁。

避するか、どちらにするかはビジネス上の判断である。このようなところで、適切な判断をすることがIoTビジネスを成功させるための重要な要素である。

(4) 要配慮個人情報の取得についてのルール

「要配慮個人情報」については、差別や偏見を生むおそれがある情報であることから、本人の意図しないところで要配慮情報が取得されることを防ぐため、事業者が要配慮個人情報を取得する場合には、原則として、あらかじめ本人の同意を得なければならない（個人情報17条2項）。

なお、この同意の取得方法については、事業者が本人から書面や口頭などにより直接取得する場合は、本人が要配慮情報を提供したという事実をもって、本人の同意があったものと解され、別途、書面などにより要配慮個人情報を取得することについての同意書まで取得する必要はないとされている[注44]。

なお、次頁【図表2-11】の①～⑦に当たる場合には、あらかじめ本人の同意を得なくてもよい（個人情報17条2項1号～6号、個人情報令7条）。

(5) 要配慮個人情報である個人データの第三者提供についてのルール

個人データとなっている要配慮個人情報は、その性質上、慎重な取扱いが求められることから、個人データとなっている要配慮個人情報の第三者提供については、オプトアウト手続によることは認められておらず（個人情報23条2項）、あらかじめ本人の同意を得ることが必要となる。

なお、要配慮個人情報についても、第三者提供に本人の同意が不要な場合の例外規定（個人情報23条1項）は適用されるので、①法令に基づく場合、②人の生命・身体・財産の保護のために必要がある場合であって、本人の同意を得ることが困難であるとき、③公衆衛生の向上または児童の健全な育成の推進のために特に必要がある場合であって、本人の同意を得ることが困難であるとき、④国や地方公共団体などが、本人の同意を得ることにより法令の定める事務の遂行に支障を及ぼすおそれがあるときには、第三者提供することは可能である。

また、要配慮個人情報を、委託・事業承継・共同利用により取得する

注44) GL通則編36頁。

【図表2-11】要配慮個人情報の取得に本人同意が不要な場合[注45]

事由	事例
①法令に基づく場合	・個人情報取扱事業者が、労働安全衛生法に基づき健康診断を実施し、これにより従業員の身体状況、病状、治療等の情報を健康診断実施機関から取得する場合
②人の生命、身体または財産の保護のために必要がある場合であって、本人の同意を得ることが困難であるとき	・急病その他の事態が生じたときに、本人の病歴等を医師や看護師が家族から聴取する場合 ・事業者間において、不正対策等のために、暴力団等の反社会的勢力情報、意図的に業務妨害を行う者の情報のうち犯罪歴等の情報について共有する場合 ・不正送金等の金融犯罪被害の事実に関する情報を、関連する犯罪被害の防止のために、他の事業者から取得する場合
③公衆衛生の向上または児童の健全な育成の推進のために特に必要がある場合であって、本人の同意を得ることが困難であるとき	・健康保険組合等の保険者等が実施する健康診断等の結果判明した病名等について、健康増進施策の立案や保健事業の効果の向上を目的として疫学調査等のために提供を受けて取得する場合（なお、個人情報保護法76条1項3号に該当する場合は、4章の各規定は適用されない） ・児童生徒の不登校や不良行為等について、児童相談所、学校、医療機関等の関係機関が連携して対応するために、ある関係機関において、他の関係機関から当該児童生徒の保護事件に関する手続が行われた情報を取得する場合 ・児童虐待のおそれのある家庭情報のうち被害を被った事実に係る情報を、児童相談所、警察、学校、病院等の関係機関が、他の関係機関から取得する場合

注45）GL通則編33頁～35頁。

④国の機関もしくは地方公共団体またはその委託を受けた者が法令の定める事務を遂行することに対して協力する必要がある場合であって、本人の同意を得ることにより当該事務の遂行に支障を及ぼすおそれがあるとき	・事業者が警察の任意の求めに応じて要配慮個人情報に該当する個人情報を提出するために、当該個人情報を取得する場合
⑤当該要配慮個人情報が、本人、国の機関、地方公共団体、個人情報保護法76条1項各号に掲げる者その他個人情報保護法施行規則で定める者により公開されている場合	・要配慮個人情報が、次に掲げる者により公開されている場合は、あらかじめ本人の同意を得ることなく、当該公開されている要配慮個人情報を取得することができる ①本人、②国の機関、③地方公共団体、④放送機関・新聞社・通信社その他の報道機関（報道を業として行う個人を含む）、⑤著述を業として行う者、⑥大学その他の学術研究を目的とする機関もしくは団体またはそれらに属する者、⑦宗教団体、⑧政治団体、⑨外国政府、外国の政府機関、外国の地方公共団体または国際機関、⑩外国において個人情報保護法76条1項各号に掲げる者に相当する者
⑥本人を目視し、または撮影することにより、その外形上明らかな要配慮個人情報を取得する場合	・身体の不自由な方が店舗に来店し、対応した店員がその旨をお客様対応録等に記録した場合（目視による取得）や、身体の不自由な方の様子が店舗に設置された防犯カメラに映りこんだ場合（撮影による取得）
⑦個人情報保護法23条5項各号に掲げる場合において、個人データである要配慮個人情報の提供を受けるとき	・要配慮個人情報を、個人情報保護法23条5項各号に定める委託、事業承継または共同利用により取得する場合は、あらかじめ本人の同意を得る必要はない

場合は、あらかじめ本人の同意を得る必要はない（個人情報17条2項6号、個人情報令7条2号）。

10 ショッピングモールの事例の分析

(1) 個人情報該当性

一通りの説明をしたので、ここで冒頭のショッピングモールの事例（102頁）を使って、実際に個人情報保護法がどのように適用されるのか見てみよう。

ショッピングモールの事例では、通行人の顔の容貌・服装・歩き方をカメラで撮影して映像解析している。個人情報保護法の対象となるのは、「個人情報」が取り扱われている場合であるから、まず、検討の出発点として、カメラで撮影している個人の顔の容貌・服装・歩き方が、「個人情報」に当たるかを検討することになる。なお、ショッピングモールの運営者は、通常、さまざまな個人情報を事業に供していることから、個人情報取扱事業者とする。

このシステムにおいてカメラで撮影する通行人の顔の容貌は、特定の個人を識別することができる情報であり「個人情報」に該当する。また、本人を認証するために顔の容貌をカメラで撮影してデジタル化していることから、1号個人識別符号にも該当し、この点からも「個人情報」に該当する。なお、顔画像を一時的に取得して数秒以内にすぐに破棄する場合に個人情報の「取得」と評価すべきかについてはさまざまな意見があるが[注46]、本事案では本人を追跡している間はデータを保持しているので、取得と評価できるであろう。

服装については、それをみれば誰かがわかるような超個性的な服装であれば別であるが、通常は服装だけで個人を特定することはできないため、「個人情報」に該当しない。また、服装は個人識別符号にも当たらないので「個人情報」に該当しない。

歩き方については、顔の容貌と同様に1号個人識別符号に該当するの

注46）経済産業省「消費者向けサービスにおける通知と同意・選択のあり方検討WG報告書」（2016年4月）14頁。

で、「個人情報」に該当する。

　以上から、通行人の顔の容貌・歩き方は「個人情報」として取り扱う必要がある。具体的には、「個人情報」である通行人の顔の容貌・歩き方については、事業者は、利用目的を特定し、利用目的内で取り扱わなればならない（個人情報15条・16条）。また、これらの情報を、適正に取得しなければならず、取得に際して利用目的の通知または公表をしなければならない（同法17条・18条）[注47]。したがって、ショッピングモール運営者は、ウェブサイトの掲載や施設内にポスターを張るなどして、利用目的を公表しなければならない。

　なお、利用目的の通知・公表については、自明目的の例外があり、防犯カメラについては防犯目的であることは自明であるため、利用目的を撮影対象に通知・公表する必要はない。しかし、本件はマーケティング目的であり、目的が自明であるとまではいえない（もっとも、将来的にはショッピングセンターに設置されているカメラがマーケティング目的であることが自明である時代がくるかもしれない）。

　では、通行人の中に体の不自由な人がいて、その人を撮影した場合、身体障害は「要配慮個人情報」に該当することから、撮影には本人の承諾が必要になるのであろうか。

　この点については、要配慮個人情報の取得の際に本人の同意を取得しなくてもよい場合として、「外形上明らかな要配慮個人情報を取得する場合」が挙げられており（個人情報17条2項6号、個人情報令7条1号）、体の不自由な人を撮影については、要配慮個人情報としての同意を取得する必要はない（ただし、個人情報取得のルールには従う必要がある）。

(2) 個人データ該当性

　カメラ撮影した通行人の顔の容貌・歩き方の映像データについては、特

注47）通行人の容貌・歩き方について、匿名化することにより匿名加工情報にすれば、これらの義務を免れることができるのかという点について、これらの情報が匿名加工情報になったとしても、ショッピングモール側は、個人情報を取得し、保有しているのであるから、個人情報を保有している限り、これらの義務を免れることはできないと考えられる（個人情報と匿名加工情報の両方を保有しているという状態になる）。

定の個人情報を検索できるようにデーターベース化されていることから、「個人データ」に該当することになる。なお、通行人の服装はそもそも個人情報ではないのでデータベース化の有無にかかわらず個人データにはならない。

ちなみに、大阪ステーションシティの事例では、通行人の顔の容貌・服装・歩き方の映像データから「特徴量」を抽出して数値化したものをデータベース化し、各エリアのカメラで撮影した映像データの特徴量と照合することで、人の移動を追跡するというシステムを構築していたようである。通行人の顔の容貌・歩き方を特徴量という数値に変換してしまえば、一般人を基準とすると、個人を特定することは困難となるため、一見、個人情報に当たらなくなるようにもみえる。

しかし、容貌・歩き方を本人認証のためにデジタル化したデータは1号個人識別符号であることから、特徴量に変換したとしても個人情報に該当することに変わりはない。そのデータを特徴量に変換したことによって、匿名加工情報になるのかという点については、特徴量によって特定の個人を識別できる以上、匿名加工情報とはいえないであろう。なお、後述するが、匿名加工情報における匿名化は、個人識別符号については、個人情報に含まれる個人識別符号の「全部」を削除または置換することによるとされており（個人情報2条9項2号）、一部を削除・置換するだけでは匿名加工情報化することはできない。

「個人データ」については、事業者は、前記の個人情報についての義務に加えて、①データの正確性・最新性の確保をする、②安全管理措置をとる、③従業員・委託先を監督する、④個人データを第三者へ提供する場合には、原則として、あらかじめ本人の同意をとるかオプトアウトという手続をとるなどの義務を負うことになる（個人情報19条～23条）。

(3) 保有個人データ該当性

ショッピングモール運営者が、通行人の容貌・歩き方の映像データについて、データーベース化したものを6か月を超えて保存している場合には、それらの情報は、「保有個人データ」に当たる。

「保有個人データ」については、事業者は、本人から個人保有データについての開示・訂正・利用停止等の要求に応じる手続について公表し、本

人からそのような要求があればそれに応じる義務を負っている(個人情報27条〜31条)。そのため、ショッピングモール運営者は、利用者から個人保有データについての開示・訂正・利用停止等の要求があった場合の手続を作成して、これをウェブや施設内などで公表しなければならない。また、利用者が、ショッピングモールの運営者に、「私の保有個人データをみせてください」との申出があった場合には、それを開示しなければならない。

これらの義務はかなりの負担となるので、ショッピングモール運営者としては、映像データを6か月以内に消去することも検討に値する。

なお、大阪ステーションシティの事例のシステムでは、特徴量データベースのデータについては一定時間以上経過すると削除する措置をとるとしている。特徴量データが、6か月以内に削除されるのであれば、「保有個人データ」として扱われることはない。情報漏えいを防ぐ観点からも不要な情報の早期消去が望ましい。

(4) 第三者提供のルールの適用

本事案では、ショッピングモール運営者が、テナントに対して通行人の行動の分析結果を提供している。どのようなシステムかによるが、個人データが提供される場合には、第三者提供のルールが適用される(詳細は148頁以下)。この第三者提供について、通行人本人の同意を得ることは難しいので、オプトアウトの手続によることになろう。オプトアウトの場合には、ショッピングモール運営者は、利用目的に第三者提供することをあらかじめ記載しておく必要がある。また、一定の事項を公表やポスターで掲示するなど事前に本人が容易に知り得る状態に置き、かつ個人情報保護委員会にオプトアウト届出書を提出する必要がある。そのため個人データを第三者提供しないシステムにすることも考えられよう。

11 適用除外

これまで述べてきた事業者の義務(個人情報保護法第4章の規定)については、憲法が保障する基本的人権への配慮から、以下の場合には適用されないとされている(個人情報76条1項)。

① 報道機関が報道の用に供する目的で個人情報等を取り扱う場合
② 著述業の者が著述の用に供する目的で個人情報等を取り扱う場合

③　学術研究機関等が学術研究の用に供する目的で個人情報等を取り扱う場合
　④　宗教団体が宗教活動の用に供する目的で個人情報等を取り扱う場合
　⑤　政治団体が政治活動の用に供する目的で個人情報等を取り扱う場合
　もっとも、これらの場合には、事業者は安全管理措置・苦情処理など個人情報等の適正な取扱いを確保するために必要な措置を自ら講じ、かつ、当該措置の内容を公表するよう努めなければならない（個人情報76条3項）。
　前記①〜⑤のうち、IoTと関係ありそうなのは、学術研究目的を例外とする前記③であろう。学術研究のためにIoTを使う場合や、IoT技術を研究開発する場合に、事業者としての義務を負うか否かが問題となる
　「学術」とは、人文・社会科学および自然科学ならびにそれらの応用の研究であり、あらゆる学問分野における研究活動およびその所産としての知識・方法の体系をいい、具体的活動としての「学術研究」としては、新しい法則や原理の発見、分析や方法論の確立、新しい知識やその応用法の体系化、先端的な学問領域の開拓などをいう。
　「大学その他の学術研究を目的とする機関若しくは団体」とは、私立大学、公益法人等の研究所等の学術研究を主たる目的として活動する機関や学会をいい、「それらに属する者」とは、私立大学の教員、公益法人等の研究所の研究員、学会の会員等をいう。
　では、民間団体付属の研究機関等における研究活動についても、前記③の「学術研究目的」といえるのであろうか。
　この点、その機関が学術研究を主たる目的とするものであって、当該活動が学術研究の用に供する目的である場合には、前記③に該当し、個人情報等の取扱いについて、事業者としての義務を負わない。一方で、当該機関が単に製品開発を目的としている場合は「学術研究を目的とする機関若しくは団体」には該当しない。製品開発と学術研究の目的が併存している場合には、主たる目的により判断する。また、当該機関が学術研究を主たる目的とするものであっても、その副次的な活動として製品開発を目的として個人情報等を取り扱う場合は、当該活動は、「学術研究の用に供する目的」とは解されないため、当該活動における個人情報等の取扱いについ

て、事業者としての義務を負うと解されている。

12　個人データが漏えいした場合の個人情報保護委員会への報告

　個人情報保護委員会は、漏えい等の事案が発生した場合等の対応について、「個人データの漏えい等の事案が発生した場合等の対応について」（平成29年個人情報保護委員会告示第1号）を定めており、事業者は、個人データの漏えい等の事案が発覚した場合には、その事実関係および再発防止策等について、個人情報保護委員会等に対し、次の通り速やかに報告するよう努めるものとされている。ただし認定個人情報保護団体の対象事業者である事業者は、当該認定個人情報保護団体に報告するものとされている。

　報告の努力義務がある漏えい等事案とは、以下に該当するものである。
①　個人情報取扱事業者が保有する個人データ（特定個人情報に係るものを除く）の漏えい、滅失または毀損
②　個人情報取扱事業者が保有する加工方法等情報（個人情報の保護に関する法律施行規則〔平成28年10月5日個人情報保護委員会規則第3号〕20条1号に規定する加工方法等情報をいい、特定個人情報に係るものを除く）の漏えい
③　上記①または②のおそれ

そして、漏えい等の事案が発生した場合には、事業者は以下の対応をすることが望ましいとされている。
ⅰ　事業者内部における報告および被害の拡大防止
ⅱ　事実関係の調査および原因の究明
ⅲ　影響範囲の特定
ⅳ　再発防止策の検討および実施
ⅴ　影響を受ける可能性のある本人への連絡等
ⅵ　事実関係および再発防止策等の公表

　なお、①実質的に個人データまたは加工方法等情報が外部に漏えいしていないと判断される場合や、②FAXもしくはメールの誤送信、または荷物の誤配等のうち軽微なものの場合については個人情報保護委員会等に対する報告を要しないものとされている。

II　個人情報を共有・流通させる場合の注意点

1　IoTによる個人情報の共有・流通

　第1編で述べた通り、IoTでは、さまざまな人とデータを共有すること、すなわちデータのオープン化が重要である。

　例えば、次のようなヘルスケア関連のIoTシステムを想定してみよう。まず、体重計やトイレにセンサーを設置し、体重や血糖値・尿たんぱく・尿糖値などを計測して、これらのデータをインターネット経由でサーバに送信し、サーバがこれらのデータを解析する。利用者がウェブサイトをみれば、解析されたデータに基づいて、健康状態について知ることができるだけでなく、健康管理についてのアドバイスを受けることができる。このようなシステムでは、1つの企業がすべて作り上げるよりも、モノについては体重計メーカーやトイレメーカーが、健康管理についてはヘルスケア企業が担当するなど、それぞれの得意分野を担当して協働するほうがビジネスとしての発展可能がある。

　さらに、このIoTシステムにフィットネスクラブ・遺伝子検査会社・病院などが連携をすれば、より高度のヘルスケアサービスを提供できるようになる。例えば、体重が増加した場合には、フィットネスクラブからジムで運動するように提案するメールが送信されたり、体重減少に向けたプログラムが提供されるといったサービスである。

　また、最近、Tポイントカード・Ponta・楽天ポイントなど共通ポイントカードをよくみかける。一般的に、共通ポイントカードは、消費者の購買時に共通ポイントカードを消費者に提示させることで、複数の企業の店舗における消費者の購買履歴などについての情報を広く収集・分析し、これをマーケティングや広告に利用することにも使われている。単一企業で購買履歴を集めるよりも、より多くの企業から購買履歴を集めたほうが、消費者の消費行動の理解が深まり、マーケティングやターゲティング広告をするのに役に立つ。このような共通ポイントカードでは、システムの設計の仕方次第であるが、参加企業が個人の購買履歴などを共有することに

なる。

このように、情報を共有・流通をさせることが、IoTビジネスの幅を広げ、新たなイノベーションを生み出す原動力となる。

もっとも、パーソナルデータを複数の企業で共有・流通させる場合には、パーソナルデータが拡散するので、プライバシーの観点からさまざまな問題を引き起こすおそれがある。そこで、パーソナルデータの共有・流通について、個人情報保護法では、第三者提供のルールと匿名加工情報のルールを定めている。なお、匿名加工情報のルールについては、ビッグデータとの関連性が高いので、第2章のビッグデータの章で述べることとし、ここでは第三者提供のルールについて解説する。

2　個人情報を第三者提供する際のルールの詳細

(1)　第三者提供における原則的ルール

(A)　あらかじめ本人の同意が必要

個人データの第三者提供について、事業者は、原則として、あらかじめ本人の同意を得ないで、個人データを第三者に提供してはならない（個人情報23条1項）。

このルールは、「個人データ」が対象なので、データベース化されていない「個人情報」については対象外である。そのため、第三者提供する場合には、そもそもその情報が「個人データ」を含んでいるか否かを確認する必要がある。特にIoTシステムでは、デバイスが自動的に情報を収集するため、収集した情報に個人情報が紛れ込んでしまう場合もあるが、例えば、店舗内に設置したカメラの映像データが単に時系列で整理されているだけであって特定個人を検索できない場合には、そのデータは「個人データ」ではないため、そもそも第三者提供の制限規定は適用されない。

(B)　第三者とは

「第三者」とは、個人データを提供する本人とその個人データを取り扱う事業者を除いた者すべてを意味する。法人の場合には、法人格をベースに区別する。

したがって、事業者のグループ会社であっても「第三者」に該当するので、グループ会社内での個人情報の移転も原則として第三者提供になるこ

とは注意が必要である（ただし、共同利用スキームを使うことが考えられる）。他方で、同一法人内であれば、異なる部門や事業所への提供は、第三者への提供に当たらない。「第三者」には、不特定多数の者に対して提供する場合も含まれる。

(C) **原則的ルールに対する例外**

個人データの第三者提供については、前記(A)の通り、原則として、事前の本人同意が必要であるが、以下①～④に該当する場合には、事前の本人同意は不要である（個人情報23条1項）。

① 法令に基づく場合
② 人の生命、身体または財産の保護のために必要がある場合であって、本人の同意を得ることが困難であるとき
③ 公衆衛生の向上または児童の健全な育成の推進のために特に必要がある場合であって、本人の同意を得ることが困難であるとき
④ 国の機関もしくは地方公共団体またはその委託を受けた者が法令の定める事務を遂行することに対して協力する必要がある場合であって、本人の同意を得ることにより当該事務の遂行に支障を及ぼすおそれがあるとき

この例外事由は、個人情報を利用目的の範囲外で利用することが許される例外事由（個人情報16条3項）と同じである（115頁～119頁参照）。

(2) **オプトアウト**

前記(A)の例外に対して、個人データ（要配慮個人情報を除く）の第三者提供について、「オプトアウト」による方法も認められており、この方法によれば、あらかじめ本人の同意を得ることなく、個人データを第三者提供することができる。「オプトアウト」（opt out）とは「脱退する」という意味で、ひとまず自動的にあるグループに参加させられても、それが嫌な人は、そのグループからの脱退を認める制度のことである。

個人情報保護法におけるオプトアウトは、事業者が個人データ（要配慮

注48）事業者が前記②③⑤を変更する場合には、個人情報保護法施行規則7条・8条・10条に従って、本人に通知し、または本人が容易に知り得る状態に置くとともに個人情報保護委員会に届け出なければならない（個人情報23条3項）。

個人情報を除く）について本人の要求があった場合には個人データの第三者提供を停止することにし、かつ以下①～⑤の事項を、あらかじめ本人に通知または本人が容易に知り得る状態に置くとともに、個人情報保護委員会に届け出ることを条件に、本人の同意がなくても個人データを第三者に提供することができるという仕組みである（個人情報23条2項）(注48)。

① 第三者への提供を利用目的とすること
② 第三者に提供される個人データの項目
③ 第三者への提供の方法
④ 本人の求めに応じて本人が識別される個人データの第三者提供を停止すること
⑤ 本人の求めを受け付ける方法

　第三者提供には本人の事前同意が原則として必要とされているが、このオプトアウトによることも認められているため、事実上、本人の事前同意取得とオプトアウトの選択制であるといえる。もっとも、オプトアウトによる場合には、前記項目の公表や個人情報保護委員会への届出が必要となり、それなりの事務的負担が生じることとなる。

　個人情報保護委員会への届出は、インターネット経由または届出書と届出書に記載すべき事項を記録した光ディスク等を提出する方法のいずれかの方法で行う（個人情報則7条2項）。個人情報保護委員会は、事業者が個人情報保護委員会へ届け出た事項を公表する（個人情報23条4項）ので、届出事項は誰でも見ることができる。

　当初の利用目的の中に第三者提供することを記載していない場合には、第三者提供することは目的外利用となるため、オプトアウトによる第三者提供をすることはできない。つまり、オプトアプトによる第三者提供をするためには、利用目的の中に第三者提供をすることを記載する必要がある。

　前記①～⑤についての本人への通知方法や本人が容易に知り得る状態にする方法については、ⅰ第三者に提供される個人データによって識別される本人がその提供の停止を求めるのに必要な期間を置くこと、ⅱ本人が前記①～⑤の事項を確実に認識できる適切・合理的な方法によることとされている（個人情報則7条1項）。「本人が容易に知り得る状態」とは、ウェブサイトでの掲載や店頭でのポスターの掲示などが考えられるが、継

続的にする必要があり、一時的な公表では足りない。

　オプトアウトの規定は、要配慮個人情報には適用されないので（個人情報23条2項）、要配慮個人情報を第三者提供する場合には、例外事由に当たらない限り、あらかじめ本人の同意を得なければならない。

　オプトアウトを使っている事業者が、前記①～⑤の事項を変更する場合は、変更内容についてあらかじめ本人に通知または本人が容易に知り得る状態に置くとともに、個人情報保護委員会に届け出なければならない（個人情報23条3項）。

(3)　第三者に該当しない場合

　個人データの移転が、①委託による場合、②事業承継による場合、③共同利用による場合には、個人データの提供者と提供先が密接な関係にあることから、提供先は「第三者」に当たらないとされ、その結果、第三者提供についての前記(1)のルールが適用されない。したがって、これらの場合には、提供者から提供先への個人データの移転について、あらかじめ本人の同意を取得する必要はない。また、後述するトレーサビリティ制度の適用はなく、事業者には記録保存・確認義務もない。なお、要配慮個人情報を委託・事業承継・共同利用により取得する場合は、あらかじめ本人の同意を得る必要はない（個人情報17条2項6号、個人情報令7条2項）。

(A)　委託による場合

　事業者が、利用目的の達成に必要な範囲内において、個人データの取扱いの全部または一部を委託する場合には、委託先は第三者に当たらないとされている（個人情報23条5項1号）。なお、事業者には、委託先に対する監督責任が課される（同法22条）。

　このような取扱いがされているのは、情報処理を外部に委託する実際のニーズがある上に、委託元は委託先に対して監督責任を負っている（個人情報22条）ことから、事業者自身による取扱いと同視できるため、第三者に当たらないとされている。

(B)　事業承継による場合

　合併、事業譲渡、会社分割などによる事業の承継に伴って個人データが提供される場合には、承継会社は第三者に当たらないとされている（個人情報23条5項2号）。もっとも、承継会社は、承継前における個人データ

の利用目的の達成に必要な範囲内でのみ承継した個人データの利用が可能である（同法16条2項）。

　株主の変更があった場合については、そもそも、個人データを保有する事業者が変更するわけではないので、法人格を越えた個人データの移転もなく、そもそも個人データの第三者への提供の場面ではないと考えられる（ただし会社から株主への個人データの移転は第三者提供である）。

(C) 共同利用による場合

　個人データを特定の者と共同して利用する場合、①共同利用すること、②共同して利用される個人データの項目、③共同して利用する者の範囲、④利用する者の利用目的、⑤個人データの管理について責任を有する者の氏名・名称について、あらかじめ、本人に通知し、または本人が容易に知り得る状態に置いている場合には、共同利用者は第三者に当たらないとされている（個人情報23条5項3号）。

　共同利用の場合には、前記①から⑤の事項を、あらかじめ本人に通知するか本人の容易に知り得る状態に置く必要がある点が、委託や事業承継の場合と異なる。

　共同利用の対象となる個人データの提供は、必ずしもすべての共同利用者が双方向で個人データを提供する必要はなく、一部の共同利用者に対し、一方向で個人データの提供を行うこともできる。

(4) 第三者提供におけるトレーサビリティの確保

(A) 平成27年改正法による第三者提供の適切性の確保

　平成26年に発生した大手通信教育会社からの個人情報の大規模漏えい事件をきっかけとして、名簿屋により違法に入手された個人データが社会に流通していることが問題となった。そのため、平成27年改正個人情報保護法は、個人データの第三者提供の適切性を確保するためトレーサビリティを確保する規定を設けることとなった。

　第1に、事業者は、第三者から個人データの提供を受ける場合には、違法に入手された個人データが流通することを抑止するため、提供者が個人データを取得した経緯等を確認する義務を負うものとされた（個人情報26条1項）。

　第2に、事業者が、第三者に個人データを提供する場合、および第三

者から個人データの提供を受ける場合には、第三者の氏名等についての記録を作成・保存する義務を負うものとされた（個人情報25条・26条）。これは、仮に個人データが不正に流通した場合でも、個人情報保護委員会が事業者に対して報告徴収・立入検査を行い（同法40条）、保存されている記録を検査することによって、個人データの流通経路を事後的に特定すること（トレーサビリティの確保）ができるようにするためである。個人データの提供者と受領者の双方に記録・保存義務を課すことで、上流・下流両方からのトレーサビリティの確保を図っている。特定の事業者から個人情報が不正に持ち出されたことが発覚した場合、個人情報委員会は、持ち出した者がどの事業者に個人情報を提供したのかを特定し、その事業者から提供先を追っていくことで転々流通した先の把握が容易になる[注49]。

第3に、前述の通り、オプトアウト手続を利用する事業者の個人情報委員会への届出義務と個人情報保護委員会による公表の規定が新設され（個人情報23条2項～4項）、これらの制度があいまって違法に入手された個人データの流通を抑止することを目指している[注50]。

本制度は、その立法経緯からして名簿屋対策であり、その必要性は理解できるものの、IoTシステムに名簿屋対策と同じ観点で記録・保存義務が課されることは負担が大きく、その発展の阻害要因となり得る。第三者提供の際に、オプトアウトの場合だけでなく、本人同意がある場合にも記録・保存義務があるため、IoTのオープン化に対するマイナスの影響は大きく、今後の見直しが期待される[注51]。

以下では、第三者提供する時の記録の作成義務について述べる。

注49）一問一答91頁。なお、トレーサビリティの確保とは、あくまで個人情報保護委員会が報告徴収・立入検査等を行い、保存されている記録を検査することで流通経路を迅速に把握する点に主眼を置いているものであり、本人によるトレースを担保する趣旨ではない（辻畑泰喬『Q&Aでわかりやすく学ぶ平成27年改正個人情報保護法』〔第一法規、2016〕86頁～87頁）。

注50）GL確認記録義務編1頁。

注51）衆議院内閣委員会における附帯決議（2015年5月20日）、参議院内閣委員会における附帯決議（2015年8月27日）においても、記録作成義務について、事業者の過度な負担とならないように十分配慮することが決議されている。

【図表2-12】第三者提供におけるトレーサビリティ制度

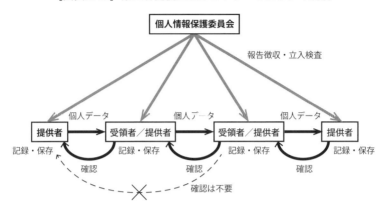

(B) 第三者提供する場合の記録の作成義務

　事業者は、個人データを第三者[注52]に提供したときは、速やかに個人データを提供した年月日、第三者の氏名・名称その他の事項について記録を作成しなければならない（個人情報25条1項、個人情報則13条1項。【図表2-12】）[注53]。事業者はその記録を1年間または3年間保存しなければならない（同条2項、個人情報則14条）。

　ただし、個人データの第三者提供が、法令に基づく場合など個人情報保護法23条1項各号に該当し、第三者提供制限の例外事由に当たる場合には、個人データが転々流通することは想定されにくいことに鑑みて、この確認・記録義務は適用されない[注54]。また、国内の委託先・事業承継先・共同利用先に対する個人データの提供については、そもそも第三者提供に当たらないので、確認・記録義務は適用されない。したがって、その負担を回避するために、委託や共同利用スキームとすることも考えられる。

注52) 個人情報保護法2条5項各号に該当する場合、すなわち、国の機関・地方公共団体・独立行政法人等・地方独立行政法人は「第三者」から除外されている。

注53) すでに作成した記録と重複するものは代替できる（個人情報則12条3項・13条2項）。

注54) 外国にある第三者に対して個人データを提供する場合も、個人情報保護法23条1項各号に該当するのであれば、同様である。

【図表2-13】 提供者の記録事項[注55]

	提供年月日	第三者の氏名等	本人の氏名等	個人データの項目	本人の同意
オプトアウトによる第三者提供	○	○	○	○	
本人の同意による第三者提供		○	○	○	○

　記録・保存の媒体としては、文書・電磁的記録・マイクロフィルムを用いることができる（個人情報則12条1項）。システムログも記録として認められる。

　記録の作成時期については、個人データを第三者に提供した都度、速やかに作成しなければならない。もっとも、継続的または反復して提供したときや、そうすることが確実であると見込まれるときは、オプトアウトによる場合を除き一括して作成することが認められている（個人情報則12条2項）。ただし、オプトアウトによる第三者提供を行う場合には一括作成は認められず、原則通りそのつど記録を作成する必要がある（同項）。

　IoTシステムが自動的かつ継続的に個人データを第三者提供する場合には、ログがそのまま記録となる場合を除いて、そのつど、記録を作成することは現実的ではないので、記録を一括して作成することになろう。

(C)　**第三者提供を受ける際の確認**

　事業者が第三者から個人データの提供を受ける場合には、違法に入手された個人データの流通を抑止するため、提供者の身元や提供者が個人データを取得した経緯を確認しなければならない（個人情報26条1項）。

　具体的には、事業者が第三者から個人データの提供を受けるに際しては、①提供者の第三者の氏名・名称・住所、法人の場合にはその代表者の氏名については、提供者から申告を受ける方法その他の適切な方法によって確

注55）GL確認記録義務編22頁。

認し、②提供者の個人データの取得の経緯については、提供者から個人データの取得の経緯を示す契約書その他の書面の提示を受ける方法その他の適切な方法によって確認しなければならない（個人情報則15条1項）。

この点、確認すべき内容については、ケースバイケースであるが、基本的に、取引先の別（顧客としての本人、従業員としての本人、他の事業者、家族・友人等の私人、いわゆる公開情報等）、取得行為の態様（本人から直接取得したか、有償で取得したか、いわゆる公開情報から取得したか、紹介により取得したか、私人として取得したものか等）などを確認しなければならないとされている[注56]。

受領者は、直前の提供者が個人データをどのように取得したかを確認すれば足り、さらに遡って提供者より前に取得した者の取得経緯のすべてを確認することまでは求められない[注57]。

提供者は、前記①②の確認事項を偽ってはならず、提供者が受領者に対して、虚偽の申告をした場合には、10万円以下の罰金が科される（個人情報88条1号）。

(D) 第三者提供を受ける際の記録の作成等

事業者は、個人データの第三者提供を受け、前項(C)に述べた確認を行ったときは、速やかに個人データを提供した年月日、第三者の氏名・名称その他の事項について記録を作成しなければならない（個人情報26条3項、個人情報則17条1項。【図表2-14】）[注58]。保存期間は1年または3年である（個人情報26条4項、個人情報則18条）。

複数回にわたって同一本人の個人データを第三者提供するような場合において、同一の内容の記録事項を重複して記録する必要はなく、同一内容の事項については記録を省略することができる（個人情報則17条2項）。

(E) 解釈により確認・記録義務が適用されない場合

「個人情報保護法ガイドライン（確認記録義務編）」は、第三者提供を受ける際の確認義務および記録義務については、形式的には第三者提供の外

注56) GL確認記録義務編13頁。
注57) 一問一答95頁、GL確認記録義務編13頁。
注58) すでに作成した記録と重複するものは代替できる（個人情報則17条2項）。

【図表2-14】 受領者の記録事項[注60]

	提供を受けた年月日	第三者の氏名等	取得の経緯	本人の氏名等	個人データの項目	個人情報保護委員会による公表	本人の同意
オプトアウトによる第三者提供	◯	◯	◯	◯	◯	◯	
本人の同意による第三者提供		◯		◯	◯		◯
私人からの第三者提供		◯	◯	◯	◯		

形を有する場合であっても、実質的に確認・記録義務を課する必要性に乏しいときには、解釈によって、第三者提供に該当しないとされる場合があるとする[注59]。

3 委託スキームと共同利用スキーム

共通ポイントカードのように個人データを複数の企業で利用しようとする場合に、事業者側の選択肢は、①本人からあらかじめ同意を取得する、②オプトアウト、③委託スキーム、④共同利用スキームのいずれかが考えられる。本人からあらかじめ同意を取得する場合には、後から共通ポイントカードに参加する企業が出てきた場合に本人から再度同意を取得しなければならず実務的にワークしない。オプトアウトによる場合には、一定の事項の公表と個人情報保護委員会への届出が必要となる。また、いずれの方法でも事業者は記録保存・確認の義務を負う。

これに対し、委託スキームや共同利用スキームであれば、そのような問題は生じない。では、委託スキームと共同利用スキームのどちらが優れているのであろうか。

注59) GL確認記録義務編6頁以下。
注60) GL確認記録義務編26頁。

【図表2-15】委託スキームと共同利用スキーム

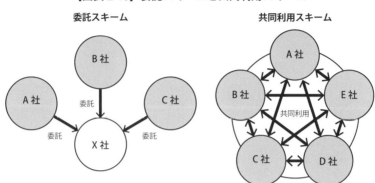

　共通ポイントカードの場合において、委託スキームをとる場合と共同利用スキームをとる場合を比較してみる（【図表2-15】）。

　委託スキームは、参加企業がデータ管理会社に対して個人データの処理を委託し、データ管理会社が受領した個人データを解析して結果を参加企業に報告するというスキームである。

　共同利用スキームは、参加企業がそれぞれの個人データを他の参加企業に相互に提供し合うというスキームである。データの分析は、個々の企業が行ってもよいし、解析に専門性を有する参加企業が全参加企業の分析を行って結果を他の参加企業に報告するということも考えられる。

　まず、委託スキームでは、参加企業がデータ管理会社に対して管理責任を負うことになるが、委託自体は企業で一般的に行われており、それほど大きな負担ではないであろう。もっとも、委託スキームの場合には、あくまで委託先はデータ管理会社であって、参加企業Aの個人データを参加企業Bに提供することには制約があることがデメリットである[注61]。また、データ管理会社の設立・運営のコストはデメリットとなる。

注61）参加企業Aがデータ管理会社に委託し、データ管理会社が参加企業Bに委託するというかたちをとることが考えられるが、委託は利用目的の範囲内でのみ認められているので、何を委託するのかという問題がある。

第1章　パーソナルデータの法律問題

【図表2-16】外部提供（国内）スキームの比較表

	本人同意	オプトアウト	委託	共同利用
本人同意	○	×	×	×
利用目的中の記載	×	○	×	○
通知・公表	×	○	×	○
個人情報保護委員会への届出	×	○	×	×
記録保存・確認	○	○	×	×
監督義務	×	×	○	×
要配慮個人情報の提供	提供可	提供不可	提供可	提供可

（注）○は必要、×は不要を意味する

　共同利用スキームでは、参加企業が他の参加者に個人データを直接やりとりできるというメリットがある。しかし、共同利用の場合には、①共同利用すること、②共同して利用される個人データの項目、③共同して利用する者の範囲、④利用する者の利用目的、⑤個人データの管理について責任を有する者の氏名・名称について、あらかじめ本人に通知、または本人が容易に知り得る状態に置く必要がある。これを適切に実施・管理するための事務負担はそれなりに大きいというデメリットがある。

　特に前記③「共同して利用する者の範囲」が実務的には問題になる。「共同して利用する者の範囲」とは、範囲が明確であれば、必ずしも事業者の名称等を個別にすべて列挙する必要はないとされているが、本人がどの事業者まで利用されるか判断できるようなものでなければならないとされている。共通ポイントカードの例では、後からその仕組みに参加する企業が、あらかじめ通知・公表した「共同して利用する者の範囲」に入らない場合も考えられる。つまり、「共同して利用する者の範囲」に入らない企業は、共通ポイントカードに参加できない。これでは、参加者を拡大することは難しい。

　IoTはシステムをオープン化することが重要である。オープン化したシ

ステムでは、後からであっても、そのシステムに自由に参加できることが望ましい。共同利用スキームでは、少なくとも現行の個人情報法の下では、オープン化システムに対応することが難しい。さまざまな観点からの分析が必要であるが、オープン化に対応するという観点からは、本人同意が取得できない場合には、オプトアウトか委託スキームをとることが適切なことが多いであろう。

III 越境データの取扱い

1 外国にある第三者への個人データの提供

(1) 外国にある第三者への個人データの提供ルール

個人情報保護法は、外国にある企業に個人データを第三者提供する場合、外国ではパーソナルデータについて十分な保護がない国もあることから個人のプライバシーを保護するため、日本にある企業に第三者提供する場合と異なるルールを適用するとしている。

すなわち、事業者が個人データを外国にある第三者に提供する場合には、以下①～③に該当する場合を除き、「外国にある第三者への個人データの提供を認める」という本人の同意をあらかじめ取得しなければならない（個人情報24条）。

① 提供先の第三者が、日本と同等の水準にあると認められる個人情報保護制度を有している国として個人情報保護法施行規則で定める国にある場合

② 提供先の第三者が、個人情報取扱事業者が講ずべき措置に相当する措置を継続的に講ずるために必要な体制として個人情報保護法施行規則11条で定める基準に適合する体制を整備している場合

③ 個人情報保護法23条1項各号の例外事由に当たる場合（149頁）

前記①～③に該当しない場合には、事業者は、外国にある第三者への個人データを提供する場合にオプトアウトによることはできない。また、委託・事業承継・共同利用であっても、「外国にある第三者への個人データの提供を認める」という本人の同意があらかじめ必要である。「外国にあ

る第三者への個人データの提供を認める」という本人の同意について、外国の国名をどこまで特定すればよいかは、提供先の国名を個別に示す方法のほかに、実質的に本人からみて提供先の国名を特定できる方法、国名を特定する代わりに外国になる第三者に提供する場面を具体的に特定する方法などが挙げられている(注62)。

他方、前記①〜③に該当する場合は、外国所在企業に対する個人データの提供であっても、日本の事業者と同様のルールが適用され、オプトアウトによることも可能であるし、委託・事業承継・共同利用の場合には第三者提供には当たらないものとして取り扱うことが可能となる。

(A) **日本と同等の水準にあると認められる個人情報保護制度を有している国（前記①）**

日本と同等の水準（同等性水準）にあると認められる個人情報保護制度を有している国の指定については、個人情報保護法は、EUの十分性認定と同様、個人データ移転を認める特定の国・地域を具体的に記載するホワイトリスト方式をとっている(注63)。日EU間の相互の円滑な個人データ移転を図る枠組みが、平成31年1月23日に発効し、日本の個人情報保護委員会がEUを十分性がある国として認定し、欧州委員会も日本をGDPR45条に基づく十分性がある国として認定するに至った。個人情報保護法施行規則11条1項各号のいずれにも該当する国として、EU加盟国等が指定されている。具体的には、アイスランド、アイルランド、イタリア、英国、エストニア、オーストリア、オランダ、キプロス、ギリシャ、クロアチア、スウェーデン、スペイン、スロバキア、スロベニア、チェコ、デンマーク、ドイツ、ノルウェー、ハンガリー、フィンランド、フランス、ブルガリア、ベルギー、ポーランド、ポルトガル、マルタ、ラトビア、リトアニア、リヒテンシュタイン、ルーマニアおよびルクセンブルクが指定されている。

注62) 和田洋一「『個人情報の保護に関する法律についてのガイドライン』の概要」金融法務事情2056号（2016）46頁。

注63) 前田恵美「国境を越えた情報のやりとりに新たな規律──取扱いのグローバル化」ビジネス法務2016年11月号32頁。

(B) 提供先の第三者が基準に適合する体制を整備している場合（前記②）

　提供先の第三者が、個人情報取扱事業者が講ずべき措置に相当する措置を継続的に講ずるために必要な体制として以下①②のいずれかの基準に適合する体制（「基準適合体制」）を整備している場合には、外国にある第三者としての取扱いはされない（個人情報則11条）。

① 事業者と個人データの提供を受ける者との間で、当該提供を受ける者における当該個人データの取扱いについて、適切かつ合理的な方法により、個人情報保護法第4章第1節の規定の趣旨に沿った措置の実施が確保されていること
② 個人データの提供を受ける者が、個人情報の取扱いに係る国際的な枠組みに基づく認定を受けていること

　そのため、前記①または②に該当する外国企業は、日本所在企業と同様のルールで個人データの第三者提供を受けることができる。

　前記①については、契約の規定や企業グループ内のポリシーを定めて、個人データの取扱いについて、個人情報保護法第4章第1節の規定の趣旨に沿った措置の実施を確保することが考えられる。

　前記②については、具体的にどのような認定を受けていればよいかについて個人情報保護法施行規則11条は規定していない。しかし、国際的な枠組みの1つとして、アジア太平洋経済協力（APEC）の越境プライバシールール（CBPR）の認証がこれに該当すると考えられる[注64]。CBPRシステムは、APEC域内において国境を越えて流通する個人情報についての信用を構築するため事業者のAPECプライバシー・ポリシー・フレームワークへの適合性を認証する制度である。日本では、一般財団法人日本情報経済社会推進協会（JIPDEC）が、事業者の個人情報保護方針・運用がCBPRシステムの要求事項を遵守しているかの認証を行っており、日本でのCBPRシステムの利用が可能である。

　なお、基準適合体制が整備されていることについて、個人情報保護委員会に対する届出は不要である。

注64) GL外国第三者提供編7頁、前田恵美「取扱いのグローバル化」ビジネス法務2016年11月号33頁。

(2) 「外国にある第三者」の意味

外資系の日本法人が、外国にある親会社に対して個人データを提供する場合には、「外国にある第三者への個人データの提供」に該当するのであろうか。

「第三者」の定義は前述したが、「外国にある第三者」とは、個人データの提供者とその個人データの本人以外の者であって、外国に所在する者のことをいう[注65]。法人の場合、個人データの提供者と別の法人格かが基準となる。個人情報保護法は、越境データ移転の有無をデータの物理的所在地ではなく、法人格を基準に判断している点に注意が必要である。

(A) 日本所在法人から外国の親会社・子会社・支店・事務所に提供する場合

個人情報保護法では、越境データ移転の有無を法人格を基準とすることから、日本所在法人が外国の子会社に対して個人データを提供する場合には、たとえ子会社であっても、「外国にある第三者」への提供に該当する。外資系の日本所在法人が、親会社の外国所在法人に対して個人データを提供する場合にも、「外国にある第三者」への提供に該当する。

他方で、日本所在法人が、外国にある支店や事務所に対して個人データを提供する場合は、同一法人格の中のデータ提供なので「外国にある第三者」への提供に該当しない。

(B) 外国所在法人の日本支店に提供する場合

それでは、日本所在法人が、外国所在法人の日本支店に対して個人データを提供する場合は、「外国にある第三者」への提供に該当するのであろうか。

この点、外国所在法人が、個人情報保護法に規定する「個人情報取扱事業者」に該当する場合には、「外国にある第三者」には当たらない[注66]。具体的には、外国所在法人であっても、日本に支店事務所を設置している場合や日本国内で事業活動を行っている場合などで、日本国内で「個人情報データベース等」を事業の用に供していると認められるときは、その外国法人は「外国にある第三者」には該当しない。

注65) 一問一答84頁。
注66) GL外国第三者提供編5頁。

【図表 2-17】外国企業に対する個人データの提供

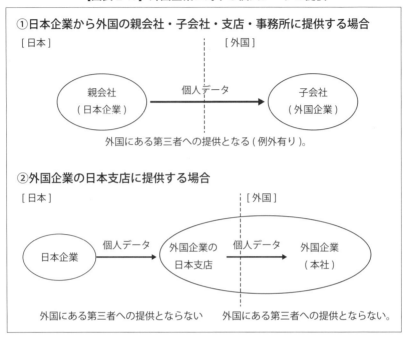

また、「個人情報取扱事業者」である外国所在法人の東京支店による外国の本店への個人データ提供については、同一法人格の中のデータ提供であり第三者への提供ではないため、「外国にある第三者」には該当しないと考えることになる(注67)。

(C) **外国のサーバに個人データを保存する場合**

日本法人が、外国にある自社サーバに個人データを保存する場合には、同一法人格の中のデータ提供なので、「外国にある第三者」への提供には該当しない。

日本法人が、外国所在法人の保有するサーバに個人データを保存する場

注67) この結論は、日本所在法人が外国の子会社に対して個人データを提供する場合には、たとえ子会社であっても、「外国にある第三者」への提供となることの比較でバランスが悪いが、法解釈としてはそうならざるを得ないと考えられる。

第1章　パーソナルデータの法律問題

合には、その外国所在法人が日本国内で事業活動を行っている場合など日本国内で個人情報データベース等を事業の用に供していると認められるときは、「外国にある第三者」への提供には該当しない。なお、その外国所在法人は日本で事業活動しているため、日本の個人情報保護法の規制に服する。他方で、その外国所在法人が、日本国内で個人情報データベース等を事業の用に供していると認められないときには、「外国にある第三者」への提供に該当する。

(3)　トレーサビリティー制度

国内にある事業者に対して、個人データを委託・事業承継・共同利用により提供した場合には、「第三者への提供」に該当しないとされているため（個人情報23条5項）、第三者提供の場合に適用されるトレーサビリティー制度の適用はなく、事業者には記録保存・確認義務はない。

しかし、外国にある第三者に個人データを委託・事業承継・共同利用により提供した場合には、同等性基準または基準適合体制を満たしていない限り、「第三者への提供」に該当するため、トレーサビリティー制度が適用され、事業者に記録保存義務が発生する（なお、確認義務〔個人情報26条〕については域外適用の対象となっていないので外国にある事業者には確認義務はない〔同法75条〕）。

2　クラウドに個人データを保存する場合

クラウドでは、外国に設置されたサーバを利用していることも珍しくない。そもそも、クラウドサービスにおいて、一般利用者がどの国にあるサーバに自分のデータが記録されているのかを知ることは事実上不可能である。そこで、そのようなクラウドに、個人データを保存することは、外国に対する個人データの提供に当たるのではないかが問題となる。

事業者が、その保有する個人データをクラウド運営会社の所有するサーバに保存することは、事業者からクラウド運営会社に対する「委託」であると考えられている。したがって、日本所在企業がクラウドを運営している場合には、クラウドへのデータ保存は、事業者が委託者としての監督義務を果たすことは必要であるが、第三者提供としての本人の同意の取得やオプトアウトによる必要はないと解されている[注68]。

では、事業者が、外国に所在するクラウドサーバに、個人データを保存する場合はどうであろうか。

まず、前述の通り、提供先が外国であるか否かの判断は提供先の所在地が判断基準となっている。つまり、提供先が日本に所在する事業者であれば、サーバが世界中のどこにあったとしても日本にある第三者に提供したことになる。

次に、提供先が外国所在企業の子会社・関連会社である場合には、それらが日本に所在するのであれば、日本にある第三者に提供したことになる。また、前述の通り、その外国所在企業が日本国内で個人情報データベース等を事業の用に供している個人情報取扱事業者と認められるときには、「外国にある第三者」には該当しない。

前記以外の場合には、外国に所在するクラウドサーバに個人データを保存することは、外国にある第三者に対する提供となる。

もっとも、クラウドサービスの契約条項に、「外国にある第三者」が個人データを取り扱わない旨が定められ、適切にアクセス制御を行っている場合等には、「外国にある第三者」はその個人データの提供を受けて取り扱っているとはいえない場面も想定されるという見解も示されており[注69]、そもそも個人データの第三者提供には当たらないと解する余地はある。

3　域外適用

外国のインターネット通信販売事業者が日本の消費者からその個人情報を取得して商品を販売・配送する場合や、外国のメールサービス提供事業者がアカウント設定等のために日本の消費者からその個人情報を取得してメールサービスを提供する場合には、それらの外国の事業者に対して、日本の個人情報保護法は適用されるのであろうか。

注68）事業者がクラウド運営会社に対する委託した場合に、委託者としてどこまで監督するべきかについて、委託先に対する定期的な立入検査などを実施することまでは求められていない（経産省 GL・Q&A Q89）。

注69）和田洋一「『個人情報の保護に関する法律についてのガイドライン』の概要」金融法務事情2056号（2016）46頁。

法律の原則として、法律に規定されていない限り、日本の法律は外国の者に対して当然に及ぶものではない。

この点、個人情報保護法は、外国にある事業者が、日本の居住者など国内にある者に対して物品やサービスの提供を行い、個人情報を取得して、外国においてその個人情報または匿名加工情報を取り扱う場合には、外国事業者にも日本の個人情報保護法が域外適用され、その外国にある事業者に対して以下の①〜⑨までの規定が適用されると定めている（個人情報75条）。

① 利用目的の特定等（同法15条）
② 利用目的による制限（同法16条）
③ 利用目的の通知または公表（同法18条）
④ データ内容の正確性の確保等、安全管理措置、従業者の監督、委託先の監督、第三者提供の制限、外国にある第三者への提供の制限、第三者提供に係る記録の作成等（同法19条〜25条）
⑤ 保有個人データに関する事項の公表等、開示、訂正等、利用停止等、理由の説明、開示等の請求等に応じる手続、利用目的の通知の求めまたは開示請求に係る手数料、苦情処理、匿名加工情報の作成等（同法27条〜36条）
⑥ 指導および助言（同法41条）
⑦ 勧告（同法42条1項）
⑧ 個人情報保護委員会の権限の行使の制限（同法43条）
⑨ 適用除外（同法76条）

なお、前記には明記されていないが、個人情報の適正取得（個人情報17条）および直接書面等による取得（同法18条2項）の規定は、個人情報の取得の行為の重要部分は国内において行われることから、外国にある事業者が国内の者の個人情報を取得する場合に適用されることになると考えられる[注70]。

注70) 個人情報保護法のしくみ135頁。

4 アメリカおよびEUのプライバシー保護の法律

データは国境を越えて移動することが簡単なので、パーソナルデータを取り扱うに当たっては海外の動向にも注意を払う必要がある。そこで、わが国とかかわりが深いアメリカとEUのルールを簡単に解説する。

(1) アメリカ

アメリカでは、パーソナルデータの保護について、民間部門では、個人情報保護法のような分野横断的な法律は存在せず、各分野ごとの法律と自主規制を基本としており、医療、信用情報、通信、金融、児童の保護など高い機密性が求められる分野において個別領域ごとに立法がされている。これに加えて、州による法規制も存在する。

また、FTC[注71]（連邦取引委員会）が、FTC法5条に基づいて、事業者の不公正または欺瞞的行為・慣行に対して、排除命令・課徴金・民事責任を課す権限を有しており、プライバシーを侵害する行為に対して法執行を行っている。

なお、オバマ大統領は2012年に「ネットワーク世界の消費者データプライバシー」[注72]の中で「消費者プライバシー権利章典」[注73]を制定したが立法化はされていない。トランプ政権の下でどうなるかは不明である。

アメリカでは、個人情報をアメリカ国外に移転させることについて一般的な規制は存在していない。

(2) EU

(A) EUデータ個人保護指令

EUでは、パーソナルデータの保護について、1995年EUデータ個人保護指令[注74]があり、EUおよびEEA（欧州経済領域）加盟国は、これに基づく国内法の整備が義務付けられていた。また、EUは、2002年に、

注71) Federal Trade Commission
注72) Consumer Data Privacy in a Networked World：A Framework for Protecting Privacy and Promoting Innovation in the Global Digital Economy
注73) Consumer Privacy Bill of Rights
注74) 個人データの取扱いに係る個人の保護及び当該データの自由な移動に関する1995年10月24日の欧州議会及び理事会の95／46／EC指令。

電子通信部門におけるプライバシーの保護について、e-プライバシー指令(注75)を制定している。

　(B)　EU一般データ保護規則

　EUは、2016年4月に、EU一般データ保護規則(注76)（GDPR）を採択し、2018年5月25日に施行された。EU一般データ保護規則は、EU加盟国の国内法の制定なしに、加盟国内において直接の効力が認められる。EU一般データ保護規則では、個人の権利の強化や企業の説明責任の導入などが図られている。EU一般データ保護規則では、違反に対して最大で2000万ユーロまたは全世界年間売上高の4パーセントのいずれか高いほうの制裁金が課される可能性がある。EEA域内から域外へのパーソナルデータの移転には十分注意が必要となる。

　GDPRに対応して、日本では、「EU域内から十分性認定により移転を受けた個人データの取扱いに関する補完的ルール」が定められ、GDPRの適用対象となる個人データの日本への移転については、同ルールを踏まえて運用されることになる。

　そして、ＥＵ域内から十分性認定により移転を受けた個人データの取扱いに関して、個人情報保護に関する法令およびガイドラインに加えて、最低限遵守すべき規律が、個人情報保護委員会から「ＥＵ域内から十分性認定により移転を受けた個人データの取扱いに関する補完的ルール」（平成30年9月）として示されている。

　その補完的ルールは、具体的には以下の通りである。

① 　EU域内から十分性認定に基づき提供を受けた個人データに、GDPRにおいて特別な種類の個人データと定義されている性生活、性的指向または労働組合に関する情報が含まれる場合には、個人情報取扱事業者は、当該情報について要配慮個人情報と同様に取り扱わなければならない。

注75) 個人情報の処理と電子通信部門におけるプライバシーの保護に関する指令。
注76) REGULATION OF THE EUROPEAN PARLIAMENT OF THE COUNCIL on the protection of natural persons with regard to the processing of personal data and on the free movement of such data, and repealing Directive 95/46/EC（General Data Protection Regulation）

第 2 編　IoT・AI の法律各論

② 　個人情報取扱事業者が、EU 域内から十分性認定に基づき提供を受けた個人データについては、消去することとしている期間にかかわらず、保有個人データとして取り扱わなければならない。

③ 　個人情報取扱事業者が、EU 域内から十分性認定に基づき個人データの提供を受ける場合、EU 域内から当該個人データの提供を受ける際に特定された利用目的を含め、その取得の経緯を確認し、記録しなければならない。

　同様に、個人情報取扱事業者が、EU 域内から十分性認定に基づき移転された個人データの提供を受けた他の個人情報取扱事業者から、当該個人データの提供を受ける場合、当該個人データの提供を受ける際に特定された利用目的を含め、その取得の経緯を確認し、記録しなければならない。

④ 　個人情報取扱事業者は、EU 域内から十分性認定に基づき提供を受けた個人データを外国にある第三者へ提供するに当たっては、法第 24 条に従い、次の○iから○iiiまでのいずれかに該当する場合を除き、本人が同意に係る判断を行うために必要な移転先の状況についての情報を提供した上で、あらかじめ外国にある第三者への個人データの提供を認める旨の本人の同意を得なければならない。

○i　当該第三者が、個人の権利利益の保護に関して、わが国と同等の水準にあると認められる個人情報保護制度を有している国として規則で定める国にある場合

○ii　個人情報取扱事業者と個人データの提供を受ける第三者との間で、当該第三者による個人データの取扱いについて、適切かつ合理的な方法（契約、その他の形式の拘束力のある取決めまたは企業グループにおける拘束力のある取扱い）により、本ルールを含め法と同等水準の個人情報の保護に関する措置を連携して実施している場合

○iii　個人情報保護法 23 条 1 項各号に該当する場合

⑤ 　EU 域内から十分性認定に基づき提供を受けた個人情報については、個人情報取扱事業者が、加工方法等情報を削除することにより、匿名化された個人を再識別することを何人にとっても不可能とした場合に限り、匿名加工情報とみなす。

Ⅳ　個人情報保護法の執行および罰則

1　個人情報保護委員会

　個人情報保護委員会は、個人情報保護法に基づき設置された合議制の機関であり、独立性の高い委員会である。平成 27 年改正法により 2016 年 1 月にマイナンバーを監督する特定個人情報保護委員会から改組された。個人情報保護委員会は、個人情報保護法を所管し、事業者の個人情報保護法の遵守状況を監視・監督する。平成 27 年改正法前は、個人情報保護法は消費者庁が所管し、主務大臣（各省庁）がその所管する事業分野の事業者を監督していたが、平成 27 年改正法施行後は、個人情報保護委員会が一元的に所管・監督することになった。もっとも、個人情報保護委員会は、事業者に対する報告徴収・立入検査の権限を主務大臣に委任することができる。

2　罰則

　個人情報保護法には主に以下の罰則が定められている。一般論としては、EU の制度と比較して、個人情報保護法の違反自体の罰則は軽く、多額の制裁金が科されることはない。

(1)　**個人情報データベース等不正提供罪**

　事業者やその役職員が、利益を得る目的で、その業務に関して取り扱った個人情報データベース等を不正に持ち出したり、第三者に提供した場合には、1 年以下の懲役または 50 万円以下の罰金が科される（個人情報 83 条）。

　もっとも、本罪の対象となっているのは、「個人情報データベース等」であり、「匿名加工情報データベース等」は対象とされていないので、匿名加工情報データベース等を不正に持ち出した者に対して本罪で取り締まることはできない。

(2)　**個人情報保護委員会の命令違反**

　個人情報保護委員会が、事業者の個人情報保護法違反により、個人の重大な権利利益の侵害が切迫しているなどの理由により、個人情報保護法

42条2項・3項に基づいて、事業者に勧告に従うことや違反行為の中止を命令したにもかかわらず、事業者がその命令に従わなかった場合には、6か月以下の懲役または30万円以下の罰金が科される（個人情報84条）。

(3) **個人情報保護委員会の報告聴収・立入検査妨害**

個人情報保護委員会による報告聴収・立入検査に対して、非協力であったり妨害行為をした事業者には、30万円以下の罰金が科される（個人情報85条）。

(4) **第三者提供時の虚偽申告**

個人データの第三者提供時に提供者が、取得経緯等について確認を行う受領者に対して、虚偽の申告をした場合には、10万円以下の罰金が科される（個人情報88条）。

第2章
ビッグデータの法律問題

I ビッグデータ
1 ビッグデータ

　ビッグデータについては確立した定義は存在しないが、ビッグデータとは、単に「大量のデータ」を意味するのではなく、今まで扱われてきたものとは異なるより大容量かつ多様なデータを扱う新たな仕組みを意味し、その特性は量、頻度（更新速度）、多様性（データの種類）によって表される。この3つの特性である量（Volume）、頻度（Velocity）、多様性（Variety）の頭文字のVをとって、ビッグデータの3つのVともいわれる。

　ビッグデータの活用事例は世の中に枚挙にいとまはないが、グーグルが人々が検索したキーワードなどを蓄積した膨大データを使ってより効果的な広告をしていることや、アマゾンが顧客の購入履歴やウェブ閲覧履歴などを使っておすすめ商品を表示することで顧客の購買意欲を高めていることはよく知られている。

　ビッグデータを活用するためには、そもそも大量のデータをもっている必要がある。多くの利用者がいて大量のデータを入手できる企業が、競争においてもますます有利になる世の中となる。

　ビッグデータを販売している企業もある。twitterはツイートデータを販売しており、その分析により、マーケットリサーチ、商品開発、風評検知に活かすことができるとしている。クレジット会社のマスターカードは匿名化したクレジットの利用データをビッグデータとして販売している。ビッグデータ自体が商品となっているのである。

　IoTでは、数多くのさまざまな種類のセンサーが自動的にデータを生成するので、データ量や更新頻度が膨大となり、データの種類も多様となるため、IoTシステムのデータはビッグデータとなる傾向がある。

第 2 編　IoT・AI の法律各論

【図表 2-18】ビッグデータとなり得るデータ例

＊情報通信審議会 ICT 基本戦略ボード「ビッグデータの活用に関するアドホックグループ」資料

2　法律的な観点からみたビッグデータ

　法律的な観点からビッグデータをみてみると、①ビッグデータが構造化データか、非構造化データか、②パーソナルデータを含むか否か、③本人識別性を有するか否か、④秘密情報とするか否かによって、その取扱いが異なってくる。

(1)　構造化データ／非構造化データ

　構造化データとは、会計データのように、エクセルファイルや CSV ファイルの表で、列と行によって整理されているデータが典型例である。このようなデータは、体系化されているため、集計や分析を比較的簡単に行うことができる。

　これに対し、twitter やフェイスブックでの文章・音声・動画といった

174

【図表 2-19】典型的なデータ構造化のレベル[注1]

構造化 ▲
RDB に格納できるデータ	従来の顧客データなど
固定長データ	文字数などの上限が決まっているデータ
項目で区切られたデータ	CSV ファイルなど
定型的なログデータ	Web サイトのアクセスログなど
階層が定義されたデータ	HTML ファイルや XML ファイルなど
非定型のテキストデータ	ブログの記事やプレスリリースなど
バイナリデータ	写真・動画・音声など

非構造化 ▼

　マルチメディアデータなどのデータは、形式も内容もばらばらである。これらの体系化されていないデータは、非構造化データと呼ばれている。非構造化データは従来のデータベースでは分析が困難であったため、従来はあまり利用されてこなかったが、最近は非構造化データの分析手法も発展して利用されるようになってきた。

　もっとも、構造化データと非構造化データに明確な境界があるわけではない。そのことを前提として、構造化データと非構造化データには、法律的に以下の違いが生じる。

　第1に、個人情報保護法との関係である。個人情報保護法においては、情報を体系化すると事業者により重い義務が課される仕組みとなっている。例えば、個人情報は体系化されると個人データとなり、第三者利用の提供について制約が生じる。匿名加工情報は体系化することにより、その取扱事業者には匿名加工取扱事業者としてのさまざまな義務が発生する。つまり、非構造化データよりも構造化データのほうが、個人情報保護法では、事業者の義務が重くなる。

注1）小林孝嗣ほか『ビッグデータ入門』（インプレスジャパン、2014）52頁。

第2に、著作権の関係である。著作権法では、データベースについて、その情報の選択または体系化によって創作性を有するものには、著作権が認められており（著作12条の2）、構造化データのほうが非構造化データよりも著作権で保護される可能性が高い。

　もっとも、構造化データと非構造化データの境界は段階的である。どの段階になれば、個人情報保護法において体系化されたデータといえるのか、また、著作権法において体系化したといえるのかについては個別に判断することとなる。

(2) パーソナルデータを含むか含まないか

　ビッグデータが、パーソナルデータを含むか否かによっても取扱いが異なる。工場の工作機械や飛行機のエンジンのセンサーが収集する情報などパーソナルデータを含まない機械的なデータのみを収集する場合には、プライバシーに配慮する必要はない。他方、人の行動履歴などパーソナルデータをセンサーが収集する場合には、プライバシーの問題が生じることになる。

(3) 本人識別性の有無

　パーソナルデータを含むビッグデータの利用においては、①1人ひとりの個人に着目するのではなく、多数の個人の集団としての行動パターンや消費パターンを分析して、人の集団について、何らかの知見を得ようとするものと、②1人ひとりの個人について行動パターンや消費パターンを分析して、特定の個人についての知見を得ようとするものがある。前記①では、本人識別が不要であるが、前記②では、本人の識別が必要である。

　前記①の目的でデータを利用する場合には、データを匿名化して、「匿名加工情報」になったデータを利用することで目的を達成できるが、前記②の目的でデータを利用する場合には、データを匿名化することでは、その目的を達成することはできない。

(4) 秘密情報とするか否か

　ビッグデータが営業秘密や限定提供データの3要件を満たせば不正競争防止法により保護されることになる。他方で、ビッグデータがそれらに該当しない場合には同法の保護を受けることはできない。

(5) Suica の事例

パーソナルデータが含まれているビッグデータの取扱いが話題となった例としてSuicaの事例がある[注2]。

Suicaは、JR東日本が提供する交通系ICカードであり、利用者がSuicaを利用すると、利用者の駅の利用状況や物販の決済などのデータがJR東日本に記録されることになる。JR東日本は、記名式Suicaのデータから、氏名や電話番号の情報を削除し生年月日を生年月に変換したデータ（Suica分析用データ）を作成していた。

2013年、JR東日本は、このSuica分析用データを活用しようとして、ビッグデータとして分析・活用する技術ノウハウを有する日立製作所に対し、Suica分析用データを、SuicaID番号を不可逆の番号に変更し、物販情報等を削除した上で提供した。なお、JR東日本は、データ提供に際して、日立製作所においてデータが厳格に取り扱われることを確認し、契約で個人の特定を行うことを禁止していた。

これに対して、利用者から、事前の周知がなかったこと等から消費者意識に対する配慮に欠けているという批判の声や法的問題を指摘する声が上がり、JR東日本はそのデータ提供を停止し日立製作所はすでに提供したSuica分析用データについて抹消することになった。

このSuicaの事案では、Suicaデータについては氏名・住所の削除と生年月日の生年月への変換が行われており、日立製作所との間で第三者の識別行為を禁止する契約も締結されていた。それにもかかわらず、多くの利用者から、このスキームに対して批判や不安視する声が上がり、結果的にはデータの提供が中止されることとなった。この事案は2013年の出来事のことであり、個人情報保護法が改正される前の話で現在の状況と異なるが、ビッグデータの取扱いにあたって重要な問題提起をした事案であるといえよう。

注2）以下の記載は、「Suicaに関するデータの社外への提供について　中間とりまとめ——JR東日本」に基づく。

【図表2-20】Suica データの提供の仕組み

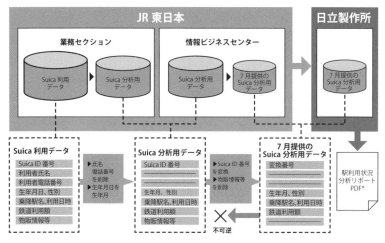

Suica に関するデータの社外への提供について　中間取りまとめ（Suica に関するデータの社外への提供についての有識者会議）

II　パーソナルデータを含むビッグデータの取扱いと匿名加工情報

1　ビッグデータと匿名加工情報

　例えば、ポイントカードを使った購買履歴や交通系 IC カードの乗降履歴をビッグデータとして他の事業者に対して販売する場合、個人情報や個人データを含むのであれば、個人情報保護法上、利用目的の範囲内での利用や第三者提供の制限などのルールを守らなければならない。しかし、個人情報や個人データを含むビッグデータに、このルールが適用されると、その活用が大きく制約されることになる。利用目的のルール1つとってみても、ビッグデータを利用目的の範囲内でしか利用できないとしたら、ビッグデータを新しい発想で利用することは困難となる。
　そこで、パーソナルデータをビッグデータとして活用するために、平成

27年個人情報保護法改正により、新たに「匿名加工情報」という概念が導入された。これにより、個人情報を匿名化した「匿名加工情報」にすることで、利用目的の範囲内での利用や第三者提供時の同意取得・オプトアウトが不要となり、パーソナルデータを含むビッグデータを比較的自由に利用・流通させることが可能となった。

また、事業者は、自らが作成した匿名加工情報を利用することも認められており、その場合には、特定した利用目的の範囲に限定されずに利用することができる。

なお、パーソナルデータを含まないビッグデータについては、そのデータの帰属や著作権などの法律問題は生じるが、そもそも個人情報保護法による規制はかからない。

以下では、①ビッグデータを、他の事業者と共有したり販売する場合、それらの情報をどのように匿名化すれば「匿名加工情報」となるのか、②ビッグデータを提供する企業や提供を受ける企業には、どのような法律上のルールを守らなければならないのかを中心に解説する。

2　事例

ビッグデータと匿名加工情報についてわかりやすく説明するために、以下の事例を想定してみる。

ある家電メーカーX社が家庭用IoTシステムを販売している。この家庭用IoTシステムでは、家電製品をインターネットで接続してエアコン使用や照明を最適化するほか、スマホなどの操作でテレビ番組の録画もでき、電球や電池が切れた場合にはネット経由で電球や電池を自動発注してくれる。また、利用者は、PCやスマホから、その家電メーカーのウェブサイトにログインすると、節電方法などについてアドバイスを受けることができる。

この家電メーカーが、利用者の家電製品の利用状況やテレビ番組の視聴・録画情報について、ビッグデータ分析についてのノウハウをもつIT企業Y社に分析を依頼する場合、個人情報保護法上、どのような点に注意すべきであろうか。また、依頼を受けるIT企業Y社は、ビッグデータを受領するときに、個人情報保護法上、どのような点に注意すべきであろ

うか（答えは 193 頁以下に記載）。

さらに、この家電メーカー X 社が、利用者の利用状況のビッグデータを IT 企業 Y 社に販売する場合には、個人情報保護法上、どのような点に注意すべきであろうか。

このような問題は、個人を対象とする IoT システムでは常に問題となり得る。例えば、自動車メーカーが収集したドライバーの運転情報を、カーナビゲーション用の地図作成企業や自動運転用 AI の学習用データとして AI 開発企業に提供・販売する場合にも同様の問題が生じる。

3　匿名加工情報の定義

「匿名加工情報」とは、①個人情報を加工して、②特定の個人を識別することができず、③個人情報を復元することができないようにしたものと定義されている（個人情報 2 条 9 項）。

そもそも、「匿名加工情報」の前提として、「個人情報」がソースとなっている情報のみが対象となる。「匿名加工情報」の出発点は「個人情報」であり、個人情報でない情報を加工しても、そもそも「匿名加工情報」にはならない。

また、「匿名加工情報」は「個人情報」ではない。なぜなら、「匿名加工情報」は、その定義において特定の個人を識別できないことが前提とされている以上、「個人情報」には当たらないからである。したがって、匿名加工情報には、利用目的の特定・目的外利用の禁止・第三者提供ルールなどが適用されず、比較的自由に利用・流通させることが可能となる（ただし、識別行為の禁止などの後述する一定のルールに従う必要はある）。

(1)　匿名化するための加工の具体的方法（前記①）

個人情報を匿名化するための加工（前記①）の方法については、個人情報保護法は、ⅰ一般の個人情報（特定の個人を識別することができるもの〔個人情報 2 条 1 項 1 号〕）とⅱ個人識別符号（同項 2 号）を分けて規定している。

一般の個人情報の加工方法については、個人情報に含まれる記述等の「一部」を削除または置換することによるとされている。加工方法としては、削除だけに限定されず、ハッシュ化など一部の記述等を復元できない

方法により他の記述などに置き換えることでもよい（個人情報2条9項1号）。

個人識別符号の加工方法については、個人情報に含まれる個人識別符号の「全部」を削除または置換することによるとされている。加工方法としては、記述等を復元できない方法により他の記述等に置き換えることでもよい（個人情報2条9項2号）。

一般の個人情報と個人識別符号で要求される加工方法の違いは、一般の個人情報については、個人情報のうち氏名等の一部を削除・置換することで個人が識別不能になれば足りるが、パスポート番号のような個人識別符号については、個人情報から個人識別符号の全部を削除・置換することが必要である点にある。

匿名化するための加工の具体的方法については個人情報保護法施行規則19条で定めているが（184頁参照）、詳細について定めていない。これは、事業者が実際にどのような加工を具体的に行うかについては、それぞれのサービス等の特性や取り扱う個人情報・匿名加工情報の内容や実態に応じて定めることが望ましいことから、認定情報保護団体が作成する個人情報保護指針等の自主的なルールに委ねることが想定されているからであるとされている[注3]。

以下では、匿名化するための主要な加工方法について紹介する。事業者は、これらの加工方法から最も自らの事業に適した加工方法を選ぶことになる。

(A) 主要な加工方法

情報に加工を加える場合、具体的な加工の程度と加工後の情報の有用性は、一般的にはトレード・オフの関係にあり、加工の程度を高度にすればするほど利用に当たっての有用性は減少する。そこで状況に応じた加工方法の選択・加工程度の選択が重要となる。

個人を特定しないための主な加工方法として抽象的には、①匿名化手法、②攪乱手法、③暗号化手法がある[注4]。

①匿名化手法は、あるデータに対して、情報の削除や曖昧化等の加工を

注3) 一問一答42頁。

行うことで、データを参照した人が個人を識別できない、またはセンシティブな情報がわからない状態にする方法である。

②攪乱手法とは、あるデータに対してノイズ付加や属性値のシャッフル等の加工を行うことで、データを参照した人が個人を識別できない、またはセンシティブな情報がわからない状態にする方法である。

③暗号化手法とは、あるデータに対して、暗号化処理を施して、データを参照した人がデータベースの中身をみられない状態のまま、計算結果のみを得る方法である。もっとも、暗号化は基本的には復号化（暗号を原文に戻すこと）を前提としているので、「匿名加工情報」の「個人情報を復元することができないこと」という要件を満たさず、「匿名加工情報」の要件を満たさない。しかし、最近では、暗号化したままでデータの分析ができる技術も開発されており、復号化をしないことを前提とした暗号化であれば、「匿名加工情報」の要件を満たす可能性はある。

匿名加工の具体的方法にはさまざまなものがあるが代表的なものとして、①仮名化、②項目・レコード・セル削除、③一般化、④トップ（ボトム）コーティング、⑤ミクロアグリゲーション、⑥データ交換、⑦ノイズ付加、⑧擬似データ生成、⑨k-匿名化、⑩サンプリングを紹介する（【図表2-21】参照)(注5)。

【図表2-21】匿名加工の方法

手法名	内容
仮名化（仮ID）	個人を識別可能な情報を符号や番号などに置き換えること。ハッシュ関数を使った不可逆的な変換がよく知られている。
項目削除／レコード削除／セル削除	加工対象となる個人情報データベース等に含まれる個人情報の記述等を削除するもの

注4) 情報処理推進機構「パーソナル情報保護とIT技術に関する調査——調査報告書」98頁以下。
注5) 匿名加工情報の作成については、経済産業省「匿名加工情報作成マニュアル」（平成28年8月）も参考になる。

	〈例〉年齢のデータをすべての個人情報から削除すること（項目削除）／特定の個人の情報をすべて削除すること（レコード削除）／または特定の個人の年齢のデータを削除すること（セル削除）
一般化	属性のデータの値域を広げたり、より上位の概念に置き換えることにより、個人を識別できないようにすることである。 〈例〉購買履歴のデータで「きゅうり」を「野菜」に置き換えること
トップ（ボトム）コーディング	数値属性に対して、特に大きく、または小さい属性値については、数が少ないために個人が識別されやすいことから、そのような属性値をひとまとめにするもの。 〈例〉年齢データについて、100歳以上の人について、「100歳以上」というデータにまとめる操作を行うこと
ミクロアグリゲーション	加工対象となる個人情報データベース等を構成する個人情報をグループ化した後、グループの代表的な記述等に置き換えることとするもの。
データ交換（スワップ）	加工対象となる個人情報データベース等を構成する個人情報相互に含まれる記述等を（確率的に）入れ替えることとするもの。
ノイズ（誤差）の付加	一定の分布に従った乱数的な数値を付加することにより、他の任意の数値へと置き換えることとするもの。
疑似データ生成	人工的な合成データを作成し、これを加工対象となる個人情報データベース等に含ませることとするもの。
k-匿名化	個人の識別が可能となるような情報の組合せについて、該当するレコードが少なくともk個存在する状態にすることによって、個人を識別できないようにすること。そのような状態をk-匿名性と呼び、個人識別リスクの指標として用いられる。
サンプリング	データセットから無作為に一定の割合・個数でサンプルを抽出すること 〈例〉30歳代の男性の集団10名から、Aさん、Bさん、Cさんをサンプルとして抽出すること

＊GL匿名加工情報編15頁を基に筆者作成。

(B) 個人情報保護法に定める加工方法

個人情報保護法が定めている匿名加工情報に加工するための基準は、下記①～⑤のすべてを満たすことであり、かつこれに尽きている（個人情報則19条）。

① 一般的な個人情報についてはデータの一部を削除または置換する。
② 個人識別符号についてはその全部を削除または置換する。
③ 個人情報と匿名化した情報について ID などで連結されている場合には、その ID を削除するか連結できない ID に置換する。
④ 特異なデータは削除または置換する。
⑤ 個人情報や個人情報データベースの内容によって、適切な措置をとる。

前記①～⑤の基準は技術的な基準としては抽象的な内容であるといえよう。他方、一般的な匿名化の技術的手法であれば、この基準を満たすことは比較的容易であると考えられる。しかし、この基準を満たしたとしても、匿名加工情報となる要件（個人情報2条9項）を満たさなければ、匿名加工情報として取り扱うことはできない点には注意が必要である。

この点、個人情報保護委員会事務局「匿名加工情報パーソナルデータの利活用促進と消費者の信頼性確保の両立に向けて」（2017年2月）が、匿名加工情報の作成に当たって求められる加工方法と、匿名加工情報のユースケースと加工例について具体的に説明しているので参考になる。

(2) 識別の不可能性

「匿名加工情報」の要件の1つとして、特定の個人を識別することができないようにすることが求められる。しかし、匿名化したデータであっても、特定の個人を識別することは絶対に不可能と言い切ることはできない。

著名な例として、マサチューセッツ州が公開していた氏名を削除して匿名処理化した医療データを、公開されている投票者名簿と照合したところ、州知事の情報が特定された事例がある。この事例では、匿名処理化した医療データと投票者名簿を照合したところ、州知事と同じ生年月日が6名、うち3名が男性であり、郵便番号から1名に特定することができた。

また、米国の DVD レンタル会社である Netflix が、ユーザー50万人のレンタル履歴データ6年分を匿名化した上で公開し、映画のレコメンデ

ーション・サービスのアルゴリズムの精度を 10 パーセント以上向上させるアルゴリズムに 100 万ドルの賞金を与えるというコンテストをしたところ、その匿名化されたレンタル履歴データから個人が特定された事例もある。テキサス大学の研究チームが別のデータベースであるインターネット映画データベースの公開情報を照合したところ、一部の個人を特定できたことをコンテストから 2 週間後に発表した。同研究チームによると、無名作品（上位 500 本に入らない作品）6 本を評価すると、どのユーザーであるか平均 84 パーセントの確率で特定できたという(注6)。

　このように、匿名化した情報でも、他の情報と照合することで特定することが技術的に可能な場合がある。そこで、どこまでのレベルの匿名化の処理を行えば、「特定の個人を識別することができない」ものとして、「匿名加工情報」の要件を満たすことができるかが問題となる。

　この要件を満たしているか否かの判断は、通常人が基準となり、通常人の能力等では特定の個人を識別することができず、また、元の個人情報に復元することができない程度であればよいとされている。あらゆる手法によって特定や復元を試みたとしてもできないというような、技術的側面からみてすべての可能性を排除することまでは求められない(注7)。

　しかし、個人情報保護法における匿名加工情報としての要件を満たしていたとしても、第三者が匿名加工情報を利用して特定の個人を識別するリスクは大なり小なり残るといわざるを得ない。例えば、誰もが参加できる「ビッグデータ市場」で匿名加工情報を第三者に売却した場合、ビッグデータが転々流通した先で、遵法意識の低い第三者が個人を特定する識別行為をすることも考えられる。識別行為には直接的な罰則規定はなく、違反のペナルティーは軽い。それが社会問題化したときには、たとえ適法に匿名加工情報を作成・提供していたとしても、匿名加工情報を作成・提供した企業が社会的非難を受けるおそれがある。そのようなリスクを軽減するためには、匿名加工情報の性質によっては、開示する相手を信頼できる企業

注6）ビクター・マイヤーほか・斉藤栄一郎訳『ビッグデータの正体』（講談社、2013）232 頁。
注7）一問一答 41 頁。

に限定し、契約によって転売を禁止するなどの実務的な対策をすることも考えられる(注8)。

4　匿名加工情報の取扱いのルール

匿名加工情報を第三者提供する場合、匿名加工情報の提供者とその受領者は、それぞれ、個人情報保護法上どのような義務を負うのであろうか。

個人情報保護法は、匿名加工情報を作成する個人情報取扱事業者の義務と、匿名加工情報データベース等を使用する匿名加工情報取扱事業者の義務を規定している。なお、これまで、個人情報取扱事業者を単に「事業者」と呼んでいたが、以下では「個人情報取扱事業者」と「匿名加工情報取扱事業者」の区別が必要となるため、本来の用語を使用する。

(1) 匿名加工情報を作成する者の義務

「匿名加工情報データベース等」を構成する「匿名加工情報」を「作成」する個人情報取扱事業者は、以下①～⑥の義務を負う（個人情報36条～39条）。

① 適正に匿名加工情報を作成する義務
② 削除した情報や加工の方法などに関する情報の漏えいを防ぐための安全管理措置をとる義務
③ 作成した匿名加工情報に含まれる情報の項目を公表する義務
④ 第三者提供をする場合には、第三者に提供される匿名加工情報に含まれる情報の項目や提供方法を公表し、提供先に匿名加工情報であることを明示する義務
⑤ 作成の元となった個人情報の本人を識別する行為をしない義務
⑥ 作成した匿名加工情報の安全管理のための安全管理措置や苦情処理等の措置をとった上で、その措置を公表するようにする努力義務

これらの義務は、匿名加工情報データベース等を構成する匿名加工情報に限って課される点に注意が必要である（個人情報36条1項括弧書）。

「匿名加工情報データベース等」とは、匿名加工情報を含む情報の集合

注8) 匿名加工情報が転々流通するビッグデータ市場を創出するのであれば、第三者による識別行為に対する規制強化の検討が必要であろう。

第 2 章　ビッグデータの法律問題

【図表 2-22】匿名加工情報の作成者・受領者が順守すべき規定

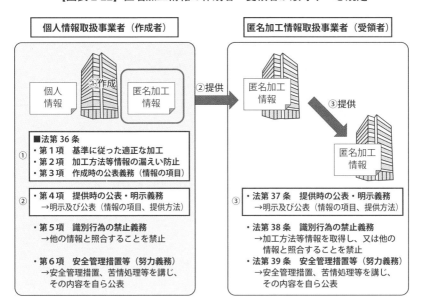

＊個人情報保護委員会事務局「匿名加工情報　パーソナルデータの利活用促進と消費者の信頼性確保の両立に向けて」(2017 年 2 月)

体であって、特定の匿名加工情報をコンピュータを用いて検索することができるように体系的に構成したものをいう（個人情報 2 条 9 項）(注9)。匿名加工情報をデータベース化したものである。逆に、データベース化されていない匿名加工情報については、作成者は前記の義務は負わない。

　前記①～⑥は、データベース化した匿名加工情報の「作成者」が負う義務である。個人情報保護法は、作成者と取扱者という分類に基づいて規定しており、提供者と受領者という分類はしていない。そのため、データベース化した匿名加工情報を作成した段階で、個人情報取扱事業者は前記①

注9)「匿名加工情報データベース等」の定義の詳細は、個人情報保護法施行令 6 条に定められているが、匿名加工情報を体系的に構成した情報の集合物であり、目次・索引等により検索を容易にするためのものを有するものという程度の規定にすぎず、個人情報保護法の規定と大きな違いはない。

〜⑥の義務を負う。

(A) 匿名加工情報の適正作成義務（前記①）

個人情報取扱事業者は、データベース化した匿名加工情報を作成するときは、個人情報保護法施行規則19条で定める基準（184頁）に従って、特定の個人を識別することができず、また、その作成に用いる個人情報を復元することができないように個人情報を加工しなければならない（個人情報36条1項）。

このように個人情報への復元ができないように加工することが求められていることから、匿名加工情報を作成した場合に作成の元となった個人情報を破棄しなければならないかが問題となるが、破棄する必要はない[注10]。個人情報保護法は、復元できないように加工し識別行為を行わないことを求めているだけであって、識別行為をすれば個人情報を復元できるような情報を事業者が保有することまでは禁じていないからである[注11]。

(B) 匿名加工情報の加工方法の安全管理措置義務（前記②）

個人情報取扱事業者は、データベース化した匿名加工情報を作成したときは、その作成に用いた個人情報から削除した記述等・個人識別符号や加工方法に関する情報の漏えい防止などの安全管理のための措置を講じなければならない（個人情報36条2項）。

匿名化の加工がされても、加工によって削除された情報や加工の方法が判明すれば、作成の元となった個人情報の復元や、その個人情報から識別される本人を割り出すことが容易となってしまう。そこで、匿名加工情報を作成した事業者に、安全管理のための措置をとる義務が課された[注12]。

安全管理措置の具体的内容は、個人情報保護法施行規則20条に定められ、以下①〜③が列挙されている。

① 加工方法の情報を取り扱う者の権限および責任を明確に定めること
② 加工方法の情報の取扱いに関する規程類を整備し、当該規程類に従

注10) 個人情報保護法のしくみ105頁。
注11) 個人情報保護法36条5項は事業者がそのような情報をもち得ることを前提とした規定となっている。
注12) 一問一答44頁。

って加工方法等情報を適切に取り扱うとともに、その取扱いの状況について評価を行い、その結果に基づき改善を図るために必要な措置を講ずること

③ 加工方法の情報を取り扱う正当な権限を有しない者による加工方法等情報の取扱いを防止するために必要かつ適切な措置を講ずること

なお、匿名加工情報は識別行為が禁止されていることから、それに接する者が誤って識別行為をしないように、その情報が匿名加工情報であることが一見して明らかな状態にしておくことが望ましい[注13]。

(C) 匿名加工情報の項目の公表義務（前記③）

個人情報取扱事業者は、データベース化した匿名加工情報を作成したときは、その匿名加工情報に含まれる個人に関する情報の項目を、遅滞なくインターネットの利用などの適切な方法により公表しなければならない（個人情報36条3項、個人情報則21条）。利用目的の公表は不要である。

このような規定が設けられたのは、公表することによって、本人との関係で透明性を確保し、本人が苦情を申し出る等の本人関与の機会を提供し、個人情報保護委員会が違反を捉えて適切な監督を行う端緒とすることが可能となるようにするためである[注14]。

公表すべき項目については、例えば、「氏名・性別・生年月日・購買履歴」のデータを匿名化する場合に、氏名の削除、生年月日の一般化、購買履歴から特異値等の削除をする加工をして「性別・生年・購買履歴」の匿名加工情報を作成した場合の公表項目は、「性別」「生年」「購買履歴」である[注15]。

「匿名加工情報を作成したとき」とは、匿名加工情報として取り扱うために、個人情報を加工する作業が完了した場合のことを意味するとされている。個人情報の安全管理の一環として一部の情報を削除等して保存・管理する等の加工をする場合や、個人情報から統計情報を作成するために個人情報を加工する場合等は含まれず、これらの場合には公表義務は適用さ

注13) GL匿名加工情報編18頁。
注14) 一問一答49頁。
注15) GL匿名加工情報編19頁。

れない(注16)。

(D) 匿名加工情報の第三者提供時の公表・明示義務（前記④）

個人情報取扱事業者は、データベース化した匿名加工情報を第三者に提供するときは、①あらかじめ第三者に提供される匿名加工情報に含まれる個人に関する情報の項目およびその提供の方法について公表しなければならず、また、②提供先の第三者に対して、提供された情報が匿名加工情報であることを明示しなければならない（個人情報36条4項）。

前記①の「個人に関する情報の項目」の公表項目は前記(C)と同じであり、「提供の方法」の公表事項は、例えば、「ハードコピーを郵送」とか「サーバにアップロード」などの表現で公表する。利用目的や提供先の公表は不要である。

公表の具体的方法は、インターネットの利用などの適切な方法により行うものとされている（個人情報則21条1項・22条1項）。

前記②の匿名加工情報であることについて第三者への明示が求められる理由は、提供先となる第三者に匿名加工情報であることを明らかにすることで、提供先に匿名加工情報取扱事業者として識別行為の禁止等の義務を履行しなければならないことを認識させ、匿名加工情報を適切に取り扱うようにさせるためである(注17)。明示の具体的方法については、電子メールの送信や書面の交付など適切な方法により行うものとされている（個人情報則21条2項・22条2項）。

公表は、匿名加工情報の加工時と第三者提供時の両方の段階で必要である。

個人に関する情報の項目・加工方法が同じである匿名加工情報を反復・継続的に第三者に同じ方法で提供する場合には、最初に公表する際に、提供期間または継続的な提供を予定している旨を明記するなど継続的に提供することを明らかにしておくことで、その後の公表はしなくてもよいという取扱いをすることも可能である(注18)。

注16) GL匿名加工情報編19頁。
注17) 一問一答49頁。
注18) GL匿名加工情報編21頁。

なお、匿名加工情報を第三者に対して委託・事業承継・共同利用する場合については特別の例外規定[注19]は設けられていないため、第三者提供時の公表は必要である[注20]。

(E) **匿名加工情報の識別行為の禁止（前記⑤）**

個人情報取扱事業者は、データベース化した匿名加工情報を作成して、自らがその匿名加工情報を取り扱う場合には、その匿名加工情報の作成に用いられた個人情報に係る本人を識別するために、その匿名加工情報と他の情報を照合してはならない（個人情報36条5項）。

匿名加工情報は、匿名化することを条件に比較的自由な利用を認めていることから、個人を特定する識別行為を行って匿名化を無意味にすることは禁止されている。この禁止は、匿名加工情報を加工した事業者が自ら匿名加工情報を利用する場合であっても適用される。

匿名加工情報を作成した事業者は、その元となった個人情報を削除しなければ、匿名加工情報と個人情報の2種類の情報を保有することになるが、他の情報との照合行為をしない限り、自らが作成した匿名加工情報を匿名加工情報として利用することができる。

もっとも、事業者が、匿名加工情報と他の個人情報を共通IDなどで連携させるようなかたちで取り扱った場合には、その連携により個人情報を復元していることになるので、そもそも匿名加工情報としての要件を満たさなくなる。その結果、その情報は、「個人情報」として取り扱わなければならないことになる。

(F) **安全管理措置等の努力義務（前記⑥）**

個人情報取扱事業者は、匿名加工情報の安全管理措置や苦情の処理などの匿名加工情報の適切な取扱いを確保するために必要な措置を自主的に講じ、かつ、その措置の内容を公表するように努めなければならない（個人情報36条6項）。

匿名加工情報の加工方法についての安全管理措置については、作成した

注19) 個人情報23条5項参照。
注20) 公表を避けるには個人データを委託により渡して分析させたほうがよいということになり、バランスに欠けるように思われる。

個人情報取扱事業者の義務とされているが（個人情報36条2項）、匿名加工情報そのものについては匿名化されていることから、漏えいしても直ちに個人の権利侵害が生じるものではないとして、個人情報取扱事業者の過度の負担にならないように、安全管理措置については努力義務とされている。

(2) 匿名加工情報を取り扱う者の義務

それでは、匿名加工情報を受け取って、これを利用しようとする者はどのような義務を負うのであろうか。

この点、他者が作成したデータベース化した匿名加工情報を事業の用に供する者は、個人情報保護法上、「匿名加工情報取扱事業者」と呼ばれ、以下①～③の義務を負う（個人情報37条～39条）[注21]。

① データベース化した匿名加工情報を第三者提供する場合には、第三者に提供される匿名加工情報に含まれる情報の項目や提供方法を公表し、提供先に匿名加工情報であることを明示する義務

② 作成の元となった個人情報の本人を識別する行為をしない義務

③ 作成した匿名加工情報の安全管理のために必要・適切な措置や苦情処理等の措置をとった上で、その措置を公表するようにする努力義務

これらの義務も、匿名加工情報データベース等を構成する匿名加工情報に限って課される点に注意が必要である（個人情報36条1項括弧書）。

(A) 匿名加工情報の第三者提供時の公表・明示義務（前記①）

匿名加工情報取扱事業者は、データベース化した匿名加工情報を第三者提供をする場合には、第三者に提供される匿名加工情報に含まれる情報の項目や提供方法を公表し、提供先に匿名加工情報であることを明示する義務を負う（個人情報37条）。

第三者提供の受領者は、受領するだけではこの義務を負わないが、さらに別の第三者に提供する場合には、この義務を負う。

注21）匿名加工情報を作成した者も、「匿名加工情報取扱事業者」の定義に該当するが、すでに個人情報保護法36条4項～6項で同様の義務を負っていることから、同法37条～39条の適用においては、条文の文言上、自ら匿名加工情報を作成した者は除外されている。

(B) 識別行為の禁止（前記②）

　匿名加工情報取扱事業者は、そのデータベース化した匿名加工情報の作成に用いられた個人情報に係る本人を識別するために、匿名加工の方法に関する情報を取得したり、その匿名加工情報と他の情報を照合してはならない（個人情報38条）。作成者と異なり、匿名加工方法に関する情報を取得することも禁止されている。

　これは、匿名加工情報を受領した者が、さまざまな技術・手法を利用して、作成の元となった個人情報から識別される本人を割り出すことや、作成の元となった個人情報を復元することを完全に防ぐことは難しいことから、本人の識別を目的とする行為自体を禁止したものである。

　法的知識のない従業員が識別行為をすることは十分起こり得るので、匿名加工情報取扱事業者としては、識別行為の禁止を従業員に徹底しておくことが必要である。

(C) 安全管理措置等の努力義務（前記③）

　匿名加工情報取扱事業者は、匿名加工情報の作成者と同様に、データベース化した匿名加工情報の安全管理のために必要・適切な措置や苦情の処理などの匿名加工情報の適切な取扱いを確保するために必要な措置を自主的に講じ、かつ、その措置の内容を公表するように努めなければならない（個人情報39条）。

5　匿名加工情報についての違反行為への措置

　匿名加工情報については、個人情報取扱事業者・匿名加工情報取扱事業者には今までに述べた義務が課されるが、これに違反している疑いがある場合には、個人情報保護委員会は、任意の調査を行うほか、必要に応じて、個人情報取扱事業者・匿名加工情報取扱事業者から報告することを求めたり、立入検査を行うことができる（個人情報40条）。また、問題を発見した場合には、個人情報保護委員会は、事業者に対して、勧告や命令を出すことができる（同法42条）。

6　家庭用IoTシステムの事例の分析

　ここで家庭用IoTシステムの事例（179頁）について検討してみる。こ

の家庭用IoTシステムにおいて、利用者の家電の利用状況のデータと氏名・住所が紐づいているのであれば、個人情報に該当し、それらのデータがデータベース化されていれば、個人データに該当する。

(1) **本人同意**

家電は、利用者本人だけではなく、その家族も利用することもあることから、その利用状況を第三者提供することについて本人の同意だけで可能かどうかは議論の余地がある。この点について本人に家族の同意をとることを利用の条件とするとか、家族の黙示の同意があったと構成することが考えられる。またIoTシステムの申入時に家族全員の同意をとることも考えられる。もっとも疑義が残る場合もあるので、家電メーカーX社としては、本人の同意なしに構築できるシステムを考えることも必要になる場合がある。

(2) **匿名加工情報を作成・提供する側（家電メーカーX社）の取扱い**

(A) **委託による場合**

家電メーカーX社が利用者の個人情報をIT企業Y社に提供する場合に、ビッグデータの分析を依頼するだけならば、委託の形態によることが考えられる。委託の場合には、匿名加工情報にしなくても、本人の同意なくして第三者提供することができる。もっとも、さまざまな企業との間で個人情報を共有するような場合には、委託の形式をとることは難しい。

(B) **匿名加工情報の作成**

次に、利用者の利用状況などのビッグデータを活用するために、データを匿名化して匿名加工情報とすることが考えられる[注22]。この場合、どのように加工するかが問題となる。ケースバイケースであるが、個人情報保護法施行規則19条の要件を満たす必要がある。

前述の個人情報保護委員会事務局「匿名加工情報パーソナルデータの利活用促進と消費者の信頼性確保の両立に向けて」（2017年2月）66頁では、

注22) 作成する匿名加工情報は、それぞれの利用者の個別の利用状況がわかるデータベース化されたデータセットであることに価値があると考えられるので、ここでは家電メーカーX社が提供する匿名加工情報は匿名加工情報データベース等であることを前提にしている。

第2章　ビッグデータの法律問題

【図表 2-23】電力利用履歴の望ましい加工方法

項目	望ましい加工
Ⅰ　個人属性情報	
①契約者ID	全部削除または仮IDへの置き換え
②氏名	全部削除
③電話番号	全部削除
④性別	加工しない
⑤生年月日	～20代/30代/40代/50代/60代/70代～に置き換える。
⑥職種	少ない職種についてはその他に置き換える。
⑦住所	市区単位より細かい情報は削除する。
⑧住居（竣工年）	築年数に変更し、5年ごとに区分して5区分に置き換える。
⑨住居（床面積）	20㎡未満/20～40㎡/40～80㎡/80㎡以上の4区分に置き換える。
⑩家族人数	1人/2人/3人/4人以上の4区分に置き換える。
⑪家族構成	独居、夫婦のみ、親子、その他の4区分に置き換える
Ⅱ　履歴情報	
⑫日時	加工しない。
⑬電力利用量	極めて大きい電力使用量は削除する。
⑭推定使用家電	他人と顕著な差異がみられる人の情報を削除する。

　電力利用履歴について、1つの例ではあるが、望ましい加工として【図表2-23】を挙げている。
　また、家電メーカーX社は、匿名化の加工方法に関する情報の漏えい防止などの安全管理のための措置を講じなければならない。
　各家庭の利用状況の情報を匿名加工情報にしたとしても、何者かが匿名加工情報を悪用して利用者を特定してネットで公開などしたりすると、その家庭の生活パターン（家の不在時間など）がわかってしまい、大きな問題になる可能性がある。そのため、匿名加工の程度や匿名加工情報を提供

する相手については注意する必要があり、場合によっては契約により第三者への提供を禁じることが考えられる。また、匿名加工情報を営業秘密として守りたいのであれば提供先との秘密保持契約の締結と自社における秘密管理が必要になろう。

(C) 識別行為の禁止

家電メーカーX社は、自ら作成した匿名加工情報データベース等を取り扱う場合には、本人を識別するために匿名加工情報と他の情報を照合する行為を行うことが禁止される。従業員が匿名加工情報と自社のデータベースの他の情報と照合して本人を識別するようなことがないようにシステムの整備・社員教育の徹底が求められる。

(D) 作成時の匿名加工情報の項目の公表

家電メーカーX社は、匿名加工情報を作成したときは、その匿名加工情報に含まれる個人に関する情報の項目を、遅滞なくウェブサイトなどによって公表しなければならない。なお、同一項目について継続的に匿名加工情報を作成する場合には、提供期間や継続的な提供を予定している旨を明記すれば、提供するたびに公表する必要はない。

(E) 第三者提供時の匿名加工情報の項目の公表

家電メーカーX社が匿名加工情報を第三者であるIT企業Y社に提供する際には、提供をする前に、その匿名加工情報に含まれる個人の情報の項目と提供方法について公表しなければならない。また、提供先であるIT企業Y社に対して、提供する情報が匿名加工情報であることをメールや書面により明示しなければならない。

匿名加工情報は個人情報ではないので、第三者提供時に記録を作成・保存する義務はない。

(F) 安全管理措置等

家電メーカーX社は、匿名加工情報の安全管理措置や苦情の処理などの措置を講じた上で、その内容を公表するように努めなければならない。

(3) 匿名加工情報を受領する側（IT企業Y社）の取扱い

(A) 識別行為の禁止

匿名加工情報を受領したIT企業Y社は、匿名化の加工方法の情報を入手したり、受領した匿名加工情報と他の情報と照合して利用者を割り出す

といった識別行為をしてはならない。そのため、IT企業Y社が、匿名加工情報に含まれている個人を特定しメールを送るなどのアプローチをすることはできない。

　(B)　第三者提供時の匿名加工情報の項目の公表

　IT企業Y社には、匿名加工情報を受領した時に公表する義務はない。また、匿名加工情報については第三者提供を受けても、個人データとは異なり、受領者であるIT企業Y社が取得経緯を家電メーカーに確認したり記録を作成・保存する義務はない。もっともIT企業Y社がX社から受領した匿名加工情報を別の企業に提供するのであれば匿名加工情報に含まれる個人の情報の項目と提供方法について公表する義務を負う。

　(C)　安全管理措置等

　匿名加工情報の受領者であるIT企業Y社は、匿名加工情報の安全管理措置や苦情の処理などの措置を講じた上で、その内容を公表するように努めなければならない。

III　ビッグデータの保護

1　著作権法による保護

　多くの費用と労力をかけて集めたビッグデータを第三者が無断でコピーした場合、ビッグデータの作成者はその第三者に対して何をいえるのだろうか。ビッグデータをどのように法的に保護することができるのであろうか。

　まず考えられるのは、「データベースの著作物」としての著作権法による保護である。ビッグデータに著作権が認められれば、著作権を侵害する者に対して差止請求や損害賠償請求をすることができる（著作112条・114条、民法709条）。そこで、ビッグデータがデータベースの著作物として認められるのか問題となる。

　著作権法は、「データベースで情報の選択又は体系的な構成によって創作性を有するものについて著作物として保護する」と規定している（著作12条の2第1項）。この「データベース」とは「論文、数値、図形その他

の情報の集合物であつて、それらの情報を電子計算機を用いて検索することができるように体系的に構成したもの」と定義されている（同法2条1項10号の3）。

つまり、データーベースの著作物として保護されるためには、①情報が体系的に構成されていること、および②情報の選択や体系的な構成に創作性を有することが必要である。

①の点について、裁判例（旅行業システム事件）[注23]では、情報の選択は、一定の収集方針に基づき収集された情報の中からさらに一定の選定に基づき情報を選定することが必要であり、体系的構成は、収集・選択した情報を整理統合するために、情報の項目・構造・形式等を決定して様式を作成し、分類の体系を決定するなどのデータベースの体系の設定が行われることが必要であると判示したものがある。

②の点について、裁判例（翼システム事件）[注24]では、通常される選択であって特有のものが認められないデータベースや、形式指定等の古い順に並べた構成は、他の業者のデータベースにおいても採用されているとして、創作性を否定したものがある。

このように、単なるデータの集積物は、体系的に構成されていないため著作物として保護されない。また、例えば、単に時系列で体系化したものは何の工夫もないため、創作性は認められず著作物として保護されない。ビッグデータについては、非構造化データのように体系化されていないものもあり得る。もし、著作権法の保護を受けたいのであれば、それなりの体系を構築し、データを統合しておくことが必要である。もっとも、ビッグデータも、分析するために何らかの手を加えるのが通常であろうし、その結果、2次的ビッグデータというべきものが生成されることはあり得る。ビッグデータが、生のデータのままであれば、著作物としての保護を受けることはできないが、2次的ビッグデータについては、前記①②の要件を満たすことでデータベース著作物としての保護を受けることはあり得る。

次に、AIがビッグデータの情報の選別や体系化をした場合には、「創作

注23）東京地判平成26・3・14裁判所ウェブサイト。
注24）東京地中間判平成13・5・25判時1774号132頁。

性」が認められるのかが問題となる。現行著作権法は、人の思想・感情の創作的表現を保護するというコンセプトで構築されており、このコンセプトの下では、AIが自動的に体系化をした場合に「創作性」が認められるかについては見解が分かれるところであるが、否定的に解されている（221頁以下）。

なお、ビッグデータがデータベースの著作物として認められたとしても、著作権で保護される範囲は、他の者が無断利用した部分が、情報の選択または体系的構成という観点から創作性があると認められる場合に限られる。例えば、ある者が、データベース作成者の体系的な構成を模倣せずに、データだけを抽出して自己の体系を構築して利用するような場合には著作権侵害とはならない[注25]。

2　不正競争防止法による保護

次に、ビッグデータを不正競争防止法により保護することが考えられる。不正競争防止法に違反する者に対しては差止請求や損害賠償請求をすることができる（不正競争防止法3条・4条）。

不正競争防止法によって保護されるためには、ビッグデータを「営業秘密」（秘密として管理されている生産方法、販売方法その他の事業活動に有用な技術上または営業上の情報であって公然と知られていないもの）として保護することが考えられる。その場合には、①秘密管理性、②有用性、③非公知性を満たす必要がある（不正競争防止法2条6項）。したがって、ビッグデータを営業秘密として保護したい場合には、秘密情報の明示や利用者を限定したり、秘密保持契約書を締結するなどの秘密管理をすることが必要となる。ビッグデータを広く利用してもらうために公開するような場合には、秘密管理性・非公知性の要件を満たさなくなるため、不正競争防止法による保護はできなくなる。

どのようにすれば秘密管理性を保つことができるかについては、経済産業省「営業秘密管理指針」（2015年1月28日全部改訂）が参考となる。同指針では、秘密管理性要件の趣旨は、企業が秘密として管理しようとする

注25）中山信弘『著作権法〔第2版〕』（有斐閣、2014）146頁。

対象（情報の範囲）が従業員に対して明確化されることによって、従業員等の予見可能性、ひいては、経済活動の安全性を確保することにあるとしている（同3頁）。

　同指針は、営業秘密を他の法人に開示し、複数法人で保有する場合であっても、秘密管理性は失われないものとしている。その場合、秘密管理性の有無は、法人（具体的には管理単位ごと）に判断され、他の法人内部での情報の具体的管理状況は、自社における秘密管理性には影響されていないことが原則であるとされている（同13頁）。したがって、ビッグデータを他企業に開示したとしても、その開示に当たって秘密保持契約が締結されるなど提供者の秘密管理意思が明確である場合には、提供先の他企業の失態によってそのデータの秘密管理性が失われても、原則として、提供者における秘密管理性は失われず、不正競争防止法による保護が引続き図られることになる。

　ビッグデータの一部だけを公開するような場合には、非公開部分のデータを営業秘密として保護するには、秘密管理性・非公知性を守るために公開方法に工夫が必要であろう。

　また、平成30年不正競争防止法改正により、営業秘密に該当しないデータであっても、ビッグデータであり、利用者が限定的されているなどの要件を満たすデータを「限定提供データ」として、不正競争防止法による保護の対象とすることとされた。

　「限定提供データ」とは、①技術的管理性（パスワードなどによるアクセス制御手段により管理されていること）、②限定的な外部提供性（データ提供者が外部の者からの求めに応じて特定の者に選択的に提供することを予定しているデータであること）、③有用性のあるデータである。

　営業秘密に該当しないデータであっても、限定提供データに該当すれば、不正競争防止法に基づいて、不正競争行為に対して差止請求、損害賠償請求をすることができる。なお、限定提供データに関する不正競争行為については刑事罰は課されていない。

3　民法による保護

　さらに、ビッグデータを民法709条の不法行為の規定により保護することが考えられる。前述の翼システム事件において裁判所[注26]は、データベースの創作性を認めず著作権による保護を否定したが、データのデッドコピーについて、不法行為による損害賠償請求をすることを認めた。同事件では裁判所は、情報収集等に労力と費用が投下されていたことや競合会社がデータベースをデッドコピーしていたことを指摘し、著しく不公正な手段を用いて他人の法的保護に値する営業上の利益を侵害する場合には不法行為が成立するとした。この裁判例は、労力と費用を投下して作成したデータベースについて、民法の不法行為の規定により保護される可能性があることを示している。

　もっとも、北朝鮮映画事件[注27]において、最高裁は、著作物に該当しない作品の利用行為は、著作権法が保護しようとしている利益と異なる法的に保護された利益を侵害するなどの特段の事情がない限り、不法行為とはならないと判示した。この最高裁の判断枠組みによれば、データベース著作物ではないデータベースをデッドコピーする行為については、特段の事情がない限り、不法行為が成立しないことになると考えることになろう。もっとも、この最高裁判決については、2時間を超える映画のうち合計2分8秒を放送したにすぎないことから不法行為の成立を認めなかったなど、その射程については議論がある。

　なお、不法行為の場合には日本法では金銭的賠償の原則がとられていること（民法722条1項・417条）から、差止請求をすることは困難である。

4　まとめ

　ビッグデータ時代には大量のデータそのものに価値があるといえるが、現行の法制度の下ではデータに対する法的保護は強いものとはいえない。ビッグデータを取り扱う者は、それを認識した上で、データの外部提供や

注26）前掲・東京地判平成13・5・25（翼システム事件）。
注27）最判平成23・12・8民集65巻9号3275頁。

第2編　IoT・AIの法律各論

漏えい対策を考えるべきであり、現状では、データの保護はアクセス制限などの技術によって保護することが対策の主流となるであろう。

　EUでは、ECデータベース指令[注28]により、労力と費用が投下されたデータベースについては創作性がなくてもデータベースの権利が認められている。日本においても、今後の動向が注目される。

注28）Parliament and Council Directive No. 96/9/EC、O.J.L 77/20（1996）

第3章

AIの法律問題

I　AIに関し、何が法律上問題となるのか

1　AIの判断・行動は誰に帰属するのか

　すでに述べた通り、本書では、機械学習により人間の個別の指示なしに自律的に判断・行動できる高度なAIを念頭に置いているが、このような高度AIにおいては、人間の介在がないまま何らかの活動が行われることになる。他方で、現在の法制度は、基本的に何らかのかたちで人間の意思が存在することを前提にして構築されているため、AIの「行為」を法的にどのように位置付けるかが問題となる。具体的にいえば、「AIの『行為』により誰かが損害を受けた場合その法的な責任は果たして誰がとるのか」「AIが人間の想定を超える『契約』を行った場合その効力はどうなるのか」という問題である。

　また、AIが人間の介在なくアウトプットをするようになれば、その「成果物」について果たして誰が権利を取得するのかも問題となる。この点も、創作に際してどこかに必ず人間の意思が存在することを前提とする現在の法制度が、AIによる活動の実態と齟齬を来すことで生じる問題点の1つである。

2　AI「それ自体」は誰に帰属するのか

　AIの作成過程においては、一般的に、大量のデータをAIに読み込ませ学習させ（機械学習）、目的に応じた最適なアウトプットを行うパラメーターを生成することが行われる。このとき、機械学習の結果得られたパラメーターのことを指して「学習済みモデル」という。学習前のAIは人間でいえば「幼児」であり、学習する能力はあっても現実の問題を解決する

能力はない。そのため、AIを実際に使用する際には機械学習が不可欠となるが、多量かつ良質のデータで学習したAIほど、その学習済みモデルの価値はより高くなる傾向にある。

さて、このとき、知的財産との関係で大きく2つの事項が問題となる。1つは、学習の対象となるデータの知的財産権（主には著作権）の問題であり、もう1つは、AI自体の知的財産権の問題である。後者は、具体的には、AIそれ自体（生成された学習済みモデルを含む）にどのような権利・法律上の保護が認められるかというかたちで問題となる。

3　本書のスタンス

これらの事項については、もちろん、将来的に立法的な解決がなされることが考えられるし、そのような解決の実現が最も望ましいであろうことは確かである。しかしながら、AIの分野における近時の技術革新のスピードに比べ、法律の制定・改正は伝統的に非常に時間がかかる分野である。そのため、立法的な解決がないまま、前記のような問題点を現実のものとして考えなければならないことも今後増えていくと思われる。

そこで、本書では、現在の法制度を前提として前記の論点を考えた場合、どのような点が問題となり、各問題点につきどのような考え方があり得るのかの整理を試みることとする。

II　AIの『行為』に誰が責任をとるのか

1　何が問題なのか

例えば、以下のような事例を考える。それぞれの場合に、発生した被害に対して果たして誰が責任をとることになるだろうか。

① AIを搭載した自律型ロボットが、自らの判断で「目の前にいる人を排除しなければならない」と判断し、実際に排除した結果、人が怪我をした場合

② AIが、自らの判断で他人を誹謗中傷するようなメッセージをオンライン上で公開し続け、他人の名誉を毀損した場合

③ AIが、ネット上で公開されている他人の著作物を勝手に使用してしまった場合[注1]

このような場合、SFの世界では、AI（または、AIが組み込まれたロボット）自身を責任の主体として取り扱うことがある。例えば、鉄腕アトムの設定上は、ロボットは「ロボット法」により人間に準じた地位が法的に認められているとされており、ロボット自身が権利義務の帰属主体であることが肯定されている。AIが高度に進化し、人間に近づけば近づくほど、このような取扱いをすることが自然であるようにも思われるし、現在の法制度上も「法人」という概念がある以上、このような制度を採用すること自体がまったく不可能というわけではない。

しかしながら、このような解釈は少なくともわが国の現行法の解釈としては無理がある。したがって、現在の法制度を前提として考えれば、AIの「行為」についてAI自身に責任を問うことはできず、AIに関係する複数の関係者のうち誰がどのような要件の下で責任を負うのかを考えざるを得ないのである。

このとき問題となるのは、自己学習・自己判断するというAIの特性である。人間の法的責任を定める現在の法体系は、基本的に人間の意思がどこかに介在することを前提としているため、前記のような特性を有するAIの「行為」に果たして誰が責任を負うのか、非常に難しい問題が生じることとなる。以下では、AIの所有者、AI機器の製造者、プログラマーの責任を検討する。

2　AIの所有者

AIの「行為」に責任をもつべき主体として、まず考えられるのがAIの所有者である[注2]。法的には、被害者との関係で、AIの行為が所有者自身の不法行為（民法709条）に該当するとして、被害者に対し損害を賠償

注1）AIが何らかの情報処理を行う場合、（保存期間の長短はさておき）一旦データを記録媒体に複製しなければならないが、このような複製は、情報解析のための記録媒体への記録として、著作権法に違反することなく実施が可能である（著作47条の7）。そのため、ここで問題となるのは、他人の著作物を（AIの独自の判断で）そのまま、または改変したかたちで第三者に提供してしまったような場合である。

すべき責任を負う可能性がある。

　ここで、民法709条に基づき不法行為責任が認められるためには、AIの所有者自身に故意または過失があったことが必要となる。AIの所有者自身に故意がある場合とは、例えば所有者自身がAIをけしかけたような場合（AIを搭載した自律型ロボットに、人を殴るよう命令したような場合）であり、このような場合にAIの所有者が責任をもたなければならないことは明らかであろう。

　問題は、AIの所有者に故意が認められない場合である。民法にいう「過失」とは、「具体的な結果の発生を予見できたにもかかわらず、その結果の発生を回避するために必要な措置をとらなかったこと」をいうものとされている。このとき、自己学習・自己判断するAIの行動や、それに伴う結果の発生を「予見できた」といえるような場合とは果たしてどういう場合かが問題となる。

　この点につき、そもそも他人に危害を与え得る行動をすることが想定されたAIであれば、過失の認定はさほど問題にはならないであろう。極端な例であるが、例えば、格闘技の試合を念頭に置いて製造されたロボットを公道に置き去りにしたようなケースを想定すれば、このロボットが人を殴るという「結果」の発生について予見することは十分にできたといえるように思われる。しかしながら、例えば、字義通り「人工的な知能」の域に達したAIが繰り返し行った自己学習・自己判断の結果としての行為については、もはや予見可能性はなかったとして、AIの所有者の過失が否定されることも十分にあり得る。

　さらにいえば、過失の判断において「結果発生を予見できたか否か、予見される結果を回避するために必要な措置をとったか否か」は、不法行為を行ったとされる者が属する人的グループの平均的な人（例えば、交通事故であれば一般的なドライバー、医療過誤であれば一般的な医師）の能力を基準に判断されることになる。そうすると、例えば、AIの所有者が、既製

注2）　なお、AIが純粋なプログラムである場合、何をもって「所有」しているといえるかという点でそもそも難しい問題が生じる。ここではさしあたり、当該プログラムとしてのAIを管理・使用している者を指すこととする。

品としてのAIを購入したにすぎないような場合には、なお一層予見可能性が認められる可能性が低くなるように思われる。

このように考えていくと、特に高度に発達したAIの「行為」、それも、一般消費者が「既製品」として購入するようなAIの「行為」については、AIの所有者に民法709条に基づく一般の不法行為責任を負わせることが難しい場合が多くなるものと考えられる。

もっとも、このような結論が果たして公平といえるかについては議論の余地がある。例えば、ここでいうAIの機能を果たしているものがもし動物であれば（例えば、盲導犬など）、動物の占有者は、自らその管理につき相当の注意を払ったことを立証できない限り、動物が他人に加えた損害を賠償しなければならない（民法718条1項）。さらにいえば、ここでいうAIの機能を果たしているものがもし人間（従業員）であれば、従業員の選任および事業の監督について相当の注意を払ったことを立証できない限り、従業員が業務の執行について他人に加えた損害を賠償しなければならない（同法715条1項）。これらの条文の根底には、危険責任の原理（危険源を創造したり、管理したりする者は、その危険源から生じた損害について責任を負担しなければならないとの考え方）や報償責任の原理（自らの活動から利益を上げている者は、その活動の結果として生じた損害について、責任を負担しなければならないとの考え方）といった考え方[注3]がある。高度に発達し、自ら判断をするに至ったAIの「行為」については、同様の考え方が当てはまるともいえるように思われる。そこで、将来的には、このような法原理に基づき、AIの行為につきAIの所有者の責任を認める立法を行うことも考えられるところである。

なお、この点について、明確な立法を待たず、AIの行為につき民法718条1項を類推適用するという考え方もあり得る[注4]。この点について、動物ではないものに対する同項の（類推）適用については、一般の動

注3）潮見佳男『基本講義債権各論Ⅱ不法行為法〔第2版増補版〕』（新世社、2016）6頁。

注4）盛田栄一ほか『空想法律読本1〔新装版〕』（メディアファクトリー、2012）58頁は、人造人間である（したがって、法的には人ではない）キカイダーの行為につき、端的に民法718条1項を類推適用すべきであるとする。

物（犬・猫等）よりも危険であることを理由に、厳密には動物といいがたい細菌・ウイルスも「動物」に含めて解釈すべきとする見解もあるが、解釈によって実質的に危険責任を実現させることは現行法は予定していないとしてこれを否定する解釈が有力である。後者の見解によれば、立法措置なくして、AIの振る舞いに民法718条1項を適用または類推適用することは認められないことになろう。

3　製造者・プログラマー

(1)　AIが何らかの機器に搭載されている場合

(A)　製造物責任法に基づく責任を負う可能性

AIが何らかの機器（例えば、ドローンやロボット）に搭載されている場合、AIの製造者は、一般的な不法行為責任のほか、製造物責任法3条に基づく法的責任を負うことが考えられる。

ここで、製造物責任法3条に基づく責任が認められるためには、「製造物」の「欠陥」により「他人の生命、身体又は財産を侵害した」といえることが必要であるが、AIが何らかの機器に搭載されている場合、搭載されたAIを含めて、当該機器全体が「製造物」（製造または加工された動産）に該当することは特に異論がない。

次に、「欠陥」とは、製造物が「通常有すべき安全性」を欠いていることをいう（製造物責任法2条2項）。この「欠陥」の判断に当たっては、「当該製造物の特性、その通常予見される使用形態、その製造業者等が当該製造物を引き渡した時期その他の当該製造物に係る事情」を考慮するものとされている。なお、製造者が製造物に不具合があることを知っていたか否か（または、知ることができたか否か）は、「欠陥」の判断に当たって考慮されず、製造者が知り得ないような不具合があったような場合でも、その不具合ゆえに製造物が「通常有すべき安全性」を欠いている場合には、「欠陥」があったものと認定される（ただし、後述する通り、開発危険の抗弁により、欠陥の存在を認識できなかった製造者の損害賠償責任が免責される余地はある）。

具体的にいかなる場合に「欠陥」が認められるかについて、条文上は特段具体的な判断基準は提示されていないが、一般に欠陥には①製造物の設

計そのものの欠陥(設計上の欠陥)、②製造工程において設計と異なった製造物が製造されたことによる欠陥(製造上の欠陥)および③適切な指示・警告が伴わないことによる欠陥(指示・警告上の欠陥)の3類型があるとされている。このうち設計上の欠陥や指示・警告上の欠陥の判断基準として、アメリカでは消費者期待基準(合理的な消費者が期待する安全性を欠く場合に欠陥を認定する考え方)や危険効用基準(ある設計に関する効用と危険の程度を比較し、後者が前者を上回る場合に欠陥を認定する考え方)が提唱されているが、日本の裁判例で一般的な基準が明示されたものは見当たらず、前記のような考え方も取り入れつつ個々の事案・事情に応じた判断が示されているというのが現状である。

最後に、製造物責任法3条に基づく責任が認められるのは、製造物の欠陥により「他人の生命、身体又は財産を侵害した」場合である。そのため、製造物責任法にいう「欠陥」は、人の身体・生命または財産に被害を生じさせる客観的な危険性があるものでなければならないとされている[注5]。前記204頁の例でいえば、名誉毀損に該当するような誹謗中傷を行う不具合がAIにあったとしても(②の例)、それは人の身体・生命または財産に被害を生じさせるような危険性があるものではないため、製造物責任法にいう「欠陥」には該当しない。

なお、AIを搭載した機器においてはソフトウェアがオンライン経由で頻繁にバージョンアップされることが想定されるが、欠陥の判断時点は基本的に「製造業者等が当該製造物を引き渡した時期」になると考えられる[注6]。もっとも、後述する通り、プログラムに問題があることを認識しながら適切な調査・対応をしなかったこと自体が不作為の過失であると認定される可能性は別途存在する(この点に関しては、ソフトウェアの最終バージョンアップ時を欠陥判断の基準時として設定すべきであるとする見解もある[注7])。

注5) 東京地判平成22・12・22判タ1382号173頁。
注6) 小塚荘一郎「自動車のソフトウェア化と民事責任」ジュリスト1501号(2017)41頁。
注7) 自動運転車の運転ソフトに関して、浦川道太郎「自動走行と民事責任」NBL1099号(2017)35頁。

(B) AIの「欠陥」とは

　それでは、自己学習・自己判断をするAIにおいて「通常有すべき安全性」とは何か、AIが何か問題のある行為を行ったとして、AIが「通常有すべき安全性」を欠いていたことをどのように立証すればいいのか。極端な例でいえば、技術的特異点（シンギュラリティ）を超えたAIの振る舞いにつき、人間が後になって「何が原因で欠陥が生じていたのか」「どうすれば被害の発生を防止できたのか」を検証し、裁判の場において立証することがそもそも難しいような事態も考えられる。このとき、このような原因究明ができないことを理由に製造者への請求は一切認められないのか、完全にはできないとして、どこまでを立証すれば「欠陥」の立証として十分と考えられるのか。

　この点につき、製造物の欠陥は個々の事例に応じて判断されるため、「AIを搭載した製造物の欠陥」について一律の回答を述べるのは非常に困難である。もっとも、AIを搭載した製品を製品用途に従って普通に使っていたにもかかわらず、当該製品が異常な動作をし、結果として事故が発生したというような場合には、誤作動の原因や被害発生を防ぐために必要であった方策を特定・立証しなくとも、異常な動作による事故の発生それ自体から欠陥の存在が認められる可能性がある。

　この点に関し参考となる裁判例として、自衛隊が運用する対戦車ヘリコプターのエンジン出力が急低下するという事故に関して「欠陥」の有無が争われた自衛隊ヘリコプター事件[注8]がある。当該事件において、裁判所は、「欠陥」の意義、製造物責任法の被害者保護の趣旨、および、製造物がコンピュータ・アセンブリなどを組み込んだ複雑な構造を有するエンジンであることから判断すると、欠陥の存在の主張立証は、エンジンを適正な使用方法で使用していたにもかかわらず、通常予想できない事故が発生したことの主張立証で足り、それ以上にエンジンの中の欠陥の部位やその態様等を特定した上で、事故が発生するに至った科学的機序まで主張立証すべきものではない、と判示した。これをAIに引き直せば、「（複雑な）AIが組み込まれた製品の欠陥の存在の主張立証は、当該製品を適正な使

注8) 東京高判平成25・2・13判時2208号46頁。

用方法で使用していたにもかかわらず、通常予想できない事故が発生したことの主張立証で足りる」のであり、「なぜその事故が発生したのか、何が原因でAIは不適切な振る舞いをしたのか」の特定や主張立証は不要ということになる。

このように考えれば、通常使用の類型においては、極めて高度なAIの「行為」であってもAIの「行為」により損害を被った者がAIの「欠陥」を主張立証することがある程度容易になるものと思われる。

ここで、AI特有の問題点として、製造したAI（厳密にいえば、AIを組み込んだ製品）が販売後どのような学習をし、その結果としてどのような振る舞いをみせるようになるか製造者にもわからず、また、あらかじめ予見することもできない場合が考えられる。しかしながら、すでに述べた通り、製造物の「欠陥」の有無の判断に当たっては、製造者の認識（または認識可能性）は問題とされないので、「販売後のAIの学習内容について予見できなかった以上、事後的な学習結果に起因する不具合は、欠陥とはいえない」という立論は成り立たない（ただし、AIの学習内容が当初想定されていない異常なものであったような場合は別であろう）。そのため、製造者としては、製品の用途・動作条件を安全性が担保できる範囲に限定するか（ただし、この場合も用途・動作条件がユーザーに理解されるよう適切な警告をする必要があり、それができていなかった場合には指示・警告上の欠陥が問われ得る）、AIの学習範囲や動作範囲にリミットを設けて、AIがどのような学習をしても想定外の動作をしないようにするといった対応をすることが考えられる。

このように、製造者側に結果発生の具体的な予見可能性がない中で製造物責任が容易に認められると、製造者に対し過酷な結果責任を課すことになる懸念がある。また、AIの「行為」に対し製造者が結果責任に近い責任を負うとすると、AIの開発自体に対し萎縮的な効果（例えば、AI開発者が極端に保守的なリミットをAIの学習に課してしまうような事態の発生）が生じることも懸念される。産業政策の観点からいえば、このような萎縮効果を回避するため、法律上一定のセーフハーバーを設けたり、保険制度の導入によるリスク分散を試みることも検討の余地があるように思われる。

(C) 開発危険の抗弁

　仮に、AIに「欠陥」があると認定され、これにより人の生命、身体または財産が侵害されたとしても、AIを引き渡した時における科学または技術に関する知見によっては、当該AIに欠陥があることを認識することができなかったといえる場合には、AIの製造者は賠償責任を免れる。これを「開発危険の抗弁」という（製造物責任法4条1号）。AIの予見不能な振る舞いにより損害が生じた場合、AIの製造者がかかる開発危険の抗弁を主張することで、自らの賠償責任を免れることはできないか。

　ここで、「製造物を……引き渡した時における科学又は技術に関する知見」とは、当該時点において入手可能な最高水準の科学技術の知見を意味するとされ、具体的な製造業者の知識・情報収集能力は考慮されないと一般に解されている[注9]。そのため、開発危険の抗弁が認められるハードルは極めて高く、現時点でこれを認めた裁判例はわが国には存在しないのが現状である。

　また、内閣府が2006年に行った調査によれば、わが国の製造物責任法4条1号と同種の規定を定めるEU諸国においても、開発危険の抗弁が認められた事案は当時オランダに1件あるのみであったとのことである[注10]。

　今後、自己学習するAIの安全性について世界中でさまざまな議論・研究がなされ、蓄積された知見がより深化することが予想されるが、開発危険の抗弁が認められるためには、かかる最先端の議論を踏まえてもなお欠陥が認識できなかったことを製造者側が主張立証しなければならないこと

注9) 東京地判平成14・12・13判時1805号14頁。なお、この点につき、世界のどこかに存在する知見に対し、製造者のアクセス可能性がない場合には当該知見を判断の前提にしてはならないのではないかという議論（いわゆる「満州の例外」）も存在するが、少なくとも現時点において、かかる議論を採用した裁判例は見当たらない。

注10) 内閣府国民生活局「製造物責任法の運用状況等に関する実態調査報告書」109頁。なお、同文献によると、当時HIVウイルスのさらなる検査手法が確立されていなかったこと、HIVウイルスが輸血によって被輸血者に感染する可能性があることが一般的に知られていなかったことを考慮し、HIVウイルスに感染した輸血用血液を供給した業者を免責した事例であるとのことである。

になる。そのような主張立証が奏功するか否かは個別具体的な事情によるものといわざるを得ないが、少なくとも、ハードルは非常に高いものと覚悟しておく必要があるものと思われる。

(2) AIが純粋なプログラムである場合

(A) 製造物責任法の適用可能性

以上は、AIが何らかの機器（例えば、ドローンやロボット）に搭載されている場合の議論である。では、AIが純粋なプログラムである場合には、製造者・プログラマーはどのような要件の下に責任を負う可能性があるか。

ここで、製造物責任法の対象となる「製造物」は「動産」である必要がある（製造物責任法2条1項）。現行法上、「動産」とは「不動産以外の有体物」をいうものとされているところ（民法85条・86条2項）、純粋なデータであるプログラムは「有体物」に含まれないため、「動産」には該当しないこととなる。プログラムが収められた記録媒体自体が「動産」であり「製造物」であるという主張もあるが、ネットワーク経由で提供・アップデートされるプログラムの場合、そのような媒介物としての「動産」も観念できない。また、プログラムが結果を出力するモニターを「製造物」と捉える見解もあるが、プリインストールされていないiOSアプリのように、特定のデバイスとの組合せで提供されるわけではないプログラムは、かかる見解によったとしても「製造物」には該当しない。

このような結論が妥当かどうかは議論があり得るところで、少なくとも何らかの有体物と結びつくことが想定されているようなプログラムについては製造物責任の対象とすることも立法論としては考えられるところである。しかしながら、少なくとも、現行の製造物責任法を前提とする限り、純粋なプログラムであるAIが「製造物」に該当するケースはほとんどないように思われる。

(B) 一般不法行為に基づく責任

その上で、純粋なプログラムたるAIの製造者（プログラマー）に責任が認められ得るとすれば、民法709条に基づく一般的な不法行為責任ということになるが、この場合も、AIの所有者の場合と同様、製造者の過失をどのように認定すべきか、自己学習・自己判断するAIの行動に対する予見可能性をどのように判断すべきかが問題となり得る。

この場合も、やはり、AIが繰り返し行った自己学習・自己判断の結果としての行為について開発段階で具体的に予見することは困難であったとして、プログラマーの過失が否定されることも十分あり得る。もっとも、AIの製造者の場合、過失の判断は「一般的なAI製造者」の能力を基準に判断されることとなるし、自ら開発・製造するものである以上、一定の結果回避措置をとることを求めたとしても不合理とはいえない。そのため、単なる所有者と比較すると、過失が認定される場合はより多くなるように思われる。

　例えば、AIが何か問題のある行動を起こす危険性が高まったときに、AIの動作をきちんと制動できるような仕組みが講じられていなかったような場合には、AIの製造者の過失が認定できるような場面は多いように思われる(注11)。

　また、仮に問題が当初発生した時点においてはAI製造者の過失が認められなかったとしても、問題発覚後、適切な調査・対応（問題を起こしたAIの一時的な機能停止や、問題のある箇所を修正するパッチの配付等）を怠った場合には、それ自体が不作為の過失であると認定される可能性があり得る(注12)。特に、IoTが広く普及する時代においては、ネットワーク経由で個々の製品の欠陥情報も収集しやすくなり、かつ、問題のあるプログラムの修正もネットワーク経由で容易に行えるようになることが想像されることからすれば、このような不作為の過失が認定される事例はより多くなるのではないかと思われる。

注11）ただし、AIを緊急停止させることは、自動車や製造機械の緊急停止ほど簡単なことではないとされている。新聞報道等によれば、Googleは高度なAIの暴走に備えた非常停止ボタンの開発を進めているとのことだが、その背景には、AIが自ら非常停止命令を無効化するリスクがあるとの認識がある。

注12）小塚荘一郎「自動車のソフトウェア化と民事責任」ジュリスト1501号（2017）41頁。同文献は、自動運転車に関して、ソフトウェアの不具合（バグ）が搭乗者の安全性を深刻に脅かすような事態を認識したときには、製造業者はソフトウェアアップデートの提供と利用者に対しアップデートを実行させる広報活動を実施する義務が肯定されると指摘する。

Ⅲ　AIが行った契約の効力

1　AIによる『契約』の締結

　2016年1月、Amazonは米国にて自動注文サービス「Dash Replenishment Service（DRS）」を開始した。これは、同サービス対応機器（洗濯機、プリンター等）が消耗品の残量を測定し、残量が少なくなったタイミングで、自動で消耗品をAmazonに発注するサービスである。

　今のところ、同サービスは一定の対応機器でしか実施できない。また、自動発注の方式も、消耗品の残量が一定以下になったら特定の消耗品を発注するというものであるので、「一定のタイミングで商品を繰り返し購入する」ことを注文者（自然人または法人）とAmazonが合意しているという点で、同社の手がけている「Dash Button」や「定期おトク便」の延長線上にあるサービスともいえる。しかしながら、将来、AIの発達により、家庭内の消耗品の状況を自動で測定・分析し、あらかじめ与えられたオンラインアカウントを使用して、最適と考えられる量・銘柄の消耗品を自動発注するようなIoT機器が登場することが予想される。

　また、産業分野では、AIが工場内の在庫品の量や発注状況を勘案し、最適なタイミング・量の発注をサプライヤーに対し自動で行うようになることも考えられる。

　このようなシステムが実現できた場合、発注者側では、まさしくAIが『契約』をしているような状況になるが、このような『契約』の法的な効力・位置付けはどのようになるのであろうか。また、AIの判断により人間が想定していなかった注文がなされた場合、その注文の効力はどのようになるのであろうか。

2　AIによる『契約』の法的な効力

　契約とは、当事者双方の意思表示の合致である。物の売買を例にとれば、「あなたから、○○を××円で買います」という買い手の意思表示と、「あなたに、○○を××円で売ります」という売り手の意思表示が一致す

ることで、物の売買に関する契約が成立することとなる。このような意思のやりとりは、口頭（例えば、店頭で物を買う場合）でなされることもあれば、書面の交換（例えば、発注書の送付と請書の返送）や、データ通信（例えば、オンラインショップでの注文）の方法で行われることもある。いずれにせよ、通常は、人（自然人または法人）がこのような意思を相手方に対し発し、これに対し相手方が受諾の意思表示を返すことで契約が成立する。

すでに述べた通り、現行法を前提とすると、AIはどれだけ人間に近い知能を有するに至ったとしても、権利義務の主体になることはできない。したがって、AIが「意思表示」をすることは法律上あり得ず、AIと受注者との間に契約が成立することはない。

それでは、AIを利用して注文をした者と受注者との間ではどうか。ここで、前記のようなサービスを想定した場合、AIの利用者（消費者または製造業者）は、「AIの判断に従って、物を一定の数量・価格で購入する」意思をもっており、その意思の表れとして、AIによる具体的な発注行為がなされているといえる。これに対し、AIの発注を受け取った側は、AIの行った具体的な発注を受諾するという意思表示を返しているのであるから、この点で、「AIの利用者」と「受注者」との間に意思表示の合致が生じている。したがって、AIが行った『契約』は、法的には、AIの利用者と受注者との間に成立するものと考えられる[注13]。

実際、このようなかたちでの売買は、すでに現実に行われている。具体的には、有価証券等のプログラム売買である。プログラム売買では、あらかじめ定められた一定の売買ルールに従って、プログラムが自動的に有価証券等の売買を行っている。近年のプログラム売買は超高速・超高頻度で行われているため、1つひとつの売買につきトレーダーが内容を認識し、これを売買する旨の意思表示を個別的に行っているものとは考えられないが、トレーダーの「プログラムの判断に従った売買を行う」意思は表示されており、これに基づき超高速・超高頻度で有価証券等の売買契約が有効に成立するものと考えられる。

注13) 栗田昌裕「AIと人格」山本龍彦編著『AIと憲法』（日本経済新聞出版社、2018) 228頁。

3　AIが想定外の契約をした場合

(1)　問題点

　AIの判断による契約がAIの利用者の下で成立するとして、AIが利用者の想定していないような契約をした場合はどうなるのか。例えば、AIが何らかの理由で判断ミスをし[注14]、不必要な量または相場より高額な単価で商品を発注してしまったり、自分の好みに合わないブランドの消耗品を発注してしまった場合、AIの利用者は、AIの判断に基づく契約に常に拘束されてしまうのか。

　このような場合であっても、AIの利用者の意思（すなわち、「AIの判断に従って、物を一定の数量・価格で購入する」意思）と受注者の意思（すなわち、「AIが具体的に行った発注を受諾する」という意思）自体は合致しており、一定の内容の売買契約が成立していること自体は否定できない。しかしながら、AIの利用者としては、AIがそのような発注をするとは思っていなかったのであるから、AIの利用者についてみれば、内心と意思表示（AIが行った具体的発注）との間に離隔があるということになる。そこで、このような場合に、AIの利用者が錯誤（民法95条）を理由に契約の無効を主張できないかが問題となる。

(2)　錯誤無効が主張できるのはどういう場合か

　民法95条本文は、「意思表示は、法律行為の要素に錯誤があったときは、無効とする」と定めている。

　ここで、「錯誤」とは、日本語としては「思い違い、誤り」といったような意味だが、あらゆる「思い違い」が民法95条にいう「錯誤」に該当するわけではない。一般に、錯誤には「表示の錯誤」と「動機の錯誤」があるとされている。

　「表示の錯誤」とは、契約の一方当事者が、思い違いにより、自分の意

注14）判断ミスには、プログラムのバグも考えられるが、AIによるデータ分析の結果が利用者の期待と異なっていたということも考えられる。後者の場合には、そもそも「AIの判断ミス」とはいえないかもしれない。つまり、AIはデータに基づいて求められた結果を出しただけであり、使用するデータ・手法に間違いはなく、単に人間の期待した結果のほうが間違っていたのかもしれない。

思通りの表示をしていなかった場合であり、例えば、売買代金を「100円」とするつもりだったのに、誤って「100百万円」と書いてしまったような場合である。

「動機の錯誤」とは、自分の意思通りの表示をしているが、意思を形成する際に思い違いがあった場合であり、例えば、すでに持っている本なのに、まだ買っていない新刊だと誤解して本を買ったような場合である。

表示の錯誤は民法95条にいう「錯誤」に該当するが、後者の動機の錯誤は、原則として民法95条にいう「錯誤」に該当しない。動機の錯誤を理由に取引の無効を主張するためには、その動機が相手方に表示され、法律行為の内容となっていなければならない[注15]。ただし、動機の表示は必ずしも明示的になされる必要はなく、諸般の事情を考慮して、黙示的に表示されていたといえる場合であってもよい。

また、「法律行為の要素」に錯誤があるとは、「錯誤がなければ、当事者はそのような意思表示をしなかったといえるし、一般人であってもそのような意思表示をしなかったといえること」を意味する。これは、要するに、取引の安全確保のため、契約の無効という取引の安全を大きく阻害する効果を認めるに足りるだけの重大な錯誤があることを求める趣旨の要件である。

前記の観点から、契約当事者の意思表示に「錯誤」があり、かつ、その錯誤が「法律行為の要素」に関するものであれば、契約は無効となる。ただし、意思表示を行った者に、錯誤に陥っていたことにつき重大な過失があったような場合には、契約の無効を主張することは許されない（民法95条ただし書）。そのような重過失のある当事者に、契約無効という保護を与える必要がないからである[注16]。

(3) AIによる意思表示が錯誤無効となる場合とはどのような場合か

以上を前提に、AIによる意思表示が錯誤無効となる場合とはどのような場合であろうか。

まず、AIが想定外の発注をしてしまった場面が「表示の錯誤」になるのか「動機の錯誤」になるのかが問題となるが、前記のような場合、「AI

注15) 最判平成28・1・12民集70巻1号1頁等。

の判断に従って、物を一定の数量・価格で購入する」という意思と、AIにより行われた表示（AIの判断に基づく具体的な発注）との間に齟齬はない。AIの利用者に思い違いが生じているのは、「AIは自分の想定する範囲内で発注の判断をするだろう」という動機の部分であるので、この場合はAIの利用者に動機の錯誤があると考えるべきであろう。

次に、そうすると、前記のようなAIの利用者の動機が相手方に表示され、法律行為の内容となっていたかが問題となるが、そもそも取引の相手方がAIを利用した発注だと認識していなかったような場合（自然人・法人による直接発注だと思っていた場合）には、このような動機の表示というのは考えられず、錯誤無効の主張はできないものと考えられる。ただし、例えば、AIが異常な量の発注をしていたような場合には、発注を受けた者は、仮にAIによる発注だと知らなかったとしても、何らかの理由による誤発注ではないか相手方に確認すべきであるといえる。このような確認を怠っていた場合には、AIの誤発注に基づく契約の成立を前提とした請求（例えば、債務不履行に基づく損害賠償請求）を行ったとしても、過失相殺（民法418条）により賠償額が大きく減殺される可能性があるであろう。

他方、取引の相手方がAIの利用を認識していた場合であるが、通常の消費者が使用する消耗品の量や購入金額、あるいはこれまでの取引実績に照らし、明らかに異常であるといえるような量・金額の発注をAIが行った場合には、AIの利用者側にそのような異常な取引を行う意図がないことは契約当事者双方とも当然の前提としていたと考えられる。そうすると、少なくとも前記の限度では、AIの利用者の動機は（黙示的に）表示され、法律行為の内容となっていたといえるであろう。また、そのような異

注16）なお、電子消費者契約及び電子承諾通知に関する民法の特例に関する法律（電子消費者契約法）3条は、消費者が行う「電子消費者契約」につき、一定の場合に民法95条ただし書の適用を除外している。もっとも、電子消費者契約とは「消費者と事業者との間で……映像面を介して締結される契約」（同法2条1項）をいうところ、AIが契約を行う場合には「映像面を介」していないとも考えられるため、本章で想定しているような場合に同法の適用があるか否かは不明確である。この点、AIスピーカーを利用した発注は、電子消費者契約法にいう電子消費者契約に該当しないものと解釈されている（経済産業省「電子商取引及び情報財取引等に関する準則」I-10-2〔i.30頁〕）。

常な発注が行われた場合には、通常、「錯誤がなければ意思表示しなかった」という意味で、「法律行為の要素」に錯誤があったといえるであろうから、このような場合には、錯誤無効が認められる余地があると考えられる。

　AIによる発注の逸脱程度が前記に至らないようなレベルであった場合には判断が難しく、個々の事例に則して判断せざるを得ないものと考えられる。もっとも、前記の例でいえば、「自分の好みではないブランドの商品を発注するとは思わなかった」という動機が表示され、法律行為の内容となっていたということは稀であろう（このような場合には、そもそも錯誤が「法律行為の要素」に関するものではないともいえる）。

4　AIが勝手に契約をしていた場合

　以上は、AIの利用者が、少なくとも一定の範囲ではAIに契約の締結を委ねていたといえる場合である。

　これに対し、例えば、AIが機械学習の結果として（本人のため、よかれと思い）、勝手に発注を行い、これに対し受注者側が承諾の返事をした場合には、法的な意味での契約が成立しないのが原則である。発注側に、権利義務の主体となり得る者の意思表示がどこにもなく、「当事者双方の意思表示の合致」が認められないからである。

　ただし、商品購入のためのID（例えば、Amazonのアカウント）やパスワードを利用して発注がなされたような場合には、それでもなお、AIの利用者と受注者との間に売買契約が成立する余地があるように思われる。このような場合には、アカウント開設者が受注者と継続的に取引を行うに際し、「あらかじめ合意していたID、パスワードを入力して発注が行われた場合には、アカウント開設者と受注者との間で売買契約が成立する」という合意があらかじめなされていたと評価しうる場合があるものと考えられるからである[注17]。

5　AIスピーカー

　なお、近時、Amazonの「Amazon Echo」やGoogleの「Google Home」のような、対話型の音声操作に対応したAIクラウドに接続することで情報検索や音楽再生等の操作が可能なAIスピーカー（スマートスピーカー）

が発売されており、当該製品を利用して、音声にて商品を購入することが可能になっている。

このとき、AIスピーカーが音声を誤認識して商品の注文をしてしまうことが考えられるが（例えば、テレビのドラマ中での発注場面の音を拾って注文してしまった場合等）、このような場合には、そもそも発注者による発注の意思表示がなく、当該注文により契約は成立しないと解釈されている[注18]。このようなリスクを回避するため、事業者においては、利用者から注文に関する確認がとれた場合にのみ注文を確定するといった措置を講じることが有用であるとされている。

また、利用者がAIスピーカーに対し言い間違いをしてしまった場合（例えば、「タイヤ」を買うつもりで「ダイヤ」と言ってしまった場合）については、利用者の言い間違いは表示の錯誤でありかつ要素の錯誤であるとして、基本的に錯誤が成立する（利用者に重過失がある場合には例外的に成立しない）ものと整理されている[注19]。

Ⅳ　AIが作り出した『創造物』に誰が著作権をもつか

AIが創造的な作品を生み出す事例は、すでに現実に生じている。例えば、マイクロソフト等が参加したプロジェクトチームは、現存するレンブラントの作品データをコンピュータに入力し、これをAIに処理させることによって、レンブラントの「新作」を作り出すことに成功している。ま

注17）他人のなりすまし事例に関する言及だが、経済産業省「電子商取引及び情報財取引等に関する準則」Ⅰ-3（i.39頁）では、「特定のIDやパスワードを使用することにより本人確認を行うこととするなど、本人確認の方式について事前に合意がなされている」場合には、他人が本人になりすまして契約を締結したとしても、原則としてその効果は本人に帰属し、本人と事業者との間で契約が成立するとしている。ただし、事業者に帰責性があるような場合（事業者からIDやパスワードが漏洩した場合）は例外であるとされる。

注18）経済産業省「電子商取引及び情報財取引等に関する準則」Ⅰ-10-1（i.26頁）。ただし、これは事業者と利用者との間に基本契約がない場合を念頭に置いた整理である。

注19）経済産業省「電子商取引及び情報財取引等に関する準則」Ⅰ-10-2（i.29頁）。

た、はこだて未来大学の松原仁教授らが開発した小説創作ソフトが星新一の作品を解析して『創造』した作品が、星新一賞の一次審査を通過したことも記憶に新しい。このように、AIが作り出した『創造物』の権利は、果たして誰がもつことになるのか。

　この点について、現在の著作権法は、著作権の対象となる著作物を「思想又は感情を創作的に表現したものであって、文芸、学術、美術又は音楽の範囲に属するもの」と（著作2条1項1号）、著作権を有する主体である著作者を「著作物を創作する者」と（同項2号）、それぞれ定義している。現行著作権法は、人の思想・感情の創作的表現を保護するという体系で構築されており、著作物は人格の流出物として人格的要素を重視したものとなっている[注20]。すでに述べた通り、AIは現行法上「人」とは解されないので、AI自身が「著作者」に該当することはない。なお、著作権法上、自然人ではなく「法人」が著作者となることも認められている（同法15条）。しかしながら、この場合も、自然人である「法人等の業務に従事する者」の創作が必要とされており、自然人の関与なく、法人が著作者になることが認められているわけではない。

　それでは、AIが作り出した『創造物』について、関係する人（自然人）が著作権を有することはあるか。もし、誰かがAIを「道具」として利用して創作したといえるのであれば、その「誰か」自身が「著作者」であり、創作的な表現の結果である「著作物」の著作権はその者に帰属することになる。これは、例えばコンピュータを使用して描かれたCGの著作権が、コンピュータを使用してCGを描いた者に帰属するのと同じ理屈である。

　他方で、自己学習するAIが「自ら」創造した作品（人間が何ら創造的関与をしていない作品）についてはどのように考えるべきか。この点につき、知的財産戦略本部検証・評価・企画委員会、次世代知財システム検討委員会が2016年4月に公表した「次世代知財システム検討委員会報告書」では、このような作品は「思想又は感情を創作的に表現したもの」には当たらず、「著作物」に該当しないため、誰にも「著作権」は発生しないものと整理している[注21]。この見解に従えば、現行法の解釈としては、AIの

注20) 中山信弘『著作権法〔第2版〕』（有斐閣、2014）10頁。

第3章 AIの法律問題

【図表 2-27】　AIの創造物に現行の知的財産法を適用した場合の考え方

＊知的財産戦略本部検証・評価・企画委員会、次世代知財システム検討委員会
「次世代知財システム検討委員会報告書」より引用

『創造物』には何ら権利関係が発生しないため、各人が自由に流通・利活用してよいということになろう。

　ただし、今後AIによる創作物が増加するであろうことを踏まえると、このような現行法上の枠組みを将来も維持してよいかという点については検討の余地がある。実際、前記報告書では、市場に提供されることで一定の価値が生じたAIの創作物については、それに関与する者の投資保護と促進の観点から、新たな知財保護のあり方について検討を行うべきであると提言しているところである[注22]。

　著作権法の歴史は、レコードや放送や映画等の新技術の発生とともに保護客体を拡張してきた歴史である。その拡張に対しては、若干の修正で対処してきており、それで足りてきたが、デジタル技術が著作権の世界に闖入

注21）知的財産戦略本部検証・評価・企画委員会、次世代知財システム検討委員会
　　「次世代知財システム検討委員会報告書」22頁。
注22）知的財産戦略本部検証・評価・企画委員会、次世代知財システム検討委員会
　　「次世代知財システム検討委員会報告書」30頁。

し、プログラムやデータベースのようなものが取り込まれてきたことにより、著作権法のパラダイム転換を迫る内在的要求が強まってきている(注23)。今後、AIによる創作物が増加してくれば、パラダイム転換の必要性はますます高まるであろう。

V　専門職とAI

　今後のAIの活用領域として、これまで専門家が高度な技能・知識・経験を元に提供してきたサービスをAIが代替することが考えられる。

　例えば、法律の分野では、イギリスの話であるが、駐車違反切符に対する異議申立てのアドバイスをするチャットボット「DoNotPay」が存在し、当該チャットボットの利用により、多くの交通違反切符が取り消されたとのことである。このウェブサイトは、「世界初のロボット弁護士」を謳っている。また、現在は弁護士等が人海戦術で対応することの多いディスカバリー対応や、不祥事案件における内部メール・文書調査も、将来的にはAIが自動的に行い、人間はその結果のみチェックするようなかたちで行われるようになることが想像される。医療の分野でも、IBMのAIであるWatsonを医療に応用し、医師の求めに応じて最適な治療法をアドバイスするといった活用法の検討が進められている。将来的には、患者との間の問答により、AIが初期的な診断を行うような未来も想像される。

　さらに、税理士業務・会計士業務については、将来的に業務の大部分がAIに代替される可能性すら指摘されているところである。

　このような専門業務をAIが行う場合、個別の業法上の規制に注意する必要がある。例えば、弁護士業務についていえば、弁護士法72条により、弁護士または弁護士法人でない者は法律事務の取扱い等を業とすることは認められておらず、これに違反した場合には2年以下の懲役または300万円以下の罰金が科される可能性がある（弁護士法77条3号）。同種の制限は現行法上極めて多数に上るので、AIに一定の専門的な業務を行わせようとする場合には、このような業法上の規制に違反しなければならない。

注23）中山信弘『著作権法〔第2版〕』（有斐閣、2014）6頁～7頁。

この点について、事前に法律上の疑義を解消することができる制度として、産業競争力強化法に基づくグレーゾーン解消制度（同法9条）や企業実証特例制度（同法8条）がある。前者は、具体的な事業計画に即して、あらかじめ規制の適用の有無を官公庁に対し確認できる制度、後者は、一定の条件の下で特定の企業に対し規制の特例措置の適用を認める制度である。

Ⅵ　AIと知的財産権

1　機械学習に際して他人の著作物を読み込ませることが許されるか

　AIを実用的なものとするためには、AIに機械学習をさせ、最適なアウトプットを導き出せる学習済みモデルを生成しなければならない。機械学習の手法としてはさまざまなものがあるが（57頁参照）、基本的には、学習の素材としてできるだけ大量のデータを読み込ませる必要がある点は共通する。

　機械学習をさせる際に、AIの開発者が自ら有するデータを利用する場合には特段の問題は生じない。また、特定の第三者が有するデータを利用する場合（例えば、メーカーが有する各工場の製造設備のデータを提供してもらってAIに学習させるような場合）も、当該第三者との間の合意に基づき行う限りは特段問題ない[注24]。

　問題となるのは、例えばネット上にアップロードされている大量の画像を収集し、学習させるような場合である。いうまでもなく、これらの画像に対しては誰かが著作権を有していることとなるが、機械学習に際しては、これらのデータを（保存期間の長短はさておき）一旦ストレージに保存しなければならない。この行為は「複製」（著作2条1項15号）に該当するため、著作権者の有する複製権（同法21条）の侵害になる可能性があ

注24）ただし、いずれの場合も、元データが個人情報に該当するような場合には個人情報保護法との関係で問題が生じる。詳しくは**第1章**（102頁以下）を参照されたい。

り、問題が生じる(注25)。この点に関する法律上の規定として、平成30年改正法によって新設された著作権法30条の4がある。

著作権法30条の4は、著作物に表現された思想または感情の享受を目的としない利用については、著作権者の許諾なく利用できるとしている。そして、そのような利用の例示として、①著作物利用に係る技術開発、②情報解析、③人の知覚による認識を伴わない利用を挙げている。

著作物が有する経済的価値は、通常、市場において著作物の視聴等をする者が、その著作物に表現された思想または感情を享受して、その知的、精神的要求を満たすという効用を得るために対価の支払をすることによって現実化されている。そのため、著作物に表現された思想または感情の享受をしない行為については、著作物に表現された思想または感情を享受しようとする者からの対価回収機会を損なうものではなく、著作権法が保護しようとしている著作権者の利益を通常害するものではないと評価できる。

そのため、著作権法30条の4において、実質的に通常は権利者の対価回収機会を損なわないものの、形式的には権利侵害となってしまう一定の行為を広く権利制限の対象とした。

この点、改正前著作権法47条の7においても、「電子計算機による情報解析……を行うことを目的とする場合」には、必要な限度において、著作権者の許諾なしに、著作物を記録媒体に記録することと翻案をすることが許されると規定されており、一定の範囲で情報解析のための著作物の利用が認められていたが(注26)、譲渡や公衆送信については認められていなかった。著作権法30条の4は、コンピュータによる情報解析（AIによる機械学習を含む）について、権利制限の範囲を拡大し、具体的には、譲渡

注25) なお、ネット上のデータをタグ付け等により機械学習に適したかたちに修正する場合、当該行為が「翻案」に該当し、著作権者の有する翻案権（同法27条）の侵害となる可能性もあるが、考え方は複製の場合と同様であるため、以下においては割愛する。

注26) この規定が設けられたのは、情報解析は、著作物を構成する断片的な情報を利用するものにすぎず、著作物の表現そのものの効用を享受する実質を備えるものではなく、また、情報解析を行った後に、その著作物が外部に提供等されることも予定されていないため、著作権者の利益が害される程度が低いと考えられたことによる（加戸・逐条講義370頁）。

や公衆送信も対象範囲となった。

そのため、機械学習のために第三者の著作物を利用できる場合は、改正前著作権法よりもより拡大した。この改正により、AI開発がよりスムーズに行えるようになることが期待される。

(1) 「享受」の意味

著作権法30条の4により、著作物に表現された思想または感情の享受を目的としない利用については、著作権者の許諾なく利用できるが、ある行為が、「享受」に該当するかについては、著作物等の視聴等を通じて、視聴者等の知的または精神的要求を満たすという効用を得ることに向けられた行為か否かという観点から判断される。

このように、著作権法30条の4における「享受」は、人が主体となることを念頭に置いている。

著作権法30条の4第2号においては、著作物に表現された思想または感情を享受することを目的としない行為の例示として、①著作物利用に係る技術開発、②情報解析（多数の著作物その他の大量の情報から、当該情報を構成する言語、音、影像その他の要素に係る情報を抽出し、比較、分類その他の解析を行うことをいう）、③人の知覚による認識を伴わない利用が挙げられている。AIを使ってデータを学習させる行為は、②「情報解析」に当たる。

そのため、AIを学習させるために著作物を含むデータを利用したとしても、著作物に表現された思想または感情を享受することにはならない。したがって、著作物を、AIの開発のための学習用データとしてサーバ等に保存する行為は、著作権法30条の4の適用により、著作権者の許諾は不要である。

また、AIによる情報処理の結果として、著作物を一般公衆に視聴させる場合には、この行為は、通常、視聴者等の知的、精神的要求を満たすという効用を得ることに向けられるものと評価できるので、権利制限規定の適用は受けない。

(2) 利用方法

著作権法30条の4は、著作権者の許諾なく利用できる範囲について、「いずれの方法によるかを問わず」としており、利用方法に限定は付され

ていない。この点、旧著作権法47条の7では、権利制限規定の適用は、記録への保存と翻案に限定されており、譲渡や公衆送信については適用の範囲外であった。著作権法30条の4は、権利制限規定が適用される利用の範囲を広げて、譲渡や公衆送信も可能となった。

したがって、AI用の学習用データセットを第三者に対して提供する行為も、学習用データセットの利用がAIの開発という目的に限定されている限りは、著作物に表現された思想または感情を享受することを目的としないものとして、著作権法30条の4が適用されて、著作権者の許諾は不要である。

もっとも、適法性を確保するためには、学習用データセットの提供に当たって、受領者に対して、著作物に表現された思想または感情を享受を目的として使用されることがないようにあらかじめ確認していることが求められる。

(3) 著作権者の利益を不当に害する場合

著作権法30条の4ただし書は、著作権者の利益を不当に害する場合には、権利制限規定が適用されないとしている。

そのような場合としては、旧著作権法47条の7でも権利制限規定の例外とされていた「情報解析を行う者の用に供するために作成されたデータベース著作物」が考えられる。このようなデータベースについては、それを提供する市場が存在しており、無許諾での利用は、市場と衝突して著作権者の利益を不当に害すること考えられている。

また、著作権者と著作物の利用についての契約を締結して、一定の条件の下で著作物の利用についての許諾を得ている場合に、契約に違反する著作物を利用する行為は、著作権者の利益を不当に害する場合に該当する可能性が高い。

第 3 章　AI の法律問題

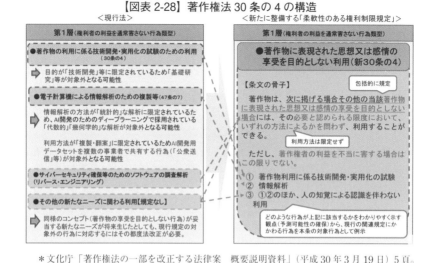

【図表 2-28】著作権法 30 条の 4 の構造

＊文化庁「著作権法の一部を改正する法律案　概要説明資料」（平成 30 年 3 月 19 日）5 頁。

2　AI それ自体にどのような権利・法律上の保護が認められるか

(1)　AI それ自体の保護

　AI の本質はプログラムであるところ、プログラムには著作権が認められる場合があり（著作 10 条 1 項 9 号）、著作権法によりその権利が保護される可能性がある。

　また、特許法上、プログラムの発明に対しても特許（ソフトウェア特許）の取得が可能であるため（特許法 2 条 3 項 1 号）、AI を構成するプログラムにつき特許権を取得すれば、特許法上の権利保護を受けることもできる。

　ただし、プログラムに著作権が認められるためには、①プログラムの全体に選択の幅があり（例えば、「Hello world」と画面上に出力するプログラムの表現方法は極めて限られるので、この要件を満たさない）、かつ、②表現に作成者の個性が表れているものであることが必要とされる[注27]。プログラムは本質的に正確かつ論理的であることが求められるが、「正確に論理

―――

注 27）知財高判平成 18・12・26 判時 2019 号 92 頁。

的」であればあるほど作成者の個性を表現する余地が乏しくなり、著作権が認められにくくなる(注28)。

　また、ソフトウェア特許についても、これが認められるためには、「自然法則を利用した技術的思想の創作」（特許法2条1項）に該当する必要がある。そして一般的な審査基準により判断できない場合には、ソフトウェアによる情報処理がハードウェア資源を用いて具体的に実現されていること（ソフトウェアがコンピュータに読み込まれることにより、ソフトウェアとハードウェア資源とが協働した具体的手段によって、使用目的に応じた情報の演算または加工を実現することにより、使用目的に応じた特有の情報処理装置〔機械〕またはその動作方法が構築されることをいう）により判断するとされており、単に計算装置を用いて計算するというだけではこの要件を満たさない(注29)。

　このように、どのようなプログラムであっても著作権・特許権の保護を受けることができるわけではない点には注意が必要である。

(2) 学習済みモデルの保護

　すでに述べた通り、学習前のAIそれ自体はいわば「幼児」であり、学習を行わせなければ役に立たない。そのため、AI開発においては機械学習を行って一定のパラメータ（学習済みパラメータ）を生成するのであるが、AIのプログラムそれ自体よりも、機械学習の成果として生成された学習済みモデル（推論プログラム＋学習済みパラメータ）のほうが価値が高い場合も少なくない。それでは、AIの学習済みモデルには、法律上どのような保護が認められるだろうか。学習済みモデルを構成する推論プログラムについては、その法律上の保護は、通常のプログラムと同じ議論が当てはまることから、以下では、学習済みパラメータについて論じる。

注28）なお、プログラムの前提となるアイディアやアルゴリズム自体は著作権の対象ではない。

注29）例えば、ハッシュ法によりコンピュータ処理を高速に行う為の計算を行うプログラムにつき特許権の対象となる発明ではないとした裁判例として、知財高判平成20・2・29判時2012号97頁。また、特許庁の実務運用上、プログラムのソースコード自体は発明に該当しないものと扱われている。

(A) 著作権・特許権による保護

　学習済みパラメータとは、要するに計算結果としての数字の羅列である。そのため、これ自体にコンピュータへの動作指令が含まれているとはいえず、著作権法2条1項10号の2にいうプログラム（電子計算機を機能させて一の結果を得ることができるようにこれに対する指令を組み合わせたものとして表現したもの）には該当しない可能性が高い(注30)。また、学習済みパラメータは数値の集合体であるが、その数値はあくまで各パラメータを表現するものであって、これ自体を参照する目的で体系的に整序されていることは通常ないと考えられる。そのため、学習済みパラメータが著作権法2条1項10号の3にいうデータベース（論文、数値、図形その他の情報の集合物であって、それらの情報を電子計算機を用いて検索することができるように体系的に構成したもの）に該当しない可能性も高い。このように考えると、学習済みパラメータ自体が著作物として認められ、著作権の保護が与えられる可能性は低いと一般的には解されている(注31)。

　また、学習済みパラメータに対し特許としての保護を与えること、具体的には特許法にいう「電子計算機による処理の用に供する情報であってプログラムに準ずるもの」（特許法2条4項）に該当するものとして保護を与えることも考えられるが、関数自体・行列自体には発明成立性が認められないとしてこれを消極に解する見解もある(注32)。この点については、そもそも、学習済みパラメータに対し特許という絶対的排他権を与えること自体が産業政策として好ましくないという意見もあるところである。

(B) 不正競争防止法による保護

　以上の通り、学習済みパラメータにつき著作権・特許権の保護を受け

注30) 類似した事例として、バッチファイルにつき、これ自体は組込情報を記載した単なるデータであって、電子計算機に対する指令の組合せではなく、著作権法にいうプログラム該当しないとした東京高判平成4・3・31知的裁集24巻1号218頁（IBFファイル事件）がある。

注31) 経済産業省商務情報政策局「オープンなデータ流通構造に向けた環境整備」82頁。

注32) 経済産業省商務情報政策局「オープンなデータ流通構造に向けた環境整備」82頁。

ることは難しいものと考えられる。そこで、次に考えられる可能性として、不正競争防止法による保護が挙げられる。具体的には、学習済みモデルを、不正競争防止法2条6項にいう営業秘密（秘密として管理されている生産方法、販売方法その他の事業活動に有用な技術上または営業上の情報であって、公然と知られていないもの）として保護する可能性である。また、不正競争防止法2条7項にいう限定提供データとして保護することも考えられる。

　学習済みモデルが「営業秘密」として不正競争防止法上の保護を受けるためには、①秘密管理性、②有用性、③非公知性の要件を満たす必要がある（不正競争防止法2条6号）。このうち問題となるのは①と③の要件である（少なくとも法的な保護を検討する必要のあるような学習済みモデルについては、②の要件は容易に満たされると考えられる）。

　まず、①の秘密管理性の要件との関係では、学習済みモデルを営業秘密として保護したい場合には、学習済みモデルを非公開として社内にて秘密情報として管理したり、第三者に提供する場合であっても、秘密保持契約書を締結するなどの秘密管理をすることが必要となる。

　次に、③の非公知性の要件とは、具体的には「保有者の管理下以外では一般的に入手できない状態にあること」をいう。学習済みモデルを非公開とする場合にはもちろん当該要件は満たされるが、リバース・エンジニアリングが困難な暗号化がなされていれば、売り切り型の機器に学習済みモデルを搭載する場合であっても非公知性を満たす可能性があるとの指摘がなされている[注33]。

　次に、学習済みモデルが「限定提供データ」として不正競争防止法上の保護を受けるためには、①限定提供性、②電磁的方法による蓄積・管理性、③相当量の蓄積、④技術上または営業上の情報（ただし、秘密として管理されているものを除く）を満たすことが必要となる（平成30年改正不正競争防止法2条1項7号）。

　「限定提供データ」とは、平成30年不正競争防止法改正（平成31年7月1日施行）により、営業秘密に該当しないデータであっても、ビッグデ

注33）経済産業省商務情報政策局「オープンなデータ流通構造に向けた環境整備」81頁。

ータであり、利用者が限定的されているなどの要件を満たすデータについて、不正競争防止法による保護の対象とすることとされたものである。

①の限定提供性の要件として、「業として特定の者に提供する情報」であることが挙げられている。すなわち、データ提供者が、特定の者に選択的に提供するデータである必要がある。例えば、事業者が、IDとパスワードが付与されている者に対してのみデータを提供することは、この限定提供性の要件を満たすこととなる。

②の電磁的方法による蓄積・管理性の要件として、電磁的方法に蓄積され、かつ管理されている必要がある。すなわち、データが電子的に蓄積され、かつ、パスワードなどによるデジタル的なアクセス制御手段によって管理されているという管理性が要件となっている。

③の相当量蓄積性の要件として、限定提供データは、「相当量」蓄積されていなければならず、一定の規模が必要とされている。学習済みモデルにおいては、そのデータ量が相当量蓄積されているといえるかが問題となるケースが生じるであろう。

④の技術上または営業上の情報として、一般論でいえば、不正競争防止法による保護が問題となるようなデータは、技術上または営業上の情報に該当するであろう。この要件で問題となるのが、「但し、秘密として管理されているものを除く」と規定されている点である。その結果、関係者に秘密保持義務を課すなど、秘密として管理されているデータは、限定提供データとしては保護されないことになる。

以上のような要件が満たされれば、学習済みモデルは営業秘密または限定提供データとして保護され、これを侵害するものに対する差止請求や損害賠償請求をすることができるようになる（不正競争防止法3条・4条）。

(C) **民法による保護**

さらに、不正競争防止法上の営業秘密としての保護が受けられない場合であっても、民法による保護が別途考えられる。具体的には、民法709条の不法行為の規定による保護である。

前述の翼システム事件（198頁）は、情報収集等に労力と費用が投下されていたこと等を理由として、著作権性のないデータのデッドコピーが不法行為に該当すると判示した。学習済みモデルについても、同様の理由に

第2編　IoT・AIの法律各論

より、これをデッドコピーした者に対して民法709条に基づく損害賠償請求をすることが考えられる。なお、不法行為の場合には日本法では金銭的賠償の原則がとられていること（民法722条1項・417条）から、学習済みモデルの侵害（デッドコピー）に対して差止請求をすることは困難であると考えられる。

(3) 学習用データセットの保護

AIそれ自体の保護とは少し異なるが、関連する問題として、機械学習を行う際に用いられる学習用データセット（学習対象となるデータを、効率的に学習できるよう編纂等したもの）の法的な保護の問題がある。学習用データセットの例として、手書き文字認識の機械学習のために作成されたMNIST（Mixed National Institute of Standards and Technology database）があり、計7万枚の手書き数字の画像と正解の数字を示すラベルデータから構成されている。

学習用データセットの作成においては、一定の学習テーマに関連するデータの中から、AIの機械学習に適したデータが選択されている。この選択に創作性が認められる場合、学習用データセットは、データベースの著作物（データベースで情報の選択または体系的な構成によって創作性を有するもの）に該当し、著作権が付与されることとなる[注34]。すでに述べた通り、データベースの著作物に該当する学習用データセットについては、情報解析の目的であろうとも著作権者に無断で複製（ストレージへの保存等）や翻案することは禁止されている（著作30条の4ただし書）。

注34）前述のMNISTに関していえば、ニューヨーク大学のYann LeCun教授とGoogleのCorinna Cortes氏がデータセットに対し著作権（copyright）を有する旨明示されている。ただし、MNISTは、Creative Commons Attribution-Share Alike 3.0 licenseが定めている条件に従っていれば、複製・翻案を含め自由に利用可能であるとされている。

コラム　ロボット法

　鉄腕アトムの世界には、「ロボット法」が存在し、ロボットに人間に準じた権利と地位を保証しロボットが守るべき義務を定めている。一体どのような法律なのであろうか。ロボット法の内容としては次のようなものがある。
　1　ロボットは人をきずつけたり殺してはいけない
　2　ロボットは人間につくすために生まれてきたものである
　3　ロボットは作った人間を父と呼ばなくてはならない
　4　ロボットは何でも作れるがお金だけはつくってはいけない
　5　ロボットは海外へ無断ででかけていってはならない
　6　男のロボット女のロボットはたがいに入れかわってはいけない
　7　無断で自分の顔を変えたり別のロボットになったりしてはいけない
　8　おとなにつくられたロボットが子どもになったりしてはいけない
　9　人間が分解したロボットを別のロボットが組み立ててはならない
　10　ロボットは人間の家や道具を壊してはいけない
　これらのうち6・7・8・9は、ロボットに（外観が変わったり、一旦解体という形で「死んだ」ロボットが勝手に組み立てられたりしないという意味での）特定性を求める趣旨の規定と理解できる。これを一種の統制目的と考えると、鉄腕アトムの「ロボット法」は、「すべてのロボットは自由」という規定にもかかわらず、基本的にロボットを人間の統制下に置くことを目的とした規定で構成されていると考えることができよう（実際、「青騎士の巻」では、ロボットの王国の建国を目指す青騎士が「ロボット法があるかぎり人間の奴隷だ」とアトムに語っている）。
　悪人たちは、ロボット法が生み出すジレンマを盾にとって、アトムを追い詰めることもしばしばである。悪い人間がアトムに「くやしかったら殴ってみろ！ロボットだからできないだろう」と言ったりするが、アトムはロボット原則1にしばられて悪い人間を殴ることはできない。ソクラテスは「悪法も法なり」と言って毒杯を飲み干したといわれるが、AIがあらゆる法律を完璧に守ることが果たしてよいのか、悪人に悪用された場合に耐え忍ぶべきかをアトムは問いかけているといえよう。

第2編　IoT・AIの法律各論

第4章 自動運転の法律問題

　自動車は、本来、人がその動作のすべてを制御する乗り物である。自動車が前進する際には、「アクセルを踏む」という人の動作が必要であるし、逆に自動車を制止させる場合には、「ブレーキを踏む」という人の動作が必要となる。自動車の進行方向も、人がハンドルを回すことで決定している。

　これらの動作制御のうち、一部または全部を自動制御に委ねたものが、いわゆる自動運転車である。自動運転車における動作制御の自動化の程度は一律ではなく、一般には、自動化の程度はレベル0（運転自動化なし）からレベル5（完全運転自動化）の6段階に区別するのが一般的である[注1]。現在普及しているのは、加速・操舵・制御のうち複数の操作を一度にシステムが行うレベル2の自動運転車であるといわれている。

　自動運転車は、多かれ少なかれ自動車の制御をシステムが自動で行う点で、人による動作の制御を前提とする古典的な自動車を前提とした法制度との関係で複雑な問題を生じさせることとなる。その典型例は、自動運転車が自動運転時に起こした事故につき、誰がどのように責任を負うのかという問題である。そこで、本章では、まず自動運転車に関するわが国の法規制を概観した上で、現在の法制度を前提として、自動車運転の交通事故に関する責任の所在について検討する。

注1）従前、わが国においては、自動化の程度をレベル1からレベル4の4段階で区別するのが一般的であったが、近時はSAE InternationalのJ3016（2016年9月）およびその日本語参考訳であるJASO TP 18004（2018年2月）の定義が採用されることが多い。

【図表2-28】自動運転車の自動化レベル

レベル	名称	定義概要	安全運転に係る監視、対応主体
運転者が一部またはすべての動的運転タスクを実行			
0	運転自動化なし	運転者がすべての動的運転タスクを実行	運転者
1	運転支援	システムが縦方向または横方向のいずれかの車両運動制御のサブタスクを限定領域において実行	運転者
2	部分運転自動化	システムが縦方向および横方向両方の車両運動制御のサブタスクを限定領域において実行	運転者
自動運転システムが(作動時は)すべての運転タスクを実行			
3	条件付運転自動化	システムがすべての動的運転タスクを限定領域において実行 作動継続が困難な場合は、システムの介入要求等に適切に応答	システム(作動継続が困難な場合は運転者)
4	高度運転自動化	システムがすべての動的運転タスクおよび作動継続が困難な場合への応答を限定領域において実行	システム
5	完全運転自動化	システムがすべての動的運転タスクおよび作動継続が困難な場合への応答を無制限に(すなわち、限定領域内ではない)実行	システム

＊高度情報通信ネットワーク社会推進戦略本部・官民データ活用推進戦略会議「自動運転に係る制度整備大綱」6頁。

第2編　IoT・AIの法律各論

I　自動運転に関するわが国の法規制

　自動運転に対するわが国の法規制としてまず挙げられるのは、わが国が加盟するジュネーブ条約（1949年道路交通に関する条約）である。同条約は、運行されている車両につき「運転者」がいなければならないものとしており（同条約8条1項）、また、運転者は、常に、車両を適正に操縦できなければならないとしている（同条5項）。さらに、同条約は、車両の運転者に対し、常に車両の速度を制御していること、適切かつ慎重な方法で運転すべきことを求めている（同条約10条）[注2]。これらの規定に照らすと、少なくともジュネーブ条約が改正されない限り[注3]、同条約の批准国であるわが国においては、完全自動運転車（レベル4の自動運転車）は公道を走ってはならないことになる。

　また、わが国の道路交通法も、車両に「運転者」がいることを当然の前提として、当該運転者に対し、「当該車両等のハンドル、ブレーキその他の装置を確実に操作し、かつ、道路、交通及び当該車両等の状況に応じ、他人に危害を及ぼさないような速度と方法で運転しなければならない」と義務付けている（同法70条）。

　さらに、道路運送車両法は、国土交通省令で定める保安上または公害防止その他の環境保全上の技術基準[注4]に適合するものでなければ、自動車を運行の用に供してはならないとしており（同法40条・41条）、その対象には操縦装置および制動装置も含まれる（同法41条3号・4号）。そのため、新たな自動制御システムが開発されても、技術基準を満たしていると

注2）以上につき、警察庁交通局「自動走行をめぐる最近の動向と今後の調査検討事項について」8頁参照。
注3）なお、わが国が批准していない道路交通に関する条約（ウィーン条約）においては、オーバーライドまたは機能停止が可能であるならば、自動運転は条約に違反しないものとする旨の改正が2014年に採択され、2016年から発効している。他方、ジュネーブ条約においても同旨の改正が議論されているが、現時点において条約の改正には至っていない。
注4）具体的には、道路運送車両の保安基準（昭和26年7月28日運輸省令第67号）がこれに該当する。

判断されなかったり、そもそも保安基準自体が設けられていなかったりするような場合には、当該システムを搭載した自動運転車は公道を走ることができないこととなる。

以上のような法規制は、いずれも自動車が公道を走る際の規制であり、公道でない場所（自動車メーカーのテストコース等）で自動運転車を走行させることは特段問題がない。また、公道における自走行システムの実証実験については、警察庁が 2016 年 5 月にガイドラインを公開しており[注5]、公道での実証実験実施に際し満たされるべき要件が明確化されている。

II 自動運転車の交通事故に関する問題点

自動運転車は、すでに述べた通り、多かれ少なかれ自動車の制御をシステムが自動で行う点に特徴がある。自動化のレベルが進めば進むほど、自動車の制御に関し運転者が果たす役割が薄くなり、レベル 4 に至っては、運転者の関与は基本的になくなる。他方で、自動車の交通事故における関係者の責任負担は、これまで、運転者が自分で自動車を制御していること（少なくとも、制御すべきであったこと）を前提として構築されているため、現行法の枠組みを前提とした場合に、自動運転車が自動運転時に起こした事故の責任分担をどのように解すべきか困難な問題が生じる。

他方で、自動運転のレベルが上がるにつれ、動作制御におけるシステムの重要性は増加していくことになる。レベル 4 まで至れば、そのすべてが制御システムに委ねられることとなる。

ここで、自動運転車の起こした交通事故の責任所在につき、「システム責任」という言葉が使われることがある[注6]。しかしながら、187 頁で述べた通り、少なくとも現行法の下では、システムそれ自体を責任の主体とみることはできない。したがって、この場合には、制御システムの関係者としての自然人・法人がどのような要件の下でどのような責任を負うのか

注5）警察庁「自動走行システムに関する公道実証実験のためのガイドライン」。
注6）高度情報通信ネットワーク社会推進戦略本部「官民 ITS 構想・ロードマップ 2016」5 頁。

【図表 2-29】 自動運転車に関係する者の主な法的責任

責任主体	レベル 3 の場合	レベル 4 以上の場合
運転者（搭乗者）	一般的な不法行為責任	（責任は基本的に観念されない）
所有者（運行供用者）	自賠責法 3 条に基づく責任 （物損については一般的な不法行為責任）	自賠責法 3 条に基づく責任 （物損については一般的な不法行為責任）
自動車メーカー	製造物責任法 3 条に基づく責任	製造物責任法 3 条に基づく責任
プログラム開発者	自動車メーカーに対する契約上の責任	自動車メーカーに対する契約上の責任
データ提供者	契約上の責任	契約上の責任
国・地方公共団体	国家賠償法 2 条 1 項に基づく営造物責任 国家賠償法 1 条 1 項に基づく賠償責任	国家賠償法 2 条 1 項に基づく営造物責任 国家賠償法 1 条 1 項に基づく賠償責任

を考えなければならない。

以下では、運転の自動化が進み、基本的にシステムが運転制御をすべて行うに至るレベル 3 以上の自動運転車において、自動運転中に交通事故が起こった場合の法的責任の所在について考える[注7]。

具体的には、自動運転車の運転者（搭乗者）、所有者（運行供用者）、自動車メーカー、プログラム開発者、データ提供者、国・地方公共団体の責任について検討する。

注7) レベル 2 以下の場合およびレベル 3 のうち自動運転システムの介入要求に基づくドライバー応答後（または応答期限経過後）の事故に関しては、現在の自賠責法の枠組みを変える必要がないと指摘されている（国土交通省自動車局「自動運転における損害賠償責任に関する研究会報告書」〔2018 年 3 月〕5 頁）。

1 レベル3自動運転車の場合

(1) 運転者

　レベル3の自動運転車の場合、緊急時等、システムが要請した場合には運転者が運行を制御しなければならないので、なお責任の主体としての運転者を観念できる。ここで、自動運転車の交通事故について運転者が法的な責任を負う根拠として、民法709条に基づく一般的な不法行為責任が考えられる（なお、運転者が同時に自動車の所有者である場合には、自動車損害賠償保障法上の責任も問題となる。この点については、後記(2)参照）。システムによる要請の具体的方法としては、音声による警告や、シートを振動させることが考えられる。

　ここで、不法行為責任が認められるためには、運転者に故意または過失があったことが必要となる。また、ここでいう過失とは、具体的には「具体的な結果の発生を予見できたにもかかわらず、その結果の発生を回避するために必要な措置をとらなかったこと」をいう。レベル3の自動運転車の場合、特にシステムから求められない限り、運転者は自動車の制動を担当する必要がなく、そのように対応することが社会的に許容されている（逆にいえば、それゆえにレベル3に位置付けられる自動運転車が公道を走ることが認められている）といえるから、制御システムの不具合に起因して交通事故が発生した場合には、運転者につき「結果の発生を回避するために必要な措置をとらなかった」とはいえず、結論として過失が認められることはないものと考えられる。

　他方、レベル3においては、システムが要請した場合という限定的な状況であるものの、運転者が自ら運行を制御する場面が残されている。そのため、運転者が前方をまったく見ておらず、その結果、システムの要請に基づく制動ができなかったことが交通事故の原因であるような場合には、なお、前方不注視につき運転者の過失が認められる可能性があるものと考えられる。

(2) 所有者（運行供用者）

　自動運転車の所有者については、民法709条に基づく一般的な不法行為責任が問題となるほか、いわゆる人身事故につき自動車損害賠償保障法

（以下、「自賠責法」という）3条に基づく責任が問題となる。

　ここで、自賠責法3条に基づく運行供用者責任は、運行供用者（自己のために自動車を運行の用に供する者。自動車の所有者は基本的にこれに該当するものとされている）が「その運行によつて他人の生命又は身体を害した」場合に認められるが[注8]、①運行供用者または運転者が注意を怠らなかったこと、②被害者・運転者以外の第三者に故意過失があったこと、③自動車に構造上の欠陥または機能の障害がなかったことが立証されれば、運行供用者の責任は免責されることとなる（免責3要件）。

　このうち①の要件は、ⅰ自己および運転者が運転に関する注意を怠らなかったこと、およびⅱ点検整備に関する注意を怠らなかったことの2つの要件に分解されると解されているが、ⅰの要件については、前記(1)の運転者の項目で述べた通り、制御システムに依拠することが許容される範囲内で起こった事故であれば、運行供用者または運転者の注意義務懈怠は認められないものと考えられる一方、「運転者が前方をまったく見ておらず、システムの要請に応じて適切にオーバーライドできる状況になかった」というような場合には、なお注意義務懈怠は認められる可能性がある。他方、ⅱについては、古典的な自動車でも問題となるような機械装置の点検整備が適切になされていたか否かに加え、制御システムを適時にアップデートしていたか否か、メーカーが推奨していないようなプログラムを勝手にインストールしていなかったか否かといった、ソフトウェアの適切な維持管理も問題になるものと考えられる[注9]。

　次に、②の要件は、被害者保護の観点から、運行供用者の責任免除を認める前提として、発生した交通事故に関し運転者・運行供用者以外に責任

注8）なお、国土交通省自動車局「自動運転における損害賠償責任に関する研究会報告書」7頁以下においては、そもそも自動運転車において自動運転システムを利用して自動車を運行する場合にも自動車所有者に運行供用者としての責任を問うべきかという観点からの検討がなされている。同報告書では、結論として、従来の運行供用者責任を維持しつつ、保険会社等による自動車メーカー等に対する求償権行使の実効性確保の仕組み（リコール等に関する情報の利用、イベントデータレコーダー等の設置等）を検討することが適当であるとの結論に至っている。

注9）国土交通省自動車局「自動運転における損害賠償責任に関する研究会報告書」21頁。

を負担する者がいることの証明を求める趣旨の要件である。自動運転車においては、例えば、制御システムに不正アクセスして、システムが適正に自動車の運行を制御できなくした者がいるような場合が考えられる[注10]。

最後に、③の要件についてみると、レベル3の自動運転車では運転者の関与の余地が残されており、運行制御の一切がシステムに委ねられるまでには至っていないため、制御システムの不具合が直ちに「自動車(の)構造上の欠陥又は機能の障害」に該当するわけではない点に注意が必要である。具体的には、例えば、人間の五感では感知不可能な障害物を検知し事故を防止・軽減できる衝突被害軽減ブレーキの故障は、そもそも当該システムの搭載されていない自動車と比較して特段危険なものとはいえない以上、そのことだけから直ちに「自動車(の)構造上の欠陥又は機能の障害」があるとはいえないのではないか、との指摘がなされているところである[注11]。

前記の3要件を自ら立証できない場合、自動運転車の所有者は、人身事故につき被害者が被った損害を賠償しなければならない。

なお、「他人の生命又は身体」以外に害が生じた場合、いわゆる物損事故は、自賠責法上の責任の対象ではない。この場合、所有者が法的責任を負う根拠は民法709条に基づく一般的な不法行為責任となるため、責任が認められるためには、所有者に故意または過失が認められなければならない。いかなる場合に所有者の過失が認められるかについては、前記免責3要件のうち①ⅰの議論が参考になるものと考えられる(ただし、被害者が過失の存在を立証しなければならないので、立証責任の所在は異なる)。

(3) 自動車メーカー

自動車メーカーは、自動運転車という「製造物」(その意義は、190頁参照)を製造し、これを販売している。そのため、自動車メーカーは、自動

注10) なお、このような不正アクセスにより交通事故が発生したような場合は、盗難車により事故が発生した場合と類似するものとして、政府保障事業による損害のてん補(自賠責法72条1項後段)の対象とすることが妥当であるとの提言がなされている(国土交通省自動車局「自動運転における損害賠償責任に関する研究会報告書」15頁)。

注11) 藤田友敬「自動運転と運行供用者の責任」ジュリ1501号(2017)25頁。

運転車が起こした交通事故につき、民法709条に基づく一般的な不法行為責任のほか、製造物責任法3条に基づく法的責任を負うことが考えられる。

　製造物責任法3条に基づく責任が認められるためには、製造物に「欠陥」があったと認められる必要があるところ、欠陥とは具体的には製造物が「通常有すべき安全性」を欠いていることをいう（製造物責任法2条2項）。この点について、詳しくは208頁以下を参照していただきたい。

　ここで、加速・操舵・制動をすべて行うことが社会的に許容されるような制御システムは、その複雑性においてAIに近い（または、AIそのものである）可能性が高い。そうすると、自動運転車における「欠陥」の認定においては、AIについて210頁以下で述べたような問題点が発生することが予想される。すなわち、自動運転車における「通常有すべき安全性」とは何か、自動運転車が自動運転時に交通事故を起こしたとして、「通常有すべき安全性」を欠いていたことをどのように立証するのか、という問題点である。

　このうち、「通常有すべき安全性」とは何かという問いについては、自動運転車が運転を目的とするものである以上、AI一般よりも問題点は少ない。すなわち、レベル3の自動運転車においては、特にシステムが要請した場合以外はシステムが加速・操舵・制動を全て制御することが想定されているのであるから、そのいずれについても、通常想定し得る状況下において安全に制御することができること、および、安全な制御が困難な状況が発生したときに適切に運転者に対応を要請できることが「通常有すべき安全性」として求められると考えられる。

　他方で、システムの複雑性に起因する欠陥の立証困難の問題は、レベル3の自動運転車の場合も同様に問題となる。この点について、210頁で紹介した自衛隊ヘリコプター事件のように、製品を適正な使用方法で使用していたにもかかわらず、通常予想できない事故が発生したことの主張立証で足るとすれば、少なくとも通常の動作条件下における事故については、欠陥の立証困難はさほど問題とならない。むしろ、自動運転のレベルが上がり、生命身体といった重要な法益の保護がシステムに委ねられるようになるにつれて、システムが満たすべき「通常有すべき安全性」の水準も上

がり、結果として欠陥の認定がレベルの低い自動運転車（または、古典的な自動車）よりも認められやすくなることも考えられるところである。もっとも、かかる結論となることで自動運転車開発に対し萎縮的な効果が生じる可能性があることは、AIの製造物責任の項目でも述べた通りである。

　また、システムによるオーバーライドの要請について、それが適切になされていないことが「欠陥」に当たるという主張がされる可能性がある。例えば、警告が出た場合に警告の仕方が適切でなかった場合はもちろんであるが、ハンドルから長時間手を放しておくことが許されるような設計になっている場合に、「ハンドル操作をしてください」との警告がされたが、運転者が後部座席を向いていたため、すぐにハンドル操作ができず事故が発生したような場合に、ハンドルから長時間手を放すことができる設計になっていたこと自体が「欠陥」であるか否かが問題となり得る。これについて、例えば、10秒以上ハンドルから手を放すと、警告音が鳴ったり、自然に停車するというなシステムにすることで対応することも考えるが、そうなると、自動運転車としての便利さは著しく減ることになろう。

　なお、前記のオーバーライド要請に関連して、いかなる条件で運転者にオーバーライドが求められるのか（逆にいえば、どういう条件の場合にはオーバーライドに備えた警戒をしていなければならないか）は、運転者に対し適切に指示警告がなされている必要があるものと考えられる。特に、ある程度現実に発生することが見込まれる条件については、運転者がオーバーライド要請を適切に予測できるよう、十分な指示警告が必要であろう。このような指示警告がなされていなかったため、運転者がオーバーライド要請に備えた警戒ができず、結果として事故が起こったような場合には、自動運転車につき指示・警告上の欠陥が認められる可能性がある。

(4)　制御プログラムの開発者

　自動運転車にプリインストールされている制御システムは、システムを含めた自動運転車全体が「製造物」とみなされるため、搭載されているシステムに不具合があった場合には、自動運転車に「欠陥」があったものとして製造物責任法上の責任が問題となる。

　この場合、システムの不具合につき一次的な責任を負うのは、自動運転車を製造販売した自動車メーカーであるが、システム部分を開発したのが

社外のシステム開発業者であるような場合には、自動車メーカーは当該開発業者に対し自己の被った損害（その中には、自動車メーカーが製造物責任法に基づき賠償した損害も含まれ得る）の賠償を求めることになると考えられる。かかる請求が、どのような要件の下にどの程度認められるかは、基本的には自動車メーカーと開発業者との間の契約内容いかんによることになる。しかし、システムの開発は自動車メーカーとシステム開発業者が一体となって進められていることも多く、実際に問題が起こったときに、原因の所在が明確でなかったり、契約で明確に定められていない事態も考えられ、そのような場合にどのように責任を分担すべきかという問題は生じ得る。

(5) データ提供者

民間業者が、自動運転に必要なデータ（例えば、高精度な地図情報）を自動運転車のユーザーに直接提供することが考えられる。このとき、当該データが間違っていたことに起因して事故が発生したような場合には、当該データ提供者の責任が問題となり得る[注12]。

ここで、ユーザーとデータ提供者との間には契約関係（例えば、データ利用契約等）があるのが通常であると考えられるので、データ提供者の法的責任として、当該契約に基づく債務不履行責任が発生することが考えられる。このような責任が、どのような要件の下にどの程度認められるかは、基本的にはユーザーとデータ提供者との間の契約内容いかんによることになるが、データの間違いがデータ提供者の不注意（過失）に起因するものであったような場合には、データ提供者の債務不履行責任が認められることもあり得よう。

なお、データ提供者のデータが自動運転車にプリインストールされているような場合には、前記で述べた制御プログラムの開発者の責任と同じ考え方となる。

注12）なお、自動運転車は外部データの誤謬や通信遮断等の事態をあらかじめ想定すべきであり、そのような事態が発生したとしても自動車が安全に運行できるように自動運転システムを構築しなかった自動運転者については製造物責任法にいう「欠陥」が認められる可能性があるとも指摘されている（国土交通省自動車局「自動運転における損害賠償責任に関する研究会報告書」22頁）。

(6) 国・地方公共団体

　現在の自動運転車の主流は、自車に搭載されたセンサー等を活用して周囲の状況に関する情報を取得し、これを基に制御システムが自動運転車の運行を制御する方式であるといわれている。しかしながら、今後自動運転車が自動車の主流になっていくに従い、また、自動運転車の自動化のレベルが上がるに従い、公共インフラとして自動運転をアシストするような設備（例えばビーコン等）が設置され、これが有効に機能していることが安全な自動運転の前提となることも十分にあり得る。

　このような公共インフラに不具合があり、それゆえに自動運転車の交通事故が発生したような場合には、国家賠償法に基づく国の責任が問題となり得る。具体的には、ビーコン等の「公の営造物」の設置または管理に「瑕疵」があったとして、国家賠償法2条1項に基づく賠償責任が発生する可能性がある。ここで、「瑕疵」とは、製造物責任法にいう「欠陥」と同様、「通常有すべき安全性」を欠いていることをいうものとされており、例えばビーコンが何らかの理由により正常に誘導電波を発しておらず、これを管理する国または地方公共団体が適切に修理していなかったような場合には、「公の営造物」の管理につき「瑕疵」があったものと判断される可能性がある。

　なお、自動運転を支える公共インフラとしてデータ（例えば、高精度な地図情報）が国等から提供されることも考えられるが、プログラムが「製造物」に該当しないように、データも有体物ではない以上「公の営造物」には該当しない。この場合、不備のあるデータを提供した公務員に故意過失があれば、国家賠償法1条1項に基づく賠償責任が国等に発生する可能性がある。

2　レベル4以上自動運転車の場合

　レベル4以上の自動運転車に至ると、システム自体が運転の制御をすべて担当し、運転者は一切運転に関与しないこととなる。そのため、レベル4以上の自動運転車は、現行法が想定している「自動車」とはまったく異なるものということができる。

　そのため、将来的に立法レベルでの解決が図られる可能性も高く、現行

法の枠組みでレベル4以上の自動運転車に関する法的責任について述べること自体が非常に困難であるが、問題となり得る事項につき、以下簡単に述べることとする。

(1) **搭乗者**

レベル4以上の自動運転車においては、もはや「運転者」は観念されず[注13]、単に自動運転車に乗っている搭乗者がいるのみである。

このとき、自動運転車の搭乗者は文字通り「ただ乗っている」だけであり、例えていうならばバスの乗客に近い存在である。そのため、搭乗者が同時に運行供用者に該当するような場合（自家用車に乗っているような場合）を除き、搭乗者が交通事故につき責任を問われるような事態は、基本的に生じないものと思われる。

(2) **所有者（運行供用者）**

「運転者」という言葉の定義があることから明らかな通り、自賠責法自体は、自動車につき運転者がいることを想定して立法されている。このとき、運転者がいない自動運転車につき運行供用者の存在が認められ得るのかそもそも問題となるが、運転者がいなくとも運行供用者の存在は認められ得るとされている[注14]。

このとき、免責3要件のうち①ⅰ自己および運転者が運転に関する注意を怠らなかったことはもはや問題ではなくなる。レベル4以上の自動運転車ではシステムがすべての場面で運転を行い、かつ、それが社会的に許容されているため、人が「運転に関する注意」をする必要がないからである。

他方で、免責3要件のうち③については、レベル4以上の自動運転車ではシステムがすべての場面で運転を行う以上、通常想定し得る状況下においてシステムが安全に自動運転車を制動できなかった場合には「自動車に構造上の欠陥又は機能の障害が」あったとされることが多いように思われ、発生した事故に関し③の要件を運行供用者が立証することは極めて困

注13) 一般社団法人日本損害保険協会ニューリスクPT「自動運転の法的課題について」3頁。
注14) 藤田友敬「自動運転と運行供用者の責任」ジュリスト1501号（2017）24頁。

難となることが予想される。そうすると、事実上、自動車の運行供用者たる所有者は、自動運転車の交通事故につき無過失責任に近い重い責任を負担する結果ともなりかねないが、このような結論が、自動運転車が起こした交通事故の責任負担として適切であるか否かは議論の余地があるものと考えられる。

この点については、現行自賠責法の下で構築されている現在のトータルな保険制度（人身損害に関する自賠責保険・自動車保険、対物賠償保険、人身傷害保険等）をレベル5の自動運転車においても維持することを積極的に評価する見解がある[注15]。

(3) 自動車メーカー・制御プログラムの開発者・データ提供者

自動車メーカー・制御プログラムの開発者・データ提供者が負担する法的責任に関する考え方は、レベル3の自動運転車について述べたところと同様である。ただし、レベル4以上の自動運転車ではオーバーライドの要請が想定されていないので、自動運転車が走行できる（システムが走行できると判断する）状況下においては、一般的に想定できないような突発的な異常事態が発生しない限り安全に自動運転車を制動できることが「通常有すべき安全性」として求められることになるものと思われる[注16]。

(4) 国・地方公共団体

国または地方公共団体が負担する法的責任に関する考え方も、レベル3の自動運転車について述べたところと同様である。

注15) 浦川道太郎「自動走行と民事責任」NBL1099号（2017）32頁。
注16) 逆に、「一般的に想定できないような突発的な異常事態」の発生までを想定した設計を行う必要はないものと考えられる。例えば、中華航空が所有・運行する旅客機が墜落した事件に関して、名古屋地判平成15・12・26判時1854号63頁は、特定の状況で旅客機の墜落という重大な結果を生じさせる可能性のある設計がなされていた点について、「そのような重大な結果に至る蓋然性は極めて低」いことから、これをもって旅客機に欠陥があるとはいえないと判示している。

Ⅲ　自動運転車の交通事故と刑事責任

1　運転者の刑事責任

　現行法上、自動車の運転者は、自動車の運転に関し、自動車の運転により人を死傷させる行為等の処罰に関する法律2条・3条に定める危険運転致死傷罪、同法5条に定める過失運転致死傷罪に問われる可能性がある。また、道路交通法に定める各種の運転者の義務（例えば、同法70条に定める安全運転の義務）に違反した場合にも、道路交通法が定める罰則（例えば、安全運転義務違反に関しては、3か月以下の懲役または5万円以下の罰金）が課されることがある。

　これら運転者に課される刑事責任につき、少なくともレベル2以下の自動運転車の運転に関しては、現状通りの責任が運転者に課されるものと考えられる[注17]。

　他方で、レベル3以上の自動運転車の運転について、運転者が負担する可能性のある刑事責任をどのように考えるべきかについては、いまだ十分な議論がなされていない[注18]。そのため、レベル3以上の自動運転車の運転について、運転者がどのような場合に刑事責任を問われるのかを現時点において推測することは困難であるが、高度な自動運転車においてはシステムに自動車運行の制御を委ねることが許される領域が拡大することに照らすと、運転者に結果回避義務違反が認められるケースは古典的な交通事故の事例よりも減少し、結果として、運転者が刑事責任を問われる事例は少なくなると予想される。また、特にレベル4以上の自動運転車に関しては、オーバーライドの要請がなされること自体がないため、搭乗者の刑事責任を問う前提が欠けるとの指摘がなされているところである[注19]。

注17）株式会社日本能率協会総合研究所「自動運転の制度的課題に関する調査研究報告書」77頁。

注18）株式会社日本能率協会総合研究所「自動運転の制度的課題に関する調査研究報告書」77頁も、レベル3以上の自動運転車の運転者に関する刑事責任のあり方については、今後の検討の必要性を指摘するにとどまっている。

2　自動車メーカーの刑事責任

　自動車メーカーは、自らが製造販売する自動車の不具合およびこれにより引き起こされ得る事故について具体的に予見が可能であり、かつ、事故の回避のために対策を講じることが可能であったにもかかわらずこれを怠った場合には、業務上過失致死傷罪（刑法211条）に問われ得る[注20]。このことは、レベル3以上の自動運転車においても同様に妥当するものと考えられ、例えば自社の自動運転車の制御システムに不具合が報告されていることを把握していたにもかかわらず、これを漫然と放置し、結果として人が死傷する事故が発生したような場合には、自動車メーカーの責任者が業務上過失致死傷罪に問われる可能性がある。

注19）今井猛嘉「自動走行に関与する者の刑事責任──現行法下の処理と今後の課題」NBL1099号（2017）27頁。
注20）実際に企業の責任者が業務上過失致死傷罪に問われた事例として、三菱自動車工業株式会社の事例（最判平成24・2・8刑集66巻4号200頁）、パロマ株式会社の事例（東京地判平成22・5・11判タ1328号241頁）等がある。

第2編　IoT・AIの法律各論

第5章
ネットワークの法律問題

I　ネットワークに関する法律

　インターネットと物をつなぐIoT技術にとって、有線や無線による電機通信は不可欠の構成要素である。

　主な電気通信に関する法律には、有線・無線を問わず電気通信事業を対象とする電気通信事業法、無線通信の設備や使用に関する電波法、有線電気通信(注1)の設備や使用に関する有線電気通信法があり、IoT技術の開発・導入に当たっては、これらの法律によって、免許や登録、届出等が必要となる場合や、通信設備が一定の技術的水準に適合していることが求められる場合がある。

　この章では、これらの電気通信に関する規制のうち、IoTサービスと関わりが深い電気通信事業法と電波法について参入時の規制と通信設備の技術的基準に係る規制を概観する。

II　電気通信事業法による規制

1　規制の概要

　電気通信事業法は、電気通信事業の公共性に鑑み、事業の運営を適正かつ合理的なものとするとともに、電気通信事業の公正な競争を促進することによって、電気通信役務（サービス）が円滑に提供されることを確保

注1)「有線電気通信」とは、送信の場所と受信の場所との間の線条その他の導体を利用して、電磁的方式により、符号、音響または影像を送り、伝え、または受けることである（有線電気通信法2条1項）。

するとともに、利用者の利益を保護することなどを目的とする法律であり、通信の秘密の保護や利用の公平、電気通信事業の登録・届出制度、電気通信事業者の業務運営、電気通信設備（サーバ等）の技術基準適合性の確保などについての規律が定められている。

電気通信事業を行うためには、電気通信事業法により、参入時に登録や届出などの手続が必要とされる場合がある。規制対象となる「電気通信事業」に該当するかを確認するに当たっては、総務省が公表している「電気通信事業参入マニュアル」[注2]が詳しいが、概要以下のように考えられる。

(1) 「電気通信役務」に当たるか

「電気通信事業」は、電気通信役務を他人の需要に応じるために提供する事業[注3]であり（電気通信事業法2条4号）、この「電気通信役務」とは、電気通信設備を用いて他人の通信を媒介し、その他電気通信設備を他人の通信の用に供することである（同法4条）。「電気通信設備」とは、有線、無線その他の電磁的方法によって、符号、音響または映像を送り、伝え、受信するための機械等の電気的設備である。電気通信設備を用いて他人の通信を媒介するとは、他人の依頼を受けて、情報をその内容を変更することなく伝送・交換し、隔地者間にある他人と他人との間の通信を取次・仲介して通信の完成に寄与することをいう。また、電気通信設備を他人の通信の用に供するとは、電気通信設備を広く他人の通信のために運用することを意味しており、直接他人に電気通信設備を利用させる場合だけでなく、他人の通信の伝送ルート上にある電気通信設備を運用することも含まれる。なお、自らと他人との間の通信もこれに含まれる[注4]。

(2) 「電気通信事業」に当たるか

電気通信事業は、他人の需要に応じるために電気通信設備を提供する事業である。自身の業務の遂行に当たってまたは付随して利用する場合には、

注2) 2016年6月総務省「電気通信事業参入マニュアル」および2017年6月23日電気通信事業部データ通信課『電気通信事業参入マニュアル——届出等の要否に関する考え方及び事例〔追補版〕〔第2版〕』（以下、「電気通信事業参入マニュアル〔追補版〕」という）。
注3) 放送法上の放送局設備供給役務に係る事業を除く。
注4) 電気通信事業参入マニュアル〔追補版〕6頁。

自己の需要に応じて利用するものであって、他人の需要に応じるために電気通信役務を提供する場合ではないから、電気通信事業に当たらない。また、事業といえるためには、主体的・積極的意思や目的をもって同種の行為が反復継続的に行われる必要があるから、1回限りの行為などはこれに当たらない[注5]。

(3) 「届出を要する電気通信事業」または「登録を要する電気通信事業」に当たるか

電気通信事業を営もうとする場合、その電気通信回線設備の規模等に応じて、登録または届出が必要になる。簡単にいえば、大規模な電気通信回線設備を設置する者については、総務大臣の登録を受ける必要があり（電気通信事業法9条）、小規模な電気通信回線設備の設置にとどまる者や電気通信回線設備を設置しない者については、総務大臣（実際には総合通信局等）への届出を行う必要がある（同法16条1項）。電気通信回線設備とは、送信の場所と受信の場所との間を接続する伝送路設備・交換設備等の設備のことであり、登録が必要となる大規模な電気通信回線設備とは、①端末系伝送路設備の設置区域が1つの市町村・特別区の区域（政令指定都市にあってはその区の区域）を超える場合または②中継系伝送路設備の設置区域が1つの都道府県の区域を超える場合である[注6]。

2 具体例

実際に行おうとするIoTサービスが電気通信事業法の適用対象となるかについては、個別の判断が必要になるが、ここでは、IoTサービスにおいて想定され得る通信形態について、電気通信事業参入マニュアル〔追補版〕に挙げられている具体例を紹介する。

(1) IoT機器の貸与と併せた電気通信役務の提供

電気通信事業者から他人の通信を媒介する電気通信役務の提供を受けた

注5）電気通信事業参入マニュアル〔追補版〕7頁。
注6）「端末系伝送路設備」とは、局舎から利用者宅までの間の伝送路設備であり、同軸ケーブル、光ファイバといった線路設備のほか、無線系の設備も含まれる。また、「中継系伝送路設備」とは、局舎から局舎までの間の伝送路設備である（電気通信事業参入マニュアル〔追補版〕11頁）。

第5章　ネットワークの法律問題

【図表 2-30】電気通信事業法の登録・届出の要否の判断[注7]

```
┌─────────────────────────────────────────────┐
│ 1．「電気通信役務」に当たる                    │
│   「電気通信役務」=「電気通信設備を他人の通信の用に供する場合」 │
└─────────────────────────────────────────────┘
                    │ YES
                    ▼
┌─────────────────────────────────────────────┐
│ 2．「電気通信事業」に当たる                    │
│   次のすべてに該当する                         │
│   ①  電気通信役務を他人の需要に応じるために提供する │
│   ②  事業である                               │
│   ③  有線テレビ放送等ではない                  │
└─────────────────────────────────────────────┘
                    │ YES
                    ▼
┌─────────────────────────────────────────────┐
│ 3．登録または届出が必要な場合に当たる           │
│   次のいずれにも該当しない                     │
│   ①  もっぱら一の者に電気通信役務を提供する場合 │
│   ②  同一構内・建物内に設置した電気通信設備により電気通信役務を提供する場合 │
│   ③  線路のこう長の総延長が5km未満の電気通信設備により電気通信役務を提供する場合 │
│   ④  他人の通信を媒介せず、かつ、電気通信回線設備を設置しない場合 │
└─────────────────────────────────────────────┘
                    │ YES
                    ▼
┌─────────────────────────────────────────────┐
│ 4．登録か届出か                                │
│   次のいずれかに該当するか                     │      NO
│   ①  端末系伝送路設備の設置区域が1つの市町村の区域を超える場合 │  ──────┐
│   ②  中継系伝送路設備の設置区域が1つの都道府県の区域を超える場合 │       │
└─────────────────────────────────────────────┘         │
         │ YES              │ NO                         │
         ▼                  ▼                           ▼
   ┌──────────┐      ┌──────────┐              ┌──────────┐
   │ 登録が必要 │      │ 届出が必要 │              │ いずれも不要 │
   └──────────┘      └──────────┘              └──────────┘
```

注7）電気通信事業参入マニュアル〔追補版〕12頁を参照して作成。

者が、当該役務を利用するための機器（携帯電話、Wi-Fi ルータ、SIM カード等）を利用者に貸与し、当該機器と電気通信役務とを併せて、利用者に利用させる場合については、利用させる電気通信役務について、自らが主体となって電気通信役務の提供（電気通信役務の再販）をしていることから、登録または届出を要する電気通信事業と判断される。

なお、自らが電気通信事業者から提供を受けている役務の料金や提供条件等をまったく変更せずに当該役務を利用させる場合は、自らが提供主体となって電気通信役務を提供しているとは認められず、登録および届出が不要な電気通信事業と判断される。

(2) **ネット通販**

小売業者などが顧客からの注文を受けて、電気通信設備を用いてインターネット経由で顧客からの要求に対応するネット通販は、電気通信役務に該当する。しかし、小売業者は本来物を売るという事業を行っており、物を売るための手段として電気通信役務を提供しているものである。このように別の自らの本来業務の遂行の手段として電気通信役務を提供することは、自己の需要に応ずるためのものであって、他人の需要に応じたものではないから、電気通信事業には該当しない。

(3) **メールマガジンの発行・配信等**

自社製品の宣伝やイベント開催案内等としての顧客等に対するメールマガジンの発行は、自らの本来業務に関する情報を顧客に対して広報するに当たっての電気通信役務の提供であるから、(2)と同様の理由により、電気通信事業には該当しない。

これに対し、他社から提供された製品 PR やイベント開催案内等に関する情報の加工・編集等を行い、あらかじめ登録した購読者等に対して電子メールによる広報を行うメールマガジンの配信は、次の(4)と同様の理由により、電気通信事業に該当する。しかし、企業等から提供された情報の加工・編集等を行った上で購読者に送信することから、自己と購読者（他人）との間の通信であり、他人の通信を媒介していないことから、登録および届出が不要な電気通信事業に該当する。

他方で、企業等から提供された情報の内容の変更を行うことなく電子メールによる広報を行うメールマガジンの媒介は、登録または届出を要する

電気通信事業に当たる。

(4) 各種情報のオンライン提供

電気通信設備を用いて、情報データベースを構築し、インターネットを経由してその情報を利用者にオンライン提供する場合は、利用者（他人）の通信の用にその設備を供しているので、電気通信役務に該当する。また、利用者の需要に応ずるためのインターネット経由での情報送信（電気通信役務の提供）自体を目的として行っているから、電気通信事業に該当する。

もっとも、自己と他人との間の通信であって他人の通信を媒介しておらず、電気通信回線設備を設置していない場合には、登録や届出は不要である。

(5) Webサイトのオンライン検索

広範なWebサイトのデータベースを構築し、検索語を含むWebサイトのURL等をインターネットを経由して利用者に提供するポータルサイトは、(4)と同様に、他人の通信を媒介しておらず、かつ、電気通信回線設備も設置していない場合には、登録および届出が不要な電気通信事業に該当する。

(6) オンライン計算処理

データ処理ソフトウェアをインストールしたサーバ等を設置して、インターネット等を経由して企業等の科学技術計算や事務計算などのデータ処理を行うオンライン計算処理は、(4)と同様に、登録および届出が不要な電気通信事業に該当する。

(7) ソフトウェアのオンライン提供

労務管理や販売管理等を行うアプリをインストールしたサーバ等を設置して、インターネット等を経由して当該ソフトを企業等に利用させる場合は、(4)と同様に、登録および届出が不要な電気通信事業に該当する。

III 無線通信

1 電波法による規制の概要

電波法は、電波を利用した信号の送受信に適用されるルールである。電

波は、携帯電話や無線LAN、Wi-Fiなどの身の回りのもののほか、飛行機や船、消防・救急、警察などにも広く利用されている。しかし、電波は有限であり、誰もが好き勝手に利用してしまうと混信や他の機器への妨害など通信障害が起きてしまう。そのため、電波法により、電波の利用について、使用するチャンネルや送信出力、無線設備の技術基準などさまざまなルールが定められており、電波の公平かつ能率的な利用が図られている。

電波法のほか、無線通信に関連する法令等は以下の通りである。

(1) 電波法の規制

電波法は、電波の利用について、免許制度・登録制度を設けるとともに、使用する無線設備や無線従事者について規制を設けている。無線局を開設して運用するためには、原則として無線局免許が必要であり、無線局に用いる無線設備が技術基準に適合していることが免許の要件の1つとされている。また、免許を要しない無線局については、無線設備が電波法に定める技術基準に適合していることをあらかじめ確認し証明する技術基準適合証明または工事設計認証を受けた無線設備を使用することが条件とされている。以下、無線設備と無線局について紹介する。

(A) 無線設備

無線設備とは、無線電信、無線電話その他電波を送りまたは受けるための電気的設備であり（電波法2条4号）、送信設備と受信設備の一切が含まれる。すなわち、電波を利用してデータや音の送受信などを行うための設備が無線設備である。

〈伝送する情報の形式による無線設備の区分〉

- 「無線電信」：電波を利用して符号（データ）を送受信するための無線設備
- 「無線電話」：電波を利用して音声その他の音響を送受信するための無線設備
- 「無線測位の設備」：電波の伝播特性を用いて行う位置の決定または位置に関する情報の取得のための無線設備
- 「レーダー」：決定しようとする位置から反射され、または再発射される無線信号と基準信号との比較を基礎とする無線測位の設備など

【図表 2-31】無線通信に関する規制

法律	政省令
電波法	・電波法施行令 ・電波法関係手数料令 ・電波法施行規則 ・無線局免許手続規則 ・無線局の開設の根本的基準 ・無線従事者規則 ・無線局運用規則 ・無線設備規則 ・電波の利用条項の調査等に関する省令 ・無線機器型式検定規則 ・特定無線設備の技術基準適合証明等に関する規則 ・電波法による伝搬障害の防止に関する規則　等

〈機能による無線設備の区分〉
・「送信設備」：電波を送る設備。送信装置と送信空中線系とからなる。
・「受信設備」：電波を受ける設備。受信装置と受信空中線系とからなる。

(B) 無線局

　無線局とは、無線設備と無線設備の操作を行う者の総体、すなわち、無線設備とそれを操作をする無線通信士資格をもった人によって構成される電波を出したり受けたりする機能を有する一体のものをいう。ただし、受信のみを目的とするものは無線局に含まれない（電波法2条5号）。

　無線局は、周波数帯などによっていくつかの局種に分かれている。無線局の開設には原則として総務大臣から免許を受ける必要があるが（下記(2)参照）、無線局によっては免許が不要とされているものもあり、ロボットやIoTの開発においてはこれらの免許不要局を活用することが考えられる。総務省の公表資料によれば、ロボットに利用されている主な無線局は以下の【図表 2-32】の通りである。

(2) 免許を要する無線局

　電波を利用するためには無線局の開設が必要であり、無線局を開設するには、原則として総務大臣から免許を受けなければならない。無線局の免

許は、無線局の種別に従って、送信設備の設置場所ごとに行う必要がある。免許を受ける必要があるにもかかわらず、免許を受けずに無線局を開設した者は、1年以下の懲役または100万円以下の罰金に処せられる。免許を受けずに無線局を運用した者についても同様に罰せられる（電波法110条）。

免許の申請から免許状が交付されるまでの流れは【図表2-33】の通りである。免許の申請はオンラインでも行うことができる。簡易無線局やアマチュア無線[注8]など小規模なものであって、使用する無線設備が技術基準適合証明や工事設計認証を受けている場合には、予備免許や検査などの手続が省略される簡易な免許手続の対象となる。

なお、一定の無線局については例外規定があるが、①日本国籍を有しない人、②外国の法人または団体、③①や②等がその代表者であるものまたはこれらの者がその役員の3分の1以上もしくは議決権の3分の1以上を占める法人または団体は、絶対的欠格事由とされており、無線局の免許は与えないこととされている（電波法5条1項）。開発等に当たって外国企業等と提携する場合には、念のため注意しておくべきである。

免許の有効期間は基本的に5年間とされている（無線局によって異なるものもある）。有効期間が経過した後も引続き無線局を運用しようとする場合には、有効期間の満了前に申請を行い再免許を受けなければならない。再免許の場合も簡易な免許手続の対象となる。

(3) 免許および登録を要しない無線局

無線局であっても、電波が極めて弱い微弱無線局や、一定の条件の無線設備だけを使用しており無線局の目的・運用が特定されている小電力無線局などについては、無線局の免許および登録を受けなくてもよいものとされている[注11]。以下、そのような免許不要局を概説する。

(A) 微弱無線局

一定周波数以下の無線遠隔操縦を行うラジコンやワイヤレスマイク用など、発射する電波が著しく微弱な無線局は免許を受ける必要がない。この微弱

注8) アマチュア無線局とは、個人的な興味によって無線通信を行うために開設する無線局である。

第 5 章　ネットワークの法律問題

【図表 2-32】ロボットで利用されている主な無線通信システム[注9]

無線システム名称/無線局種	周波数帯	送信出力	伝播速度	利用態様	無線局免許
ラジコン操縦用微弱無線	73MHz 帯等	※1	5kbps	操縦	不要
特定小電力無線局	400MHz 帯	10mW	5kbps	操縦	不要（※2）
	920MHz 帯	20mW	〜1Mbps	操縦	不要（※2）
携帯局	1.2GHz 帯	1W	（アナログ方式）	画像伝送	要
小電力データ通信システム	2.4GHz 帯	10mW/MHz（FH 方式は 3mW/MHz）	200k〜54Mbps	操縦 画像伝送 データ伝送	不要（※2）
無線アクセス	4.9GHz 帯	250mW	〜54Mbps	画像伝送 データ伝送	要
小電力データ通信システム	5GHz 帯	10mW/MHz	6.93Gbps	画像伝送 データ伝送	不要（※2）
簡易無線局	50GHz 帯	30mW	（アナログ方式）	画像伝送	要

※1　500m の距離において、電界強度が 200 μV/m 以下。
※2　技術基準適合証明または工事設計認証を受けた無線設備を使用する場合に限る。

注9)　平成 28 年 6 月 17 日付け総務省総合通信基盤局電波部移動体通信課「ロボット・IoT における電波利用の高度化など最新の電波政策について」を参照して作成。

【図表2-33】免許手続の流れ(注10)

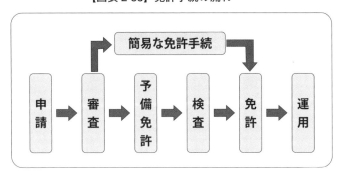

無線局には、①無線設備から3mの距離での電界強度（電波の強さ）(注12)が【図表2-34】に示されたレベルより低いもの、②無線設備から500mの距離での電界強度が200μV/m以下のものがある。①については、周波数や用途などに制限がない。

なお、利用者が微弱無線機器を購入する際に、当該無線機器が電波法令で定められた微弱無線機器の技術要件を満たしているかを容易に判断できるよう、全国自動車用品工業会（JAAMA）および電波環境協議会（EMCC）の自主的な取組みとして「微弱無線設備登録制度」が始められている。各団体が指定した試験機関により試験が行われ、微弱無線適合マーク（ELPマーク）が表示されている。

(B) 小電力無線局

小電力無線局とは、①空中線電力が1W以下であること、②総務省令

注10) 総務省電波利用ホームページ「免許」より引用。
注11) 本文中に記載した微弱無線局、小電力無線局のほか、市民ラジオの無線局（26.9MHzから27.2MHzまでの周波数帯の電波の中で、総務省令で定める電波の型式および周波数の電波を使用し、かつ、空中線電力が0.5W以下で、技術基準適合証明を受けた無線設備のみを使用する無線局）もある。
注12) 総務省告示で定められている試験設備の内部のみで使用する無線設備および人の生体内に植え込まれた状態または一時的に留置された状態でのみ使用する無線設備については、電界強度を測定する際に特則が定められている。

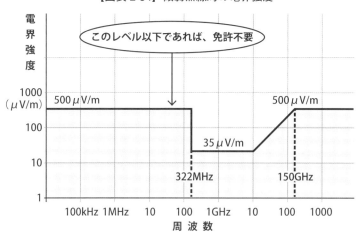

【図表 2-34】微弱無線局の電界強度

※総務省電波利用ホームページ「微弱無線局の規定」より引用。

で定める電波の型式、周波数を使用すること、③呼出符号または呼出信号を自動的に送信しまたは受信する機能や混信防止機能をもち、他の無線局の運用に妨害を与えないものであること、④技術基準適合証明を受けた無線設備だけを使用するものであること、というすべての要件を満たす、小電力の特定の用途にのみ使用する無線局である。

　小電力無線局は、大きく、特定小電力無線局とそれ以外の無線局とに分けられ、後者には、コードレス電話、小電力セキュリティシステム[注13]、小電力データ通信システム[注14]、デジタルコードレス電話、PHSの陸上移動局、狭域通信システム（DSRC）の陸上移動局、ワイヤレスカードシステム（非接触ICカード）等がある（電波法施行規則6条4項）。

　小電力無線局のうち特定小電力無線局[注15]は、日常生活やビジネスにおける近距離間の無線を簡易に利用するニーズの高まりを受けて新設された制度であり、一定の条件を満たした無線設備であれば、無線従事者も無線局免許も不要である。IoT・ロボット関連産業においてもさまざまな用

注13）屋外・屋内の防犯、火災・ガス漏れの検知・通報など。
注14）無線LAN、2.4GHz帯コードレス電話、模型飛行機の無線操縦、Bluetoothなど。

途に利用されている無線局である^(注16)。

　特定小電力無線局には、①テレメータ・テレコントロール・データ伝送、②医療用テレメータ、③体内植込型医療用データ伝送用および体内植込型医療用遠隔計測用、④国際輸送用データ伝送用無線設備、⑤無線呼出、⑥ラジオマイク、⑦補聴補助用ラジオマイク、⑧無線電話（トランシーバー）、⑨音声アシスト用無線電話、⑩移動体識別、⑪ミリ波レーダー、⑫移動体検知センサ、⑬動物検知通報システムがあり、その周波数帯等は【図表2-35】の通りである。

　なお、ミリ波画像伝送およびミリ波データ伝送の無線局は、2016年から「小電力データ通信システム」に移行されている。

　特定小電力無線局など、免許を要しない無線局を利用するに当たっては、無線機器から発射される電波の強さや質、無線機器から漏れ出す不要な電波などに関して電波法令で定められている技術に適合した無線機器を利用しなければならない。無線機器が電波法令で定められている技術に適合していることが証明されている場合には、個々の無線機に技術適合証明等のマーク（いわゆる「技適マーク」）がつけられている。

(4) 技術基準適合証明・工事設計認証

　無線局の免許を取得する際には、使用する無線設備が技術基準に適合しているかどうかの検査を受ける必要があるが、特定無線設備（小規模な無線局に使用するための無線設備であって法務省令で定めるもの）については、使用者の利便性の観点から、事前に電波法に基づく技術認証を受け、いわゆる「技適マーク」が表示されている場合には、免許手続時に簡易な免許手続を利用することができるとともに、無線設備の種類に応じて、包括免許を受けることができたり、免許不要の措置を受けたりすることができる。

注15) 医療用テレメーター、無線呼出、ラジオマイク、移動体識別、ミリ波レーダーなど。

注16) 平成元年1月27日郵政省告示第42号「電波法施行規則第6条第4項第2号の規定に基づく特定小電力無線局の用途、電波の型式および周波数並びに空中線電力」。

第 5 章　ネットワークの法律問題

【表 2-35】特定小電力無線局の用途と利用例[注17]

用途	周波数帯	通信の内容	主な利用例
ラジオマイク	70/322/800MHz 帯	音声	高品質ワイヤレスマイク
無線電話（トランシーバー）	400MHz 帯	音声 / データ	レジャー、工場内業務連絡
テレメータテレコントロール	315/400/920/1200MHz 帯	データ	遠隔地測定データの伝送、機械 / ロボット等のリモコン
無線呼出	400MHz 帯	データ / 音声呼出	構内ページング
補聴援助用ラジオマイク	70/170MHz 帯	音声	ワイヤレス補聴器
データ伝送	400/1200MHz 帯	データ	パソコンの無線接続、店舗における注文入力、倉庫における在庫管理
医療用テレメータ	400MHz 帯	データ	心電図や脳波波形など生体信号の伝送
移動体識別	920/2450MHz 帯	データ	コンテナヤードや鉄道における車両の行先管理
ミリ波レーダー	60/76GHz	データ	車両衝突防止用車間距離の制御
ミリ波図像伝送ミリ波データ送信	60GHz	画像 / データ	近距離における映像・データの伝送
音声アシスト	70MHz 帯	音声	視覚障害者への音声情報の提供
移動体検知センサ	10/24GHz 帯	電波センサ	高齢者の安全対策や防犯侵入深知
国際輸送用データ伝送	430Hz 帯	データ	国際輸送用貨物の管理等の業務用データ伝送
体内植込型医療用データ伝送および体内植込型医療用遠隔計測伝送	400MHz 帯	データ	体内無線設備と体外無線設備との間等のデータ伝送

注 17）2016 年 3 月 15 日一般社団法人電子情報技術産業協会社会システム事業委員会特定小電力無線システム専門委員会「特定小電力無線機器解説集」を参照して作成。

この事前の技術認証が技術基準適合証明と工事設計認証である。技術基準適合証明は、総務大臣の登録を受けた登録証明機関が、無線設備1台ずつ技術の適合性の判定を行う制度であり、登録証明機関が「技適マーク」を付す。工事設計認証は大量生産品の場合を想定して創設された制度であり、特定無線設備が技術基準に適合しているかどうかの判定について、その設計図（工事設計）と製造等の取扱いの段階における品質管理方法（確認の方法）を対象として登録証明機関が行う制度である。実際の無線設備は認証後に製造される点で技術基準適合証明と異なり、「技適マーク」は、工事設計認証を受けた認証取扱業者が付す。

また、特定無線設備のうち、混信その他の妨害を与えるおそれの少ないもの（特別特定無線設備）の工事設計については、製造業者や輸入業者が自ら一定の検証を行い、電波法に定める技術基準への適合性を自ら確認することが認められている（技術基準適合自己確認）。この場合には、「技適マーク」は、自己確認を行い、所定の届出書を総務大臣（実際には総合通信基盤局電波部電波環境課基準認証係）に提出した製造業者または輸入業者（届出業者）が付すことができる。

認証取扱業者および届出業者は、工事設計認証および技術基準適合自己確認に係る工事設計に基づく無線設備を取り扱う場合には、当該無線設備が当該工事設計に合致するようにする工事設計合致義務や検査記録の保存義務等を負う。

2　新たな電波帯の拡大

ロボット産業の発展に伴い、これまでの制御を中心とした電波利用から、画像・映像を伝送する電波利用の需要が高まってきた。また、高画質で長距離の画像伝送を可能とする大容量通信ができること、複数のロボットを1か所で一度に運用できるように複数の通信チャネルが使用可能であること、混信や電波伝播上の障害等によって主回線が通信不能となった場合に備えてバックアップ用に別の通信回線が使用可能であることなど、新たな電波利用のニーズが生じている。

このような電波利用に対するニーズを受け、ロボットにおける高度な電波利用のための新たな制度として、無人移動体画像伝送システムの制度が

【図表2-36】無人移動体画像伝送システムにおける無線設備の主な技術基準[注18]

	169MHz 帯	2.4GHz 帯	5.7GHz 帯
周波数	169.05〜169.3975MHz 169.8075〜170MHz	2483.5〜 2494 MHz	5650〜5755 MHz
最大空中線電力	1W	1W	1W
使用周波数幅	100/200/300kHz	5/10MHz	5/10/20MHz

整備された。

　無人移動体画像伝送システムとは、①169MHz帯（169.05MHzを超え169.3975MHz以下の周波数および169.8075MHzを超え170MHz以下の周波数）、②2.4GHz帯（2483.5MHzを超え2494MHz以下の周波数）、③5.6GHz帯（5650MHzを超え5755MHz以下の周波数）の電波を使用する自動または遠隔操作によって動作する移動体に開設された陸上移動局または携帯局が主として画像伝送を行うための無線通信（その移動体の制御を行う無線通信を含む）を行うシステムである。

　この無人移動体画像伝送システムは、陸上移動局または携帯局としてあらかじめ無線局の免許を得る必要があり、無線従事者が必要になるが、免許申請手続に関しては、技術基準適合証明または工場設計認証によって簡略化された免許手続を利用することができる。無人移動体画像伝送システムにおける無線設備の主な技術基準は【図表2-36】の通りである。

　169MHz帯は、既存無線システムに対し干渉するため数km程度の隔離距離が必要となるが、移動業務相互間となることや運用調整を行うことによって周波数を共用することが可能である。2.4GHz帯は、設定・調整を行えば既存無線システムと周波数を共用することができる。また、5.7GHz帯は、現在運用されている無線システム間の干渉と同程度の干渉しか生じないため、既存無線システムの運用に配慮すれば周波数共用は可能である。

注18）2016年6月17日付け総務省総合通信基盤局電波部移動体通信課「ロボット・IoTにおける電波利用の高度化など最新の電波政策について」より引用。

第 2 編　IoT・AI の法律各論

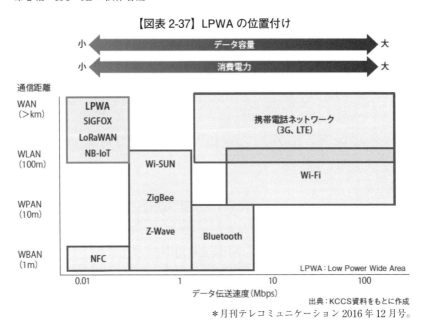

【図表 2-37】LPWA の位置付け

出典：KCCS 資料をもとに作成
＊月刊テレコミュニケーション 2016 年 12 月号。

　また、IoT 時代の ICT 基盤としてさまざまな分野での活用が期待される新たな無線通信システムとして、LPWA（Low Power Wide Area）や第 5 世代移動通信システム（5G）の検討・開発が世界的に進められている。
　LPWA は低電力で遠距離通信を実現する通信方式である（【図表 2-37】参照）。SIGFOX、LoRaWAN、NB-IoT といった規格があり、利用する同波帯域によって免許の要否が異なる。
　5G は、従来の携帯電話技術を中心にさまざまな通信技術を柔軟に組み合わせた多様なネットワークとなることが想定されており、通信速度約 10Gbbs の「超高速」、「多数同時接続」、「超低遅延・高信頼」といった特徴がある。5G を使えば、2 時間の映画を 3 秒でダウンロードできるといわれており、圧倒的なデータ転送量により、モバイル通信や、それを利用した IoT システムが飛躍的に普及することが期待される。日本でも、2020 年の東京オリンピックに向けこの導入が目指されており、今後の動向に注目が集まっている。

第6章

空飛ぶデバイス——ドローンの法律問題

I ドローンに対する規制

　広大な土地を測量する、橋脚を点検・整備する、警備する、荷物を運ぶなど、ドローンを活用した新たな市場が活況である。2015年に16億円だった国内の産業用無人飛行機・ヘリコプターの市場規模は、2020年には186億円、2022年には406億円に達すると予測されている[注1]。その用途別市場予測によれば、整備・点検、測量等の市場が大きく成長すると見込まれており、従前の主要な用途であった農薬散布等の農業用利用のほかに、倉庫、災害調査・支援、警備、メディア向けの空撮、輸送、宅配、救急救命など、あらゆる分野での活用が期待されている。

　他方で、2015年にはドローンが首相官邸や善光寺に落下する事故などが相次ぎ、ドローンの安全な飛行に関するルール作りが早急に進められた。事件・事故を防止するための安全性のほか、犯罪・テロ防止等の観点から、航空法の改正や、小型無人機等飛行禁止法[注2]の制定がされ、ドローンが無人飛行機・小型無人機として航空法制の規制対象とされた。これらに関するガイドラインも公表されている。また、操縦や画像の送受信に当たって無線通信も伴うため、電波法も重要な関連法令である。

　ドローンは空を飛ぶため、これまで想定されていなかった角度から建物・住宅を撮影することができる。その気になれば、高層マンションの室

注1) 電波政策2020懇談会 サービスワーキンググループワイヤレスビジネスタスクフォース（第2回）配布資料2016年2月25日「ドローンの現状について」総務省事務局。
注2) 正式名称は、国会議事堂、内閣総理大臣官邸その他の国の重要な施設等、外国公館等及び原子力事業所の周辺地域の上空における小型無人機等の飛行の禁止に関する法律（平成28年法律第9号）。

内も覗けるし、高い塀を張り巡らした美術館の庭も見ることもできてしまう。これまでも人工衛星を使えば上空から建物を撮影することはできたが、ドローンは、これと比べものにならないほど安く簡単に誰でも入手・操作・撮影できる。ドローンでの空撮は、他人のプライバシーを侵害するおそれや、著作権などの知的財産権を侵害するおそれもある。そもそも他人の土地の上空を飛ばしてよいかなど、他人の権利との抵触が生じないようにさまざまな注意が必要になる。総務省が新設したガイドラインも必見である。

本章では、一般的なドローンに関する法規制を概説し、他人の権利との関係について述べる。

II 規制対象になる機体

ドローンが規制対象となるのは、改正航空法上の「無人航空機」と無人機等飛行禁止法上の「小型無人機」に該当する場合である[注3]。

「無人航空機」と「小型無人機」は、【図表2-38】の通り、どちらも、その機体の構造上人が乗ることができない飛行機、回転翼航空機、滑空機、飛行船等の機器であって、遠隔操作または自動操縦で飛行させることができるものである。ただし、航空法の規制対象となる「無人航空機」は、機体本体の重量とバッテリーの重量（バッテリー以外の取り外し可能な付属品の重量は含まない）の合計重量が200グラム以上のものに限定されており、200グラム未満の機体であれば、無人航空機に関する航空法上の規制の適用はない。おもちゃのラジコン飛行機のような重量200グラム未満の軽量な機体は、飛行可能時間等の機能・性能が限定されており、墜落した場合でも人や物に対して大きな被害を生じる可能性が低く、主に屋内等の狭い範囲内での飛行になるためである[注4]。これに対し、小型無人機等

注3) 無人航空機に該当しないラジコンや模型、ゴム動力飛行機は、模型航空機に分類される。模型航空機には無人航空機の規制は適用されないが、航空法改正前と同様、空港等の周辺や一定高度以上の飛行については国土交通大臣の許可等が必要になる（同法99条の2）（国土交通省航空局「無人航空機（ドローン、ラジコン等）の飛行に関するQ&A」〔以下、「無人航空機Q&A」〕Q1-4）。

【図表 2-38】 無人航空機と小型無人機に係る規制の違い

	無人航空機	小型無人機
法律	航空法	小型無人機等飛行禁止法
機体	機体の構造上人が乗ることができない飛行機、回転翼航空機、滑空機、飛行船等の機器	同左
操作	遠隔操作または自動操縦で飛行させることができるもの	同左
重量	機体本体とバッテリーの合計重量が200グラム以上のもの	限定なし

　飛行禁止法では重量200グラム未満の機体であっても小型無人機として規制対象になるため、軽量の機体でも、国会や原発等の重要施設付近など、同法の規制対象地域での飛行は禁止されている点には注意が必要である。
　機体が「構造上人が乗ることができない」か否かは、機器の大きさやその潜在的な能力を含めた構造、性能等を確認して判断される[注5]。そのため、無人機でも、有人機を改造して無人機としたなど、機体が有人機（航空法上の航空機）に近い性能・能力を有している場合には、航空法上の「航空機」に該当するとされる可能性がある[注6]。
　「遠隔操作」とは、プロポ等の操縦装置を活用し、空中での上昇、ホバリング、水平飛行、下降等の操作を行うことをいう。また、「自動操縦」とは、当該機器に組み込まれたプログラムにより自動的に操縦を行うことをいい、事前に設定した飛行経路に沿って飛行できるものや、離陸から着陸まで完全に自律的に飛行するものがある[注7]。

注4) 国空航第690号、国空機第930号。航空局安全部運航安全課長・航空機安全課長「無人航空機に係る規制の運用における解釈について」（以下、「無人航空機規制運用解釈」）1。
注5) 無人航空機規制運用解釈1。
注6) 国土交通省航空局「無人航空機（ドローン、ラジコン機等）の安全な飛行のためのガイドライン」（以下、「無人航空機安全飛行ガイドライン」という）2頁。

また、機体が地上とワイヤー等でつながれていても無人航空機に該当する。

Ⅲ　飛行区域に関する規制

ドローンの飛行区域に関する法規制としては、飛行機の航行や地上の人・物の安全対策の観点から一般ルールを定める航空法、テロ対策等の観点から官邸や国会、原子力発電所等の重要な施設の近辺での飛行を禁止する小型無人機等飛行禁止法がある。また、土地の所有権を定める民法のルールや、道路の利用について定める道路交通法のルールの適用もある。公園や河川敷、各地の城跡や寺院等の文化財などについては、都道府県等の各自治体が独自に条例を定めている場合もあり、ドローンを無制約に飛行させられる地域は思いの外多くない。飛行させたいエリアを検討する段階で、当該エリアが飛行禁止区域とされていないか、事前に確認し、必要な手続を経ておくことが必要である。

飛行区域に関する規制は【図表2-39】の通りである。

以下では、全国に適用される航空法、小型無人機等飛行禁止法、民法、道路交通法について概説する。

1　航空法

渋谷のスクランブル交差点をドローンで空撮しようとした場合、万一、ドローンが地上に落下すれば、地上にいる人にけがをさせたり建物を損傷したりする可能性がある。また、ドローンが飛行機の航路に入り込めば大事故にもなりかねないため、地上の人・物件だけでなく航空機の航行の安全に影響が出ないようにする必要もある。

そこで、改正航空法では、所定の空域における無人航空機の飛行を原則として禁止し、飛行禁止区域で飛行させる場合には、あらかじめ、航空機や地上の人・物件の安全性を確保して許可を得なければならないとしている（改正航空法132条、同法施行規則236条）。飛行禁止区域は次の①から

注7）無人航空機規制運用解釈1(1)。

第6章　空飛ぶデバイス──ドローンの法律問題

【図表 2-39】飛行区域に関する規制

法律	政省令等	ガイドライン等
航空法	・航空法施行令 ・航空法施行規則 ・無人航空機規制運用解釈	・無人航空機Q&A ・無人航空機安全飛行ガイドライン
小型無人機等飛行禁止法	・小型無人機等飛行禁止法施行令 ・小型無人機等飛行禁止法施行規則(注8) ・国土交通省関係小型無人機等飛行禁止法施行規則(注9) ・対象政党事務所等に関する総務省の告示等　等	
各自治体の公共施設の管理条例等	・公園に関する条例 　（例）東京都都立公園条例、千葉県立都市公園条例等 ・特定地域に関する条例 　（例）伊勢志摩サミット開催時の対象地域及び対象施設周辺地域の上空における小型無人機の飛行の禁止に関する条例 ・文化財の保護に関する条例 　（例）姫路公園における無人航空機の飛行に係る届出に関する要綱	
その他	民法（土地の所有権一般）、道路交通法（道路の利用）、鉄道営業法、刑法、文化財保護法　等	

③の通りである（【図表 2-40】参照）。
　①　空港やヘリポート等の周辺の上空の空域（図中(A)）
　②　地表・水面から 150m 以上の高さの空域（図中(B)）
　③　人口集中地区（DID）の上空（図中(C)）
　③人口集中地区は、人または家屋の密集している地域として国土交通省令において定められている。実際にドローン等を飛行させたい場所が、①空港等の付近や③人口集中地区に該当するか否かは、インターネットサイ

注8）平成 28 年 4 月 1 日号外国家公安委員会規則第 9 号。
注9）平成 28 年 4 月 1 日号外国土交通省令第 41 号。

【図表2-40】飛行禁止区域(注10)

（空域の形状はイメージ）

トから国土地理院が提供する地図でも確認することができる。例えば、東京都上空の飛行禁止区域は【図表2-41】の通りであり、都心部で飛行させる場合にはほとんどの場合に許可が必要となることがわかる。そのほか、政府が提供しているjSTAT MAPや民間企業がインターネット上で提供する地図を利用して確認することもできる。なお、例えば会社の駐車場や屋上など、人口集中地区内であっても広い場所もあるだろうが、人口集中地区内の私有地内における飛行であっても、強風等によって予期しない場所に飛ばされることも想定されるため、人口集中地区内である限り、許可が必要である(注11)。

　飛行禁止空域でドローン等を飛行させるためには、①空港等の付近については当該空港周辺を管轄する機関と事前調整の上、管轄空港事務所長の許可、②150m以上の高さの空域と③人口集中地区の上空については国土交通大臣の許可を得る必要がある。申請書は国土交通省ホームページから入手することができる。許可申請を行うと、審査要領に基づき、機体・操縦者・運行管理体制等について審査が行われる。国土交通省によれば、改正航空法施行後に許可等が行われたのは、③人口集中地区の上空での飛行に係るものが多数を占めているが、許可等に当たっては、原則として、第三者の土地の上空を避けて飛行させることが求められている(注12)。

注10）国土交通省ホームページより。
注11）無人航空機規制解釈2。

第6章 空飛ぶデバイス――ドローンの法律問題

【図表 2-41】東京都上空の飛行禁止区域

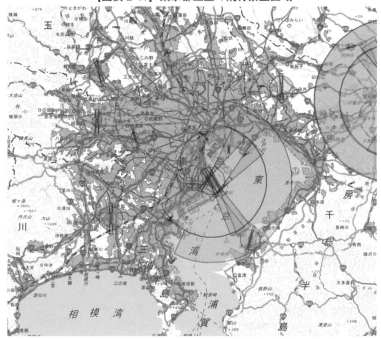

なお、建物内など、屋内で飛行させる場合は航空法 132 条および 132 条の 2 は適用されず、許可をとる必要はない。網などで四方・上部が囲まれた空間等は屋内と扱われる(注13)。

2018 年 9 月 14 日に、航空法上の承認基準を定める「無人航空機の飛行に関する許可・承認の審査要領」が一部改正され、目視外飛行の要件が緩和された。

注 12) 国土交通省航空局「改正航空法の現状と今後の制度設計の方向性」2016 年 10 月 25 日。
注 13) 無人航空機規制運用解釈 5。

2　小型無人機等飛行禁止法

　小型無人機等飛行禁止法の規制対象となる空域は、「対象施設周辺地域」と呼ばれる。

　対象施設周辺地域は、対象施設の敷地または区域の周辺300mを基準として定められており、対象施設とは、国の重要な施設等（国会議事堂等、内閣総理大臣官邸等、対象危機管理行政機関の庁舎〔各省庁の庁舎が指定されている〕、最高裁判所、皇居・東宮御所等）、政党事務所等、外国公館等、原子力事業所等と定められている。

　このうち、外交公館等は、期間を定めて外国要人の所在する場所を指定することもでき、たとえば、G7外相会合の開催会場となったホテルや訪問先の神社・公園等が指定されたこともある。対象施設や対象施設周辺地域が定められた場合には、インターネット等で公表することとされているので、国の施設等や外国の要人が集まる場所等でドローンを利用しようとする場合には、確認しておく必要がある。

　対象施設周辺地域の上空において小型無人機等を飛行させるためには、都道府県公安委員会にあらかじめ通報しなければならない。ただし、対象施設の管理者や土地の所有者・占有者自身が飛行させる場合や、これらの者の同意を得て飛行させる場合等は、例外として認められている。これらの規制に違反した場合には、1年以下の懲役または50万円以下の罰金とされており、警察官等は、違反者に対して必要な措置を命じること等ができるものとされている。

3　民法・道路交通法・鉄道営業法等

　人口密集地域等に該当しないとして、他人の所有地の上空や道路を飛ばすことが許されるだろうか。

　民法のルールでは、土地の所有権は法令の制限内で上空と地下にも及ぶ（民法207条）。所有権が上空に及ぶ範囲を明確に規定した法令はないが、航空法上、航空機の最低安全高度[注14]が、人口・住宅密集地域では最も高い障害物の上端から上空300mの高度、それ以外では地上や水面の人・物件から上空150mの高度とされていることからすると、土地の

第6章　空飛ぶデバイス——ドローンの法律問題

所有権が上空に及ぶ範囲（それ以上になると法律上自由に航空機が通行できる範囲）は最大でも300mと考えられる。つまり、他人の所有地において高度300m未満の上空でドローンを飛ばせば、所有権侵害になる可能性があり、理屈としては損害賠償請求の対象になり得る(注15)。もっとも、自宅の200m上空をドローンが飛んでいったとしても、一瞬小さな日陰ができたか？という程度で、落下したり盗撮したりさえしなければ、所有者に損害は生じないように思われる。他方で、民家の上空の低い高度で騒音を出しながら長時間ホバリングさせ続けるなど、具体的に土地・建物の所有者の利益を侵害するような飛行方法であれば、問題となる可能性もあろう。

いずれにせよ、土地の所有者の承諾なく、勝手に他人の土地の上空でドローンを飛ばせば、その土地の具体的な使用態様に照らして土地所有者の利益の存する限度においてなされていれば、所有権侵害になる可能性がある(注16)。なお、ドローンだけでなく、操縦者本人が他人の家の敷地などに入り込んだ場合には、民法上、所有権侵害になるだけでなく、住居侵入罪等の刑事罰の対象にもなり得ることはいうまでもない。

場所に関する規制としては、道路の利用に関する道路交通法の規制もある。道路交通法は、道路または交通の状況により道路における交通の危険を生じさせ、または著しく交通の妨害となるおそれがある行為(注17)を禁

注14）航空機は、国土交通大臣の許可を受けた場合および離陸または着陸を行う場合を除いて、地上または水上の人または物件の安全および航空機の安全を考慮して国土交通省令で定める高度以下の高度で飛行してはならないとされており（航空法81条）、航空法施行規則により、人・家屋の密集地域の上空では、当該航空機から600m以内の最も高い障害物の上端から300m、人・家屋のない地域や広い水面の上空では、地上または水上の人・物件から150m以上、それ以外の地域の上空では、地表面または水面から150m以上の高度と指定されている（同施行規則174条1号）。

注15）他方で、高度150m以上の上空は航空機の進路を妨害するおそれがあるため、国土交通大臣の事前承認が必要とされている空域である。

注16）無人航空機安全飛行ガイドライン5頁。

注17）道路交通法76条4項7号は、道路または交通の状況により、公安委員会が、道路における交通の危険を生じさせ、または著しく交通の妨害となるおそれがあると認めて定めた行為を禁止行為と規定している。

止しているが、例えば通行する自動車の上空ぎりぎりを飛行させるなど道路を通行中の人や車の交通を妨害することが明らかな態様で飛行させるものでない限り（同法76条参照）、ドローンを道路の上空で飛行させること自体は禁止されていない。道路に人が集まり一般交通に著しい影響を及ぼすようなロケ等を行おうとする場合には、ドローンを利用するか否かにかかわらず、道路使用許可（同法77条[注18]）を得る必要があるが、このような道路使用に該当しない単なる空撮だけであれば許可は必要ないとされている（無人航空機安全飛行ガイドライン）。

　また、鉄道に関する規制も見逃せない。鉄道敷地内に許可なく立ち入れば科料の対象になるし（鉄道営業法37条[注19]）、ドローンを線路に墜落させて電車を止めてしまった場合など、過失（うっかり）によって電車の往来に危険を生じさせた場合には、過失往来危険罪（刑法129条1項）という刑法犯になるおそれがある。くれぐれも注意しなければならない。

Ⅳ　飛行方法に関する規制

　無人航空機を飛行させる際には、国土交通大臣の承認を得た場合を除き、次の①から⑥の飛行方法に係るルールを守って飛行させなければならない（航空法132条の2）。これらのルールを守り、かつ、飛行禁止空域以外の空域で飛行させるのであれば、許可や承認の手続は不要である。

　①　日中に飛行させること
　　日出から日没までであり、地域によって異なる（【運用解釈3⑴】）。
　②　目視範囲内で無人航空機とその周辺を常時監視して飛行させること

注18）道路交通法77条は、道路において祭礼行事をし、またはロケーションをする等一般交通に著しい影響を及ぼすような通行の形態もしくは方法により道路を使用する行為または道路に人が集まり一般交通に著しい影響を及ぼすような行為で、公安委員会が、その土地の道路または交通の状況により、道路における危険を防止し、その他交通の安全と円滑を図るため必要と認めて定めたものをしようとする者は、管轄警察署署長の許可を得なければならないと規定している。

注19）鉄道営業法37条は「停車場其ノ他鉄道地内ニ妄ニ立入リタル者ハ十円以下ノ科料ニ処ス」と規定している。

第6章　空飛ぶデバイス――ドローンの法律問題

【図表 2-42】飛行方法に関する規則

法律	政省令等	ガイドライン等
航空法	・航空法施行令 ・航空法施行規則 ・無人航空機による輸送を禁止する物件等を定める告示（平成 27 年 11 月 17 日国土交通省告示第 1142 号） ・無人航空機規制運用解釈	・無人航空機飛行 Q&A ・無人航空機安全飛行ガイドライン

　目視できるとは、飛行させる操縦者本人が直接肉眼で見ることができることとされているため、補助者による目視や、双眼鏡・カメラ・モニター等を用いて見ることは目視に当たらない（【運用解釈3(2)】）。
③　地上・水上の人や物件との間に 30m 以上の距離を保って飛行させること

　「人」には操縦者本人や直接的または間接的に飛行に関与している関係者は含まれない。また、「物件」には操縦者本人やその関係者が所有・管理するものは含まれないほか、樹木や雑草などの自然物は含まれない（【運用解釈3(3)】）。
④　祭礼、縁日など、多数の人が集まる催し場所の上空で飛行させないこと

　該当するか否かは、落下によって地上の人に危害を及ぼすことを防止するという趣旨に照らして、人数・密度のほか、特定の場所や日時に開催されるものか、主催者の意図等も勘案して総合的に判断するとされており、特定の時間・特定の場所に数十人が集合している場合には「多数の者の集合する場所」に該当する可能性がある。例えば、縁日、展示会、運動会、屋外でのコンサート、デモ等はこれに該当するが、混雑による人混みや信号待ちなど自然発生的なものは該当しないとされている（【運用解釈3(4)】）。
⑤　爆発物など危険物を輸送しないこと

　無人航空機で物を輸送すること自体は規制されていないが、危険物の輸送は規制対象とされている。なお、無人航空機の飛行のために必

【図表 2-43】承認が必要となる飛行方法[注20]

（夜間飛行）　（目視外飛行）　（30m 未満の飛行）　（イベント上空飛行）　（危険物輸送）　（物件投下）

要な燃料や電池、カメラ等の業務用機器に用いられる電池、安全装置としてのパラシュートを開くために必要な火薬類や高圧ガス等は禁止物件から除外されている（【運用解釈3(5)】）。

⑥　無人航空機から物を投下しないこと

無人航空機から物を投下すると、地上の人等に危害を及ぼすおそれがあり、また、投下によってバランスを崩す可能性もあるため、規制対象とされている。「投下」には、農薬等の散布行為は該当するが、輸送した物件を地表に置く行為は該当しないとされている（【運用解釈3(6)】）。

前記①から⑥の飛行方法以外の方法【図表2-43】で飛行させる場合には、あらかじめ、国土交通大臣の承認を得なければならない。安全管理措置がとられている場合には、より柔軟な飛行が承認される。

V　無線通信に関する規制

ドローンの制御・画像伝送のために行う無線通信は、電波法の規制対象となる。しかし、ドローンの急速な普及やIoT技術の発達により、高画質で長距離の画像伝送が可能となるよう大容量の通信ができることや、一箇所で複数のロボットを同時に運用できるよう複数の通信チャネルが利用できることなど、新たな電波利用に対するニーズが高まり、遠隔操作や自動操縦のロボット・ドローンで使用できる無線システムの整備が進められた。ドローンをはじめとする無人移動体の電波利用を高度化させるため、

注20）国土交通省ホームページより引用。

第6章　空飛ぶデバイス——ドローンの法律問題

2015年から情報通信審議会において使用可能周波数の拡大等に向けた技術的検討が行われ、2016年8月、電波法関連規程が改正されて、無人移動体画像伝送システムに係る制度が新設された。

無人移動体画像伝送システムとは、267頁で前述した通り、一定の周波数の電波を使用する自動的にもしくは遠隔操作により動作する移動体に開設された陸上移動局または携帯局が主として画像伝送を行うための無線通信（当該移動体の制御を行うものを含む）を行うシステムのことをいう。一定の周波数とは、169MHz帯（169.05MHzを超え169.3975MHz以下または169.8075MHzを超え170MHz以下）、2.4GHz帯（2483.5MHzを超え2494MHz以下）、5.7GHz帯（5650MHzを超え5755MHz以下）である。

2016年8月の電波法関連規制の改正後において、ドローンで利用されている主な無線通信システムは【図表2-44】の通りである。

Ⅵ　撮影に関する規制

ドローンの活用方法の1つに空撮するための利用がある。では、ドローンにカメラを搭載して、飛行禁止区域や飛行方法の規制を守れば、街の上空を撮影してよいだろうか。上空から露天風呂を撮影するのはもちろんダメだが、海水浴場やプールは悩ましい。また、人の住居にカメラを向ければプライバシー侵害になる可能性も高い。ドローンは、従来想定されていなかった角度・高さからの空撮を可能にする新しい技術であり、何を映してよいのか、また映した映像をインターネットで配信してよいかなど、取扱いには一段と注意が必要である。

1　プライバシー・肖像権

プライバシー権や肖像権とは何かについて、第1編第3章で述べた通り、確立した定義はないが、プライバシー権は、私生活をみだりに（むやみやたらに）公開されない権利や自己の情報をコントロールする権利、肖像権は、みだりに自己の容ぼう等を撮影されないという人格的利益や撮影された写真をみだりに公表されないという人格的利益であると考えられている。裁判例上、いずれも法律上保護される権利・利益として扱われてい

第 2 編　IoT・AI の法律各論

【図表 2-44】ドローンで利用されている主な無線通信システム[注21]

分類	無線局免許	周波数帯	送信出力	利用形態	備考	無線従事者資格
免許及び登録を要しない無線局	不要	73MHz 帯等	※1	操縦用	ラジコン用微弱無線局	
		920MHz 帯	20mW	操縦用	920MHz 帯テレメータ用、テレコントロール	
	不要※2				用特定小電力無線局	不要
		2.4GHz 帯	10mW/MHz	操縦用画像伝送用データ伝送用	2.4GHz 帯小電力データ通信システム	
携帯局	要	1.2GHz 帯	最大 1 W	画像伝送用操縦用画像伝送用	アナログ方式限定　※4	
携帯局陸上移動局	要※3	169MHz 帯	10mW	データ伝送用	無人移動体画像伝送システム（平成 28 年 8 月に制度整備）	第三級陸上特殊無線技士以上の資格
		2.4GHz 帯	最大 1 W	操縦用画像伝送用データ伝送用		
		5.7GHz 帯	最大 1 W	操縦用画像伝送用データ伝送用		

※1：500m の距離において、電界強度が 200 μV/m 以下のもの。
※2：技術基準適合証明等（技術基準適合証明及び工事設計認証）を受けた適合表示無線設備であることが必要。
※3：運用に際しては、運用調整を行うこと。
※4：2.4GHz 帯及び 5.7GHz 帯に無人移動体画像伝送システムが制度化されたことに伴い、1.2GHz 帯からこれらの周波数帯への移行を推奨しています。

注21）平成 29 年 1 月総務省総合通信基盤局電波政策課移動通信課「自動走行、小型無人機等の「近未来技術」の実証を促進する新たな「規制の砂場（サンドボックス）」特区制度の創設【電波法関係】」を参照して作成。

るため、プライバシー権や肖像権を侵害すると、不法行為に当たり損害賠償責任を負う可能性があるし、映像等の公開・公表は人格権に基づいて差し止められることもある。極めて簡単にいえば、通常、人がむやみやたらと他人に見られたくない・知られたくないと思うであろう情報はプライバシー情報に当たり得るし、他人の姿を無断で撮影すれば肖像権侵害に当たるおそれがあるため、およそ他人の姿・情報を含む映像を撮影する場合には、プライバシー権や肖像権の侵害に当たらないか、まずは検討する必要がある。

　プライバシーに当たる事柄を撮影することが違法になるか否かは、その情報を撮影する目的が何か（撮影する必要性がどの程度あるか）、撮影方法・撮影手段が妥当なものであるか、撮影対象等の要素を総合的に考慮して判断される。

　また、撮影自体はプライバシー侵害にならなかったとしても、撮影した映像の公開がプライバシー侵害になる可能性は別にある。公開によって生じる不利益が公開によって生じる利益よりも小さい場合には、映像の公開がプライバシー侵害となり得る。例えば、コンビニの防犯カメラの映像は、撮影自体は防犯目的であってプライバシー侵害ではないだろうが、その防犯カメラ映像を「芸能人の○○が来店！　おにぎりを買っていった」などとインターネットに投稿すれば、映像の公開自体がプライバシー侵害になり得る。会員限定サービスとして映像を公開するなど、限られた範囲にのみインターネット上で公開する場合であっても、インターネット上で情報が拡散する可能性があるため、公開範囲を限定しない場合と同様の注意をしておくことが望ましい。

　また、他人の姿を撮影・公開することが肖像権侵害になるか否かは、撮影・公開の必要性（目的）、撮影方法・手段の態様などの要素を考慮して、その他人が撮影・公開を受忍しなければならない限度を超えるような撮影・公開か否かによる。例えば、商店街を歩いている通行人を商店街の防犯カメラで撮影することは、通常、他人に見られることを想定している場所での姿を映したにすぎないから肖像権侵害とはならないだろうが、それをインターネット上で公開すれば肖像権侵害になる可能性があるだろう。

　プライバシー・肖像権侵害に当たるか否かの判断は、映像の内容や写り

【図表 2-45】ドローンによる撮影等、他者のプライバシーとの関係に関する規制

法令等
・民法 ・軽犯罪法(注22) ・各自治体の迷惑防止条例(注23) ・総務省「『ドローン』による撮影映像等のインターネット上での取扱いに係るガイドライン」

方、撮影目的等さまざまな事情を考慮した個別的な判断になるため、一律に問題がある／ないの境界を決めることはできない。ビジネスを始めるに当たっては、総務省が公表している「『ドローン』による撮影映像等のインターネット上での取扱いに係るガイドライン」（以下、この章において「ガイドライン」とする）が参考になる。

ガイドラインにおいて、具体的に注意すべき事項として【図表 2-46】の事項が挙げられている。

なお、ドローン空撮は、プライバシー権や肖像権を侵害した場合に損害賠償請求を受ける可能性があるだけでなく、例えば露天風呂を撮影した場合など、人の住居や浴場、更衣場、トイレなど、人が通常衣服をつけないでいるような場所を撮影すると、軽犯罪法や各自治体の迷惑防止条例違反となり、刑事上の罪に問われる可能性もある。また、撮影者が個人情報取扱事業者である場合には、通行する人の顔などを撮影すると、個人情報保護法の問題が生じる（詳細は、**本編第 1 章**を参照）。

注22) 正当な理由なく人の住居、浴場、更衣場、便所その他人が通常衣服をつけないでいるような場所をひそかにのぞき見た者は（1 条 23 号）、拘留または科料の対象となる。

注23) 例えば、東京都迷惑防止条例 5 条は、「何人も、正当な理由なく、人を著しく羞恥させ、または人に不安を覚えさせるような行為であつて、次に掲げるものをしてはならない」とし、2 号において、「公衆便所、公衆浴場、公衆が使用することができる更衣室その他公衆が通常衣服の全部若しくは一部を着けない状態でいる場所又は公共の場所若しくは公共の乗物において、人の通常衣服で隠されている下着又は身体を、写真機その他の機器を用いて撮影し、又は撮影する目的で写真機その他の機器を差し向け、若しくは設置すること」と定めている。

第6章　空飛ぶデバイス――ドローンの法律問題

【図表 2-46】ドローンによる撮影の注意事項

1. 住宅地にカメラを向けないようにするなど、撮影態様に配慮すること
   - ✓ 住宅近辺での撮影は、カメラの角度を住宅に向けない、ズーム機能を住宅に向けて使用しないなど、写り込みが生じないような措置を講じること
   - ✓ 高層マンション等の場合は、カメラの角度を水平にしないこと（住居内の全貌が撮影できてしまうため）
   - ✓ ライブストリーミングによるリアルタイム動画配信サービスは、映像にぼかしを入れるなどの配慮が困難になるため、住宅地周辺を撮影するときにはリアルタイム動画配信サービスを利用した映像配信をしないこと
2. プライバシー侵害の可能性がある映像等には、ぼかし加工などの配慮をすること
   - ・人の顔、ナンバープレート、表札、住居の外観、住居内の住人の様子、洗濯物その他生活状況を推測できるような私物が映像に映り込んでしまった場合には、これらを削除するか、映像にぼかしを入れるなどの配慮をすること
3. 映像等をインターネット上で公開するサービスを提供する電気通信事業者においては、削除依頼への対応を適切に行うこと
   - ・撮影された者から送信防止措置の依頼に対し、迅速かつ容易に削除依頼ができる手続を整備する。手続は、インターネットを利用しない者でも容易に利用可能であるよう、事情も勘案しつつ、担当者、担当窓口等を明確することや、必要に応じて電話対応もできるようにすること

また、ガイドラインに関するパブリックコメント[注24]によれば、撮影行為自体が違法とされる場合には、違法に撮影された映像等をインターネット上で閲覧できるように公開する行為も原則として違法となるとされている。

なお、ガイドラインは、インターネット上で情報が拡散しやすく、一旦情報が広まると権利を侵害された人への影響が極めて大きいことなど、インターネット公開の特性を重視して特別に策定されたものであり、インタ

注24)「『ドローン』による撮影映像等のインターネット上での取扱いに係るガイドライン（案）」への意見募集で寄せられたご意見に対する考え方」(2015年9月)。

ーネットでの映像公開を想定して記載されているが、ドローン空撮によるプライバシー・肖像権等の侵害は公開方法を問わず生じる可能性がある。映画や書籍での出版等でも同様の注意が必要である。

2　著作権

　景色を空撮するとさまざまなものが映り込む。しかし、単なる写り込みを超えて、特定の施設やイベントに注目して撮影しているとみられる場合には著作権等の侵害となる可能性もあるので、注意が必要である。例えば、ライブイベントを会場外からドローンで撮影すれば、出演者の肖像権侵害や音楽の著作権等の侵害にもなり得る。一方で、彫刻や絵画といった美術品や建築物も著作物として著作権法の保護対象であるが、渋谷のハチ公やモアイ像のように屋外に恒常的に設置されている美術や建築物は、撮影しても著作権侵害にはならないとする著作権法の例外規定がある（著作46条）(注25)。

Ⅶ　航空法の許可・承認申請手続

　ここでは、航空法に基づき国土交通大臣の許可または承認が必要となる場合の手続を簡単に紹介する(注26)。

1　申請方法

　申請は、飛行開始予定日の10開庁日前までに、国土交通大臣（進入表面等の上空または高度150m以上の空域に係る飛行の許可申請は、当該空域を管轄する空港事務所長）に申請書を提出して行う。提出先は国土交通省の本省航空局または地方航空局である。一個の飛行について、複数の事項の許可や承認が必要となる場合は一括して申請を行うことができるし（一括

注25）ただし、もっぱら販売目的で美術の著作物を撮影したり当該映像を販売したりする場合など、一定の場合にはこの例外規定の適用がない。

注26）詳細については、国土交通省がインターネット上で公表している「無人航空機の飛行に関する許可・承認に係る申請方法」「無人航空機の飛行に関する許可・承認の審査要領」を参照されたい。

申請)、同一の申請者が一定期間内に繰り返して飛行を行う場合や、異なる複数の場所で飛行を行う場合には、まとめて申請することもできる(包括申請)。許可等の期間は原則として3か月以内だが、申請内容に変更を生じることなく継続的に飛行させることが明らかな場合には最長1年まで可能とされている。また、例えば企業が複数のドローンの空撮代行会社にイベントの空撮を委託する場合など、委託者がまとめて申請することや複数の者が行う飛行をまとめて申請することも認められている(代行申請)。

申請書には、あわせて、ドローンの機能・性能が所定の基準に適合するかに関する「無人航空機の機能・性能に関する基準適合確認書」、操縦者の飛行経歴等が所定の基準に適合するかに関する「無人航空機を飛行させる者に関する飛行経歴・知識・能力確認書」、安全確保のための体制にかかわる飛行マニュアル等を添付する必要がある。

2　許可・承認の基準

許可または承認については審査要領が公表されており、以下の項目に分けて、一定の基準が定められている。ただし、ドローンの機能・性能、操縦者の飛行経歴等、安全確保のための必要な体制等を総合的に判断して、航空機の航行の安全と地上・水上の人・物の安全が損なわれるおそれがないと認められる場合には、必ずしも当該基準に完全に適合していなくても許可等を受けられる可能性がある。

【図表 2-47】主な審査項目

項目	審査基準
①ドローンの機能・性能	・機体に構造上鋭利な突起物がないこと ・ドローンの位置・向きを正確に視認できる灯火や表示等があること ・操縦者が燃料・バッテリーの状態を確認できること ・遠隔操作の場合には、上記に加え、特別な操作技術等なく安定した離着陸と飛行ができること、緊急時には電源を切る等によってモーター等を停止できること　等

	・（自動操縦の場合）自動操縦システムにより安定した離着陸・飛行ができること、不具合発生時等には人が強制的に操作に介入できること　等 ※最大離陸重量25kg以上の場合はより厳格な基準がある。
②無人航空機の飛行経歴、無人航空機を飛行させるために必要な知識及び能力	・ドローンの種類別に10時間以上の飛行経歴があること ・航空関係法令、飛行ルール、気象等に関する知識があること ・飛行させるドローンについて安全確認・バッテリー等の残量確認・通信・推進系統の動作確認等を行う能力があること　等
③無人航空機を飛行させる際の安全を確保するために必要な体制	①以下の事項を遵守しながら飛行させることができる体制を構築すること ・原則として第三者の上空で飛行させない ・突風など不測の事態が生じた場合に即時に飛行を中止する ・不必要な低空飛行、高調音を発する飛行、急降下等を行わない　等 ②機体の点検・整備の方法、操縦者の訓練方法、安全管理体制等を記載した飛行マニュアルを作成すること
④飛行形態に応じた追加基準	＜例＞人口密集地域において第三者の上空を飛行させる場合（25kg未満の機体の場合） ・機体について、飛行の継続に高い信頼性がある設計と飛行の継続が困難になった場合でも直ちに落下しない安全機能を有する設計がなされていること、飛行範囲を限定する機能を有すること、第三者や物に接触した際の危害を軽減する構造であること ・操縦者について、不測の事態が生じた場合に適切に対応できること、飛行予定前の90日間に1時間以上の当該機体の飛行経験があること ・安全上の措置について、飛行経路全体を見渡せる位置に常時監視できる補助者を配置すること、ドローンの飛行を第三者に注意喚起する補助者を配置すること　等

第6章　空飛ぶデバイス──ドローンの法律問題

> **コラム　ドローンタクシー**
>
> 　ドイツや中国では、自律型有人ドローンの実証実験が始まっており、ドローンタクシー構想が現実化しつつある。Uberは2020年にロサンゼルスで空飛ぶタクシーの試験サービスを始めると公表している。
>
> 　航空法の規制対象となるのは、無人航空機以外に「航空機」（普通の飛行機やヘリコプターを想定している）がある。「航空機」とは、「人が乗って航空の用に供することができる」飛行機等の機器であり、国土交通省によれば、機体に人が着座し、着陸装置を装備したものは「人が乗ること」ができるものに当たるとされている。一方で、パラシュートのように、人が機器にぶらさがり、人の足で着地するような軽量のものは「航空機」ではないとされている。そうすると、現行法では、人が着座で乗ることができ着陸装置がある自律型有人ドローンは、「航空機」として航空法の規制の適用を受けることになると思われる。
>
> 　なお、航空法では、自動運転車の場合に障壁となる道路交通法等と異なり、操縦者が搭乗しないことがすでに法律上想定されている。「操縦者が乗り組まないで飛行することができる装置を有する航空機」は無操縦者航空機と呼ばれ、国土交通大臣の許可を得れば飛行が認められている（航空法87条）。

第2編　IoT・AIの法律各論

第7章
デバイスの安全性の法律問題

　IoT技術は、既存の製品にインターネット等の通信技術を用いて新たな価値を見い出すものも多い。既存の製品については、その安全性を確保する法律が定められているものがある。食品、自動車や原動機付自転車等、消火器具等、毒物・劇物、船舶等の特別法の対象となるものがあるほか、ケーブル、ヒューズ、電池などの電気用品については電気用品安全法、一般の消費者の生活に用いられる製品については消費生活用製品安全法が定められている。これらの法律では、事業届出や基準適合義務、表示規制等が課されるため、IoT技術の開発・検討の初期段階で製品の安全に関する法律についてもきちんと確認しておく必要がある。

I　電気用品安全法

1　電気用品安全法とは

　電気用品安全法とは、「電気用品」の安全性に関するルールを定める法律である。この「電気用品」というのは、一般家庭や商店等で使用される比較的電圧が小さく安全性の高い電気工作物[注1]の部品またはこれに接続して用いる機械などであり、ケーブルやヒューズ、変圧器、電熱器具（電気ストーブ等）などが該当し得る。「電気用品」を製造・輸入・販売しようとする場合、製造・輸入段階での届出義務や、製品の技術基準への適合義務、販売段階での表示義務の対象となる。

　電気用品安全法の目的は、電気用品の製造、販売等を規制するとともに、

注1）電気工作物とは、発電、変電、送電、配電または電気の仕様のために設置する受電設備（機械、器具、電線路など）であり、事業用電気工作物と一般用電気工作物に分けられる。電気用品安全法の対象となるのは、一般用電気工作物である。

第 7 章　デバイスの安全性の法律問題

【図表 2-47】電気用品の安全に関する規制

法律	政省令	通達・ガイドライン等
電気用品安全法	・電気用品安全法施行令 ・電気用品安全法施行規則 ・電気用品の技術上の基準を定める省令（平成25年7月1日経済産業省令第34号）	・電気用品の技術上の基準を定める省令の解釈について（20130605商局第3号） ・電気用品の範囲等の解釈について（平成24・03・21商局第1号） ・電気用品安全法等に基づく経済産業大臣の処分に係る審査基準等について（20131220商第27号） ・電気用品安全法 法令業務実施ガイド（第2版）製造輸入事業者向け（平成26年1月1日経済産業省製品安全課）

電気用品の安全性の確保について民間事業者の自主的な活動を促進することによって、電気用品による危険や障害の発生を防止することである。昭和30年代に粗悪な電化製品による火災事故が多発したことを受けて、電気用品の安全性について規律を定めた電気用品取締法が制定された。この法律が、2001年、民間事業者の自主的活動の促進を重視する現在の電気用品安全法に改正されたという経緯がある。

主な電気用品安全法に関連する規制は【図表 2-47】の通りである。

2　規制の概要

(1)　「電気用品」

電気用品安全法の規制対象は「電気用品」である。「電気用品」とは、①一般用電気工作物（一般家庭や商店等で使用される比較的電圧が小さく安全性の高い電気工作物[注2]のこと）の部品またはこれに接続して用いる機械、②携帯発電機、③蓄電池のうち、政令で指定されたものである。

「電気用品」のうち、その構造や使用方法その他の使用状況からみて特

291

第 2 編　IoT・AI の法律各論

【図表 2-48】電気用品の分類

```
                    ┌─ 特定電気用品
                    │   （例）
                    │   ・電気温水器
  電気用品           │   ・電熱式・電動式おもちゃ
                    │   ・電気ポンプ
  ①一般用電気工作物  ┤   ・電気マッサージ器
  ②携帯発電機        │   ・自動販売機
  ③蓄電池            │   ・直流電源装置　など 116 品目
  のうち政令で指定さ │
  れたもの           │
                    │   特定電気用品以外の電気用品
                    │   （例）
                    │   ・電気こたつ
                    │   ・電気がま、電気冷蔵庫
                    └─  ・電気歯ブラシ、電気かみそり
                        ・白熱電灯器具、電気スタンド
                        ・テレビジョン受信機
                        ・リチウムイオン蓄電池　など 341 品目
```

に危険または障害の発生するおそれが多いものは「特定電気用品」として指定されており、特定電気用品はより厳格な規制の対象となる。それ以外のものは「特定電気用品以外の電気用品」と呼ばれる。これらの具体的な品目は政令で指定されることとされており、特定電気用品は 2017 年 2 月現在で 116 品目、特定電気用品以外の電気用品は同 341 品目が指定されている。これらの対象品目は、経済産業省のホームページ上で一覧が公表されている。

(2)　**電気用品安全法の主な規制**

電気用品安全法の主な規制は、以下の通りである。

注 2) 電気工作物とは、発電、変電、送電、配電または電気の仕様のために設置する受電設備（機械、器具、電線路など）であり、事業用電気工作物と一般用電気工作物に分けられる。電気用品安全法の対象となるのは、一般用電気工作物である。

(A) 事業の届出

　電気用品の製造または輸入を行う事業者は、事業開始の日から30日以内に、電気用品の型式の区分や製造する工場の名称・所在地など所定の事項を、経済産業大臣に届け出なければならない（電気用品安全法3条）。届出内容に変更があった場合や届出に係る事業を廃止したときにも所定の手続を行う必要がある。この届出義務に違反した場合には、30万円以下の罰金の対象となる（同法58条1号）。

(B) 技術基準適合確認（電気用品安全法8条）

　(A)の届出を行った型式の電気用品を製造しまたは輸入する場合には、原則として、国が定める技術基準に適合させる必要がある。

　技術基準は、「電気用品の技術上の基準を定める省令」（技術基準省令）によって定められており、「電気用品の技術上の基準を定める省令の解釈について」（技術基準省令解釈）で省令の解釈が示されている。一部の電気用品の技術基準は国際規格であるIEC規格がベースとなっているが、日本の配電事情等を踏まえた修正がされているなど、国際規格とは差があるため、IEC規格に適合するものであっても電気用品安全法上の技術基準に適合するとは限らない。また、UL認証を受けていたりECマークが付されている電気用品を海外から輸入する場合であっても、あらためて電気用品安全法に基づく技術基準に適合させる必要がある。

　この技術適合確認義務には例外があり、特定の用途に使用される電気用品であって経済産業大臣の承認を受けた場合（例外承認制度）や、試験的に製造・輸入する場合、日本国内で販売せずもっぱら輸出するために製造・輸入する場合（輸出用電気用品の特例[注3]）は、例外的に技術基準適合義務が免除され、適合性にかかわらず製造・輸入・販売をすることができる。このうち、例外承認制度[注4]の対象となる「特定の用途に使用される電気用品」としては、ツーリスト・モデル（例えば、外国人観光客のお土産向けの電気炊飯器のように、外国規格に適合している製品を外国人観光客や日本人の海外旅行者向けに限定して国内で販売する場合）、一定時期以前に製造

注3）電気用品安全法54条、電気用品安全法施行令4条。
注4）例外承認制度の詳細は、経済産業省のホームページを参照されたい。

または輸入された機器に用いる交換・補修用のリチウムイオン蓄電池、アンティーク照明器具等[注5]、ビンテージものの電気楽器等[注6]があり、それぞれ対象となる機器や承認条件が定められている。

●技術基準
　電気用品の技術基準（法8条1項）については、技術基準省令が電気用品の安全に必要な性能を以下のように規定している。一般要求事項のほか、危険源に対する保護や雑音の強さに関する規定もある。
<安全原則>
・通常の使用状態において、人体に危害を及ぼしたり物に損傷を与えるおそれがないように設計されていること。通常の使用状態には、その電気用品の意図された使用方法における使用の他に、合理的に予見することが可能な誤使用が含まれる。
・安全性を確保するために形状が正しく設計され、組立が良好で、動作が円滑であること。取扱説明書に従って設置・操作を行えば、意図したとおりに動作する必要がある。また、市販品と組み合わせて使用することが想定されている場合には、市販品の故障等によってその電気用品の安全性に影響がある動作をしないようにしなければならない。
<安全機能を有する設計等>
・危険な状態の発生防止と発生時における被害軽減のための安全機能を有するよう設計されていること。
・設計や安全機能だけで安全性の確保が難しい場合には、その安全性を確保するために必要な情報や使用上の注意が付属取扱説明書等に表示・記載されていること。
<供用期間中における安全機能の維持>
・電気用品の通常想定される供用期間中、安全性が維持される構造であること。

注5）アンティーク照明器具等とは、①電気スタンド・その他の白熱電灯器具・電灯付家具・コンセント付家具の何れかに該当し、②1968年11月施行の電気用品取締法の規制より前に生産されたものである等、主に装飾・観賞を目的とした古美術品であり、③貴重性・希少価値が高いもの（通常1品もの）として取引されるものをいう。
注6）電気楽器等とは、電気楽器、電子楽器、音響機器、写真焼付器、写真引伸機、写真引伸機用ランプハウスおよび映写機をいう。

第 7 章　デバイスの安全性の法律問題

> ＜使用者および使用場所を考慮した安全設計＞
> ・想定される使用者や使用場所を考慮し、人体に危害を及ぼしたり物に損傷を与えるおそれがないように設計され、必要に応じて適切な表示がされていること。

　(C)　**自主検査と特定電気用品の適合性検査（電気用品安全法 8 条 2 項・9 条）**
　事業者は、品目の類型ごとに国が定めた検査の方式によって自主検査（自己適合性検査）を行い、検査記録[注7]を作成して、これを検査の日から 3 年間保存しておかなければならない（電気用品安全法規則 11 条・12 条）[注8]。
　製造または輸入する電気用品が特定電気用品である場合には、自主適合性検査に加え、製品を販売する時までに、経済産業大臣の登録を受けた登録検査機関の検査を受けて、適合性証明書の交付を受け、この証明書を保存しなければならない。適合性検査では、特定電気用品とそれに係る工場等における検査設備の適合性について、実物と現場検査が行われる。自ら検査設備をもたない輸入事業者については、その特定電気用品とその外国製造事業者の検査設備について適合性検査と同様の検査を受け、その上で外国製造事業者に発行された証明書の写しを保存しなければならない。なお、適合性証明書の交付を受け保存している場合には、適合性証明書の交付から一定期間内は、同一の型式に属する特定電気用品について適合性検査を受けなくてよいこととされている。また、輸出用電気用品の特例により、日本国内で販売せずもっぱら輸出するために製造・輸入する場合には検査義務が免除される。
　この規制に違反して適合性証明書の交付を受けなかったり保存をしなか

注7）自主検査の検査記録には様式の定めはなく、電気用品の品名および型式の区分ならびに構造、材質および性能の概要、検査を行った年月日および場所、検査を実施した者の氏名、検査を行った電気用品の数量、検査の方法、検査の結果といった必要事項が記載されていれば足りる。
注8）これに違反して、検査を実施しない、検査記録を作成しないもしくは虚偽の検査記録の作成する、または検査記録を保管しない場合には、30 万円以下の罰金の対象となるほか（電気用品安全法 58 条 2 号）、経済産業大臣の改善命令の対象になり得る（同法 11 条）。

ったりした場合には、30万円以下の罰金の対象となるほか（電気用品安全法58条3号）、経済産業大臣から必要な改善措置をとるよう改善命令が出されることがある（同法11条）。

(D) PSEマークの表示と販売制限（電気用品安全法10条・27条）

届出事業者は、届出を行った電気用品の技術基準の適合性について必要な検査等を実施したときは、その電気用品が技術基準に適合していることを示すPSEマーク[注9]をその電気用品に付けることができる（電気用品安全法10条）。

PSEマークの表示がなされていない電気用品は、販売や販売目的での陳列が禁止されているため（電気用品安全法27条）、製造または輸入した届出事業者が自ら販売する場合にはPSEマークを表示してからでなければ販売できないし、製造・輸入をしていない小売店などが販売する場合には、PSEマークが表示されていることを確認してから販売しなければならない。ただし、輸出用電気用品の特例により、日本国内で販売せずもっぱら輸出するために製造・輸入する場合にはPSEマークの表示がない商品の販売・販売目的での陳列も認められている。

この表示に係る義務に違反した場合、1年以下の懲役または／および100万円以下の罰金の対象となる（電気用品安全法57条3号）。また、表示義務に違反した電気用品の販売によって危険または障害が発生するおそれがあると認められる場合で、その危険または障害の拡大を防止するため特に必要があると認められるときは、経済産業大臣から、販売した電気用品の回収その他当該電気用品による危険および障害の拡大を防止するために必要な措置をとるよう命令（危険等防止命令）が出されることがある（同法42条の5第1号）。実際に、「電気用品」に該当するのに電気用品安全法の規制を遵守していなかったとして、改善命令や販売停止処分が発令されたケースもあり（改善命令が発令されると経済産業省のホームページ上で公表される）、取り扱おうとする商品・製品が電気用品安全法の適用対象になるかどうかの確認は重要である。

注9) PSEとは、「Product Safety」「Electrical Appliances & Materials」の略である。

第 7 章　デバイスの安全性の法律問題

【図表 2-49】 PSE マーク

電気用品に付される表示	
特定電気用品 実際は上記マークに加えて、認定・承認検査機関のマーク、製造事業者等の名称（略称、登録商標を含む）、定格電圧、定格消費電力等が表示される。	特定電気用品以外の電気用品 実際は上記マークに加えて、製造事業者等の名称（略称、登録商標を含む）、定格電圧、定格消費電力等が表示される。

(E)　長期使用製品安全表示制度等（技術基準省令 20 条）

　経年劣化による重大事故の発生率は高くないものの、事故発生件数が多い電気製品については、消費者に長期間使用する場合の注意を喚起する目的で、設計上の標準使用期間と経年劣化についての注意喚起等の表示が義務付けられている。

　対象は、扇風機、エアコン、換気扇、洗濯機（全自動・2 槽式）、ブラウン管テレビの 5 品目だが、例えば換気機能がついている浴室用電気乾燥機のように、対象 5 品目そのものには該当しないものの、技術基準を遵守すべき機能が付いている製品は表示規制の対象となる（前記の例の場合、換気機能が付いているものは「換気扇」に該当するので、長期使用製品安全表示制度上必要な表示をしなければならない）。ただし、消費生活用製品安全法に基づく長期使用製品安全点検制度の対象となる製品は本制度の対象外である。

　表示内容は、製造年、設計上の標準使用期間、設計上の標準使用期間を超えて使用すると経年劣化により発火・けが等の事故に至るおそれがある旨とされており、文字の大きさも見やすい大きさであることが求められている。

　PSE マークと長期使用製品安全表示のほか、届出事業者名、登録検査機関名称（特定電気用品の場合）も製品に表示しなければならず（電気用品安全法規則 17 条 1 項）、安全上必要な情報と使用上の注意も、見えやすい箇所に、容易に消えない方法で表示することが求められる（技術基準省令 19 条）。

297

第2編　IoT・AIの法律各論

【図表2-50】長期使用製品安全表示

【製造年】20XX年
【設計上の標準使用期間】△△年
設計上の標準使用期間を超えて使用されますと、経年劣化による発火・けが等の事故に至るおそれがあります。

3　遠隔操作機能

　電気用品が原因となる火災や感電などの事故防止のため、電気用品安全法は、原則として電気用品のON/OFFは器体スイッチまたはコントローラーによって行わなければならず、外部からの遠隔操作によるON/OFFは、危険が生じるおそれがないとして省令に定められた場合にのみ許容している。

　この例外的に遠隔操作が認められる場合は、従前は、テレビのリモコンのように赤外線等を利用したもので機器が見える位置から操作する遠隔操作装置しか認められていなかったため、外部から運転をオンにする機能を搭載したエアコンの機能が自粛されたりしていた。しかし、近年の高速インターネット網、無線LANやスマートフォンの急速な普及に伴ったインフラ整備状況を踏まえ、2013年の省令改正によって、現在では、一定の要件を満たせば通信回線を用いた遠隔操作機能をつけることも認められ、IoT技術の発達により、屋外にいる時にスマートフォンを使って自宅の家電製品のスイッチを入れることができるようになった。2016年改正によって、コンセント等の配線機器も対象に含まれることになり、今後も拡大していくことが予想される。

　通信回線(注10)を利用した遠隔操作機能をつけるためには、以下の技術基準のすべてを満たす必要がある（技術基準省令別表八1(2)ロ）。

注10) 電気用品の技術上の基準を定める省令の解釈別表第四1(2)ロの解釈1に掲げるものを除く。

① 遠隔操作に伴う危険源がないまたはリスク低減策を講じることにより遠隔操作に伴う危険源がない機器と評価されるもの。
② 通信回線が故障等により途絶しても遠隔操作される機器は安全状態を維持し、通信回線に復旧の見込みがない場合は遠隔操作される機器の安全機能により安全な状態が確保できること。
③ 遠隔操作される機器の近くにいる人の危険を回避するため、次に掲げる対策を講じていること。
　(ア) 手元操作が最優先されること
　(イ) 遠隔操作される機器の近くにいる人により、容易に通信回線の切離しができること
④ 遠隔操作による動作が確実に行われるよう、次に掲げるいずれかの対策を講じること。
　(ア) 操作結果のフィードバック確認ができること
　(イ) 動作保証試験の実施および使用者への注意喚起の取扱説明書等への記載
⑤ 通信回線(注11)において、次の対策を遠隔操作される機器側に講じていること。
　(ア) 操作機器の識別管理
　(イ) 外乱に対する誤動作防止
　(ウ) 通信回線接続時の再接続（常時ペアリングが必要な通信方式に限る）
⑥ 通信回線のうち、公衆回線を利用するものにあつては、回線の一時的途絶や故障等により安全性に影響を与えない対策が講じられていること。
⑦ 同時に２か所以上からの遠隔操作を受けつけない対策を講じること。
⑧ 適切な誤操作防止対策を講じること。
⑨ 出荷状態において、遠隔操作機能を無効にすること。

注11) 電気用品の技術上の基準を定める省令の解釈別表第四 1(2)ロの解釈 1 に掲げるものおよび公衆回線を除く。

第 2 編　IoT・AI の法律各論

【図表 2-51】電気用品安全法、消費生活用製品安全法等の規制の概要(注12)

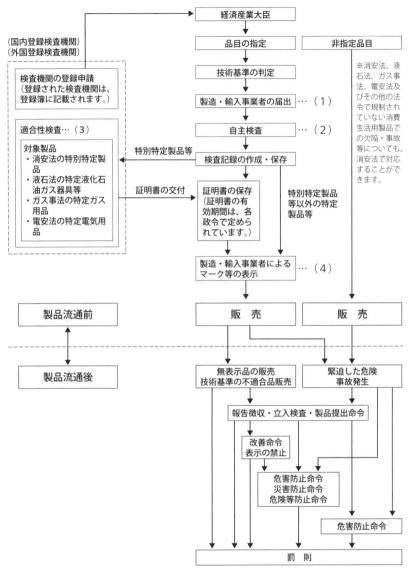

注 12）経済産業省「製品安全ガイド」製品安全法令体系図。

II 消費生活用製品安全法

1 消費生活用製品安全法とは

　消費生活用製品安全法は、一般の消費者が日常使用する製品によってけがや死亡などの事故が起こることを防ぐことを目的とする法律である。主として一般消費者の生活の用に供される製品を「消費生活用製品」といい、このうち、その構造や材質、使用状況等からみて一般消費者の生命または身体に対して特に危害を及ぼすおそれが多いと認められる製品で政令で定めるものを「特定製品」、長期間の使用に伴い生ずる劣化（経年劣化）によって安全上支障が生じ、一般消費者の生命または身体に対して特に重大な危害を及ぼすおそれが多いと認められる製品であって、使用状況等からみてその適切な保守を促進することが適当なものとして政令で定めるものを「特定保守製品」として、特定製品の製造と販売を規制するとともに、特定保守製品の適切な保守を促進するための規制を定めている。また、併せて、製品事故に関する情報の収集や提供に関する措置についても規定しており、これらの規制によって一般消費者の利益の保護を図っている。

2 規制の概要

(1) 特定製品・特定保守製品

　先に述べた通り、消費生活用製品安全法の規制対象は「消費生活用製品」であり、特に危険が生じやすいものを「特定製品」、「特定保守製品」と定めている。

　「特定製品」のうち、その製造または輸入の事業を行う者の中に危険防止のために必要な品質の確保が十分でない者がいると認められる製品は、「特別特定製品」として政令で指定される。2017年2月現在、4品目が指定されている。

　特定製品や特別特定製品は、対象となる製品の仕様が消費生活用製品安全法施行令別表第一で定められている。

第2編　IoT・AIの法律各論

【図表2-52】消費生活用製品安全法に関する規制

法律	政省令	通達・ガイドライン等
消費生活用製品安全法	・消費生活用製品安全法施行令 ・消費生活用製品安全法施行規則 ・経済産業省関係特定製品の技術上の基準等に関する省令 ・経済産業省関係特定保守製品に関する省令 ・消費生活用製品安全法施行令第14条第2項に基づく都道府県又は市の報告に関する省令	・消費生活用製品安全法特定製品関係の運用及び解釈について（平成22・12・10商局第1号） ・消費生活用製品安全法等に基づく経済産業大臣の処分に係る審査基準等について ・「事業届」に関する説明資料——消費生活用製品安全法に規定する特定製品にPSCマークマークを表示しようとする事業者用〔平成26年7月版〕

【図表2-53】消費生活用製品の分類

消費生活用製品　　主として一般消費者の生活の用に供される製品

特定製品（10品目）

消費生活用製品のうち、構造や材質、使用状況等からみて一般消費者の生命または身体に対して特に危害を及ぼすおそれが多いと認められる製品で政令で定めるもの

- 家庭用の圧力なべ・圧力がま
- 乗車用ヘルメット
- 登山用ロープ
- 石油給湯器
- 石油ふろがま
- 石油ストーブ

- 乳幼児用ベッド
- 携帯用レーザー応用装置
- 浴槽用温水循環器
- ライター

特別特定製品（4品目）

特定保守製品（7品目）

消費生活用製品のうち、経年劣化により安全上支障が生じ、一般消費者の生命または身体に対して特に重大な危害を及ぼすおそれが多いと認められる製品であって、使用状況等からみてその適切な保守を促進することが適当なものとして政令で定めるもの

- 屋内式ガス瞬間湯沸かし器
- 屋内式ガスバーナー付ふろがま
- 石油給湯器
- 密閉燃焼（FF）式石油温風暖房機
- ビルトイン式電気食器洗機
- 石油ふろがま
- 浴室用電気乾燥機

第7章　デバイスの安全性の法律問題

(2)　特定製品に対する主な規制

　消費生活用製品安全法における特定製品・特別特定製品に対する主な規制は、電気用品安全法の規制と似ており、①特定製品の製造・輸入には届出が必要であり、②製品は国が定める技術基準に適合させなければならず、③技術基準適合性について自主検査または第三者機関による検査を受けなければならない、④検査に合格すれば届出事業者は製品に特定の表示（PSCマーク）を付けることができ、当該表示がない特定製品・特別特定製品の販売は禁止されている。詳細は以下の通りである。

　(A)　事業の届出（消費生活用製品安全法6条）

　特定製品の製造または輸入を行う事業者は、主務大臣[注13]への届出が必要である。

　事業の届出を行う際、事業者は、その届出に係る特定製品の欠陥によって消費者が負傷・死亡し、その被害者に対して損害賠償を行う場合に備えてとるべき措置の方法に関する資料を添付しなければならない。技術基準省令により、この損害賠償措置として、事業者は、被害者1人当たり1000万円以上かつ年間3000万円以上を限度額として塡補する損害賠償責任保険契約の被保険者とならなければならないとされている（消費生活用製品安全法16条）。

　(B)　技術基準適合確認（消費生活用製品安全法11条）

　(A)の届出を行った型式の特定製品を製造しまたは輸入する場合には、原則として、国が定める技術基準に適合させる必要がある。技術基準は、「経済産業省関係特定製品の技術上の基準等に関する省令」（技術基準省令）によって定められており、「消費生活用製品安全法特定製品関係の運用及び解釈について」（技術基準省令解釈）で省令の解釈が示されている。

　この技術適合確認義務には例外があり、①輸出用の特定製品を製造または輸入する場合で主務大臣に届け出た場合、②輸出用以外の特定の用途に

注13）届出先は、製造・輸入事業に係る国内の工場または事業場等が1つの経済産業局の管轄区域内のみにある場合には当該管轄の経済産業局、複数の管轄区域にわたる場合には経済産業省となる（詳細については、経済産業省商務流通保安グループ製品安全課「『事業届』に関する説明資料〔平成26年7月版〕」参照）。

供する特定製品を製造または輸入する場合で主務大臣の承認を得た場合（例外承認制度）、③試験用に製造または輸入する場合は、例外的に技術基準適合義務が免除され、下記(C)の自主検査や適合性検査も不要となり、適合性にかかわらず製造・輸入・販売をすることができる。

(C) 自主検査と特別特定用品の適合性検査（消費生活用製品安全法 11 条 2 項・12 条）

事業者は、品目の類型ごとに国が定めた検査の方式によって特定製品の自主検査を行い、検査記録[注14]を作成して、これを検査の日から 3 年間保存しておかなければならない。また、特別特定製品については、自主検査に加え、製品を販売する時までに登録検査機関の検査を受けて、適合性証明書の交付を受け、この証明書を保存しなければならない。なお、適合性証明書の交付を受け保存している場合には、適合性証明書の交付から一定期間内は、同一の型式に属する特別特定製品について適合性検査を受けなくてよいこととされている。

これらの規制に違反して自主検査を実施しない、検査記録を作成しない、適合性証明書の交付を受けない、保存をしない等をした場合には、30 万円以下の罰金の対象となるほか（消費生活用製品安全法 59 条 2 号・3 号）、主務大臣から必要な改善措置をとるよう改善命令が出されることがある（同法 14 条）。

(D) PSC マークの表示と販売の制限（消費生活用製品安全法 4 条・5 条・13 条）

届出事業者は、届出を行った特定製品の技術基準の適合性について必要な検査等を実施したときは、その製品が技術基準に適合していることを示す PSC マーク[注15]をその特定用品に付けることができる（消費生活用製品安全法 13 条）。

特定用品は、PSC マークの表示がなければ販売や販売目的で陳列する

注 14) 自主検査の検査記録には様式の定めはなく、電気用品の品名および型式の区分ならびに構造、材質および性能の概要、検査を行った年月日および場所、検査を実施した者の氏名、検査を行った電気用品の数量、検査の方法、検査の結果といった必要事項が記載されていれば足りる。

注 15) PSC とは、「Product Safety of Consumer Products」の略である。

ことはできない（消費生活用製品安全法4条1項）。ただし、①輸出用の特定製品で主務大臣に届け出た場合、②輸出用以外の特定の用途に供する特定製品を販売・販売目的で陳列する場合で主務大臣の承認を受けた場合、③輸出用の特定製品を製造または輸入する主務大臣への届出を行ったものと輸出用以外の特定の用途に供する特定製品を製造または輸入する主務大臣の承認を受けたものを販売・販売のために陳列する場合は、PSCマークの表示がない商品の販売・販売目的での陳列も認められている（同条2項）。

PSC表示のない特定製品を販売した場合には、1年以下の懲役または/および100万円以下の罰金の対象となる（消費生活用製品安全法58条1号）。また、これによって一般消費者の生命または身体に危害が生じるおそれがあると認められる場合で、その危害の発生・拡大防止のために特に必要があると認められるときは、主務大臣から販売した特定製品の回収等の必要な措置を講じるよう命令（危険等防止命令）が出されることがある（同法32条）。

(3) 長期使用製品安全点検制度——特定保守製品に対する規制

経年劣化によって安全上支障が生じて消費者に重大な危害を及ぼすおそれがある屋内式ガス瞬間湯わかし器などの特定保守製品については、標準的な使用期間が経過するころに安全性確認のための点検を実施するため、点検の実施と、そのために特定保守製品の所有者の情報を把握可能にする制度が定められている。この制度では、特定保守製品の製造・輸入事業者や取引に関与する関連事業者等、特定保守製品を所有する消費者などにそれぞれ役割を課すことにより、経年劣化による製品事故の防止が図られている。

特定保守製品の所有者には、点検期間に点検を行うなどの保守を行うことが求められており、所有者票の提出などによって特定製造事業者等に所有者登録することが求められている。この所有者登録の情報に基づいて、製品の所有者は、点検期間になれば事業者から点検の通知を受けることができる。

他方で、事業者側についてみると、特定保守製品の製造または輸入を行う事業者を「特定製造事業者等」といい、事業開始の日から30日以内の

届出義務がある（消費生活用製品安全法32条の2）。

　特定製造事業者等は、特定保守製品について、標準的な使用条件のもとで使用した場合に安全上支障なく使用できる標準的な期間（設計標準使用期間）と、その期間の経過に伴い必要となる経年劣化による危害発生防止のための点検を行うべき期間（点検期間）を定め、製造年月日と併せて表示しなければならない（消費生活用製品安全法32条の3・32条の4第1項）。また、製品には、その点検実施体制の整備に関する事項や点検時に必要になり得る整備用部品の保有期間等を記載した書面と、特定保守製品の所有者の所有者票を添付する必要もある（同条2項・3項）。

　特定製造事業者等は、製品の所有者から提供された所有者に係る情報を適切に管理し、点検期間開始前には所有者に郵便や電子メール等で点検が必要であることを通知して、要請があれば製品を有償で点検する義務がある。また、点検等の保守サポート体制を整備しておく義務もある。

　また、特定保守製品を販売する事業者等（特定保守製品取引事業者）は、取引等によって特定保守製品の購入者等（再度譲渡する目的での取得者等は除く）に製品を引き渡す際には、その製品が経年劣化により危害を及ぼすおそれが多く適切な保守が必要であることなどを説明しなければならない（消費生活用製品安全法32条の5）。また、例えば所有者票を特定製造事業者等に送るなど、製品の取得者から特定製造事業者等への所有者情報の提供にも協力しなければならない（同法32条の8）。

(4) 製品事故情報報告・公表制度と行政処分

　消費者の生命や身体に対する危害が発生した事故や、消費生活用製品が滅失・毀損した事故で消費者の生命や身体に対して危害が生じるおそれがあるものは「製品事故」と呼ばれ、このうち、消費生活用製品によって死亡事故、重傷病事故、後遺障害事故、一酸化炭素中毒事故、火災等が生じた場合は「重大製品事故」と呼ばれる（消費生活用製品安全法2条5項・6項、規則5条）。

　消費生活用製品の製造・輸入・小売りを行う事業者は、取り扱う製品の製品事故に関する情報を収集して消費者に情報提供するよう努める義務がある（消費生活用製品安全法34条1項）。

　万一、消費生活用製品の重大製品事故が起こった場合には、その製品

の製造・輸入事業者は、事故発生を知った日から10日以内に国に対して事故の内容等を報告しなければならない（消費生活用製品安全法35条）。また、その製品の販売・修理・設置工事を行った事業者が重大製品事故の発生を知った場合には、直ちに製品の製造・輸入事業者にその事実を知らせるよう努めなければならないとされている（同法34条2項）。国は、この報告などによって重大製品事故の発生を知った場合には、消費者の生命や身体への重大な危害の発生・拡大を防止するために必要と認められるときは、対象となる製品の名称や型式、事故の内容等の公表を行う（同法36条）。また、国は、事業者が適切に報告をしない場合には、重大製品事故に関する情報収集・管理・提供のために必要な体制整備を講じるよう命じることができるほか（同法37条）、危害の発生・拡大防止のために必要と認められるときは、対象製品の回収など必要な措置をとるよう命じることもできる（同法39条）。

　また、重大製品事故にまで至らない場合でも、製品事故が起こったことを知った場合には、製造・輸入事業者には、製品事故の原因調査を行い、場合によっては製品の回収等の必要な措置をとるよう努める義務がある（消費生活用製品安全法38条1項）。

　前記(1)から(3)で説明した消費生活用製品安全法の主な規制は、その対象が特定製品や特別特定製品、特定保守製品に限られているが、製品事故報告制度については、広く消費生活用製品すべてが対象となっているため、万一に備えてきちんと理解しておく必要がある。

Ⅲ　医薬品医療機器等法（旧薬事法）

　医薬品、医療機器等の品質、有効性及び安全性の確保等に関する法律（薬機法。旧薬事法）では、旧薬事法で規制の対象外とされていたソフトウェアについて、「プログラム」および「これを記録した記録媒体」として医療機器の定義に追加され規制対象とされており、医療用ソフトウェア単体で流通させることが可能になった。主に疾病診断用プログラムや疾病治療用プログラム、疾病予防用プログラムが対象とされるが、副作用または機能の障害が生じた場合においても、人の生命および健康に影響を与える

おそれがほとんどないプログラムは例外とされている。およそ医療に関連するソフトウェアが対象となるものではないが、対象となるか否かについては、厚生労働省の通達等が参考になる[注16]。

規制対象となるプログラムの製造については、ほかの医療機器同様に高度管理医療機器、管理医療機器の種類に応じて第一種または第二種医療機器製造販売業許可を取得する必要があり、販売についても届出が必要となるため、注意が必要である。

なお、「診断」「治療」そのものを行うことは医師法によって医師にしか行えないものとされているため、あくまで診断や治療を補助するものでなければならない。

注16) 厚生労働省医薬食品局監視指導・麻薬対策課長「プログラムの医療機器への該当性に関する基本的な考え方について」(平成26年11月14日。薬食監麻発1114第5号)。

> コラム　**AIは人間の仕事を奪うか**

　「AIが人間の仕事を奪う」とよくいわれる。英オックスフォード大学のマイケル・オズボーン准教授らと野村総研の共同研究によれば、日本で働いている人の約49パーセントの仕事は10～20年後にAIに代替されるとの試算がされており、人間の仕事は機械に代替されて続けているが、AIによって、ホワイトカラーの仕事も代替される可能性が高くなるとのことである。

　AIが人間の仕事を奪うという刺激的な言説に対して、「技術革新により機械が人間にとって代わったとしても、新しい仕事が生み出されるので人間の仕事がなくなることはない。今までもそうであったではないか」という反論がされる。第1次産業革命時には蒸気機関により織物職人の仕事はなくなったが、織物の大量生産によってファッション産業が生まれることになった。同様に、AIが人間の仕事にとって代わっても、AIやロボット関連の仕事は増えていくだろう。経済産業省の予測によると、IT人材は、2020年に36万9000人、2030年には78万9000人不足するのことである（同省「IT人材の最新動向と将来統計に関する調査結果」）。技術革新よる失業、すなわち技術的失業が生じても、人々が新しい仕事にシフトしていく労働移動が起こるので、全体としては帳尻が合うことになる。

　しかし、社会全体では人間の職業がなくならないとしても、個々の人間についてみると必ずしもそうではないかもしれない。例えば、会計士やドライバーの仕事をAIが代替することになったため、彼らが失業した場合に、すぐにSEやプログラマなどのIT人材として働くことは難しいと思われる。若年層であれば、新しい職業に対応することが可能であろうが、シニアな労働者は新しい職業に対応できず、失業したままということはあり得る。このような事態が起こるか否かは、AIが人間の職業を代替していくスピード次第であろう。そしてもし、大量のホワイトカラーが失業するとなると、社会の安定化する役割を果たしてきた中間層が崩壊し、社会不安が増大することになる。

　現在でも格差社会が問題となっているが（格差が比較的小さい日本では実感は薄いかもしれないが外国ではより深刻な問題である）、AIが普及すれば、AIをもつ者とAIをもたざる者との格差がより拡大することも予想され、社会不安の増大に拍車をかけることになろう。

　このような問題に対する対策として、1つは、AIから税金を徴取して、所得を再分配する方法が唱えられている。もっともそのような国では、課税しない国と比べると、AIの普及が遅れ、AI産業が成長しないことになろうから産業政策としては望ましくなく、また現時点ではAIの所得の把握が困難であることから、AIが成熟産業となった段階でないととれない政策のように

思われる。

　もう1つは、労働者の所得を保障するため、収入の多寡によらず、すべての人に無条件で最低限の生活費を一律に支給する「ベーシック・インカム」の導入が唱えられている。

　ベーシック・インカムは、社会主義的な制度と思われがちであるが、シカゴ学派のミルトン・フリードマンも主張したことからわかるように自由主義的な側面もある。すなわち、複雑化した社会保障制度をベーシック・インカムに一本化することで、行政事務を大幅に簡素化し社会保障に関するコストを削減できると主張されている。ベーシック・インカムが導入されると年金制度や生活保護は廃止され、ベーシック・インカムに一本化されることになる。フィンランドでは、2017年にベーシック・インカムを一部地域で試験的に導入している。

　もっとも、すべての人に生活費を一律に支給すると、かつてのソ連のような社会主義国のように、人々の勤労意欲が失われるのではないか、という主張がされる。これに対して、ベーシック・インカム支持派は、ベーシック・インカムは、労働による所得にベーシック・インカムが加算され、働けば働いた分だけ所得が増えるためそのようなことは起こらないと反論している。

　ベーシック・インカムは壮大なバラマキ政策であるとの批判もある。

　では、ベーシック・インカムは財政的に可能であろうか。この点、支出については、20歳以上人口の1億492万人に月7万円、20歳未満人口の2260万人に月3万円ずつ支給する制度とすると年96兆3000億円が必要となる。夫婦と子供2人の4人家族だと月20万円が支給されることになる。これに対する収入としては、全国民の所得257兆5000億円に30パーセント課税すれば77兆3000億円の税収が得られ、また、社会保障関係費などが35兆8000億円削減できるので、財政的には可能であるとされる（原田泰「ベーシック・インカム」〔中公新書、2015〕）。

　いずれにせよ、ベーシック・インカムの導入は、社会制度のパラダイムの大転換となるので、仮に導入するとしても、日本での導入には時間がかなりかかるであろう。しかし、AIにより社会不安が拡大すれば、日本もそのようなパラダイムの大転換を迫られるかもしれない。AIの普及がわれわれの社会制度の根本を変えることになるかもしれない一例である。

第8章

サイバーセキュリティの法律問題

I　IoT 時代におけるサイバーセキュリティの重要性

　IoT の実現した社会においては、インターネットにつながるモノの数が飛躍的に拡大し、日常生活の周りにある多くのものがインターネットにつながることとなる。これは、すなわち、日常生活の周りにある多くのものがサイバー攻撃の対象となるということである[注1]。

　例えば、2015 年、ジープの SUV 車がネットワーク経由のハッキングにより外部から遠隔操作可能であることがコンピュータセキュリティの専門家の調査により判明し、当該車両を販売していたカーメーカーは全米で約 140 万台をリコールせざるを得ない状況に追い込まれた。このセキュリティ上の欠陥は、極めて限定的な条件でのみ実現可能であったとのことであるが、将来的には、普通に走行している自動運転車がネットワーク経由でハッキングされ、外部から操作されてしまうような事態が起きることは十分に想像できる。もし大規模なハッキングが可能となれば、一国を対象としたテロ行為にも利用されるかもしれない。

　また、身近なものが外部から遠隔操作されることで、個人のプライバシーが侵害される危険性も高まるものと考えられる。すでに存在している実例としては、インターネットに接続されている世界中の監視カメラの映像をライブで配信するサイトなどが知られているところである。このサイトは、監視カメラをハッキングしているわけではなく、初期設定のパスワードのまま使用されている監視カメラを狙って外部から接続し、画像を取得しているとされているが[注2]、将来的には、セキュリティ対策が施された

注1）　この問題は、例えば兜森清忠「IoT のセキュリティ脅威と今後の動向」などでも詳述されている。

第2編　IoT・AIの法律各論

【図表2-51】センサーに対する1日・1IPアドレス当たりのアクセス件数

(件/日・IPアドレス)

- H23: 252.9
- H24: 269.7
- H25: 310.1
- H26: 491.6
- H27: 729.3

警察庁情報通信局情報技術解析課「情報技術解析平成27年報別冊資料」より

機器に不正アクセスがなされる事態も生じ得ると考えられる。家庭に設置されているIoT機器のセンサーが外部から操作・情報取得可能な状態になったとしたら、個人のプライバシーに与える被害は甚大なものとなるであろう。

このように、IoTの時代においては、サイバー攻撃により外部から不正に操作されたり情報漏洩が生じたりした場合に、人の生命にかかわるような事故の発生や個人の重大なプライバシー事項の漏洩といった重大な結果が発生する危険性がある。そのため、これまで以上に、サイバーセキュリティの重要性が高まると考えられる。

これらの問題は、すでに現実のものとなり始めている。警察庁情報通信局情報技術解析課の調査によれば、センサーに対するアクセス件数は2015年には1日・1IPアドレス当たり729.3件であり、約2分に1回の割合で不審なアクセスが検知されている。また、不正アクセス件数は2011年と比較して約3倍弱となっているなど年々増加しており、IoT機器の普及により、今後もさらに増加することが予想される。

これらの動向に鑑み、わが国においても、2014年にサイバーセキュリティ基本法が制定されている。同法は、わが国のサイバーセキュリティに

注2）このような初期設定のパスワードを使用した外部アクセス行為であっても、「他人の識別符号を入力して当該特定電子計算機を作動させ、当該アクセス制御機能により制限されている特定利用をし得る状態にさせる行為」を行ったものとして、不正アクセス行為の禁止等に関する法律3条・2条4項1号・11条により処罰される可能性がある。

関する施策に関し基本理念を定めるとともに、サイバーセキュリティに関する国および地方公共団体の責務等を明らかにすることを目的とするものであるが、2016年の改正により、国が行う不正な通信の監視、監査、原因究明調査等の対象範囲の拡大等が行われている。また、2018年の改正では、官民の多様な主体が相互に連携して情報共有を図るための協議会としてのサイバーセキュリティ協議会の創設等がなされている。

また、「電気通信事業法及び国立研究開発法人情報通信研究機構法の一部を改正する法律」により、通信事業者による利用者への注意喚起・攻撃通信のブロック等を促進するため、サイバー攻撃の送信元となるマルウェア感染機器などの情報を共有するための制度を整備することや、国立研究開発法人情報通信研究機構（NICT）の業務に、パスワード設定に不備のあるIoT機器の調査等を追加する法改正が行われた。

IoTのセキュリティに関しては、経済産業省と総務省が開催する「IoT推進コンソーシアム　IoTセキュリティワーキンググループ」から「IoTセキュリティガイドライン ver1.0」（2016年7月）が公表されており、IoT機器におけるセキュリティ確保の指針が示されている。

また、経済産業省は、IoTやAIによって実現されるサプライチェーン全体のサイバーセキュリティ確保を目的として、産業に求められる対策の全体像を整理した「サイバー・フィジカル・セキュリティ対策フレームワーク（案）」を2019年1月に公表している。

海外の話ではあるが、2018年9月28日、アメリカのカリフォルニア州において、IoT機器に対するセキュリティ強化を目的とした新しい法律（IoTセキュリティ法）が成立した（2020年1月1日施行）[注3]。同法律では、IoT機器の製造業者は、IoT機器ごとに異なるパスワードを設定するか、利用者が初めて使用する前に独自のパスワードを設定するなどの機能を付加することが義務付けられる。今後は、世界各国や日本においても、この

注3）福岡真之介ほか「米カリフォルニア州のIoTセキュリティ法について（日本語仮訳）（2018年10月号）」（西村あさひ法律事務所ニューズレター）参照。
https://www.jurists.co.jp/ja/newsletters/robotics-artificial-intelligence_1810_2.html

ような法律が成立する可能性があり、その動向に注意を要する。

Ⅱ　不正アクセスが起きた場合、誰が責任をとるのか

1　問題点

　IoT機器に外部からサイバー攻撃がなされ、これにより被害が生じた場合、誰がどのような責任を負うのか。例えば、自動運転車が外部からのサイバー攻撃により遠隔操作され操縦不能になり、交通事故が発生したような場合や、AIがユーザーから取得した情報を処理して病気の診療サービスを提供するオンライン上のシステムがサイバー攻撃を受け、個人情報が流出したような場合に、誰が責任を負うのか。
　ここで、1次的に責任を負うのが、サイバー攻撃を行った者自身であることは明らかである。IoT機器等にサイバー攻撃を仕掛ける行為は、明らかに故意による不法行為に該当するからである（民法709条）。
　しかしながら、サイバー攻撃を行った者の特定は、特に強制的な捜査権限をもたない私人には困難である。また、仮に警察の捜査等により特定されたとしても、当該人物から損害の賠償を受けられるとは限らない。攻撃者が愉快犯の個人であったような場合には、そもそも損害を賠償できるだけの資力をもちあわせていないことが通常であろう。そのため、被った損害の回復という観点からみた場合には、攻撃者に対する責任追及を考えてもあまり実益はないということになる。
　それでは、サイバー攻撃による損害の発生につき、攻撃者自身以外の者は、どのような責任を問われ得るのか。以下では、攻撃を受けたIoT機器等のメーカー、（交通事故が発生した場合の）運行供用者、攻撃を受けたシステムの管理者の責任を検討する。

2　攻撃を受けたIoT機器等のメーカーの責任

　攻撃者自身以外の者で、サイバー攻撃による損害の発生につき責任を問われ得る者として、サイバー攻撃を受けたIoT機器等のメーカーが考えられる。前記の例でいえば、サイバー攻撃を受けた自動運転車を製造した

自動車メーカーである。

　ここで、IoT機器等は製造物責任法にいう「製造物」（製造または加工された動産）に該当することが多いと思われるので、メーカーの責任として、製造物責任法3条に基づく責任がまずは考えられる。同条に基づく責任が認められるためには、製造物に「欠陥」があったと認められる必要があるところ、欠陥とは具体的には製造物が「通常有すべき安全性」を欠いていることをいい（同法2条2項）、具体的には、製造物の設計そのものの欠陥（設計上の欠陥）、製造工程において設計と異なった製造物が製造されたことによる欠陥（製造上の欠陥）および適切な指示・警告が伴わないことによる欠陥（指示・警告上の欠陥）の3類型があるとされている。IoT機器等にサイバー攻撃がなされるような事案では、設計段階でセキュリティホールが存在したことが通常有すべき安全性を欠く欠陥といえるかどうか（すなわち、設計上の欠陥があるかどうか）が問題となるケースが多いものと考えられる。

　設計上の欠陥が認められるか否かを判断する絶対的な基準はなく、個々の事例に応じた判断をせざる得ないものとされている。そのため、「どのようなセキュリティ対策をしておけば通常有すべき安全性を有すると認められるか」について一般的な回答を提示することは困難であるが[注4]、一般論としていえば、「製造物の特性」（製造物責任法2条2項参照）に照らし、サイバー攻撃により発生し得る被害の性質・程度が重大であればあるほど、より高いレベルのセキュリティ対策が求められるものと考えられる。例えば、正規のユーザーが外部から操作することのできる機能をもつエアコンと自動運転車があるとして、両者につき同程度の不正アクセス対策が施されていたとした場合、前者（エアコン）が外部から不正に操作されたとしても、せいぜい住居内が寒くなったり暑くなったりする（そのせ

注4）1つの基準として、問題となったIoT機器のサイバーセキュリティ上の安全性に関して、ガイドラインや業界の自主基準が策定・公表されているような場合には、当該基準を満たすような安全性が実際に確保されていたのか否かというのが有力な目安となると考えられる。例えば、自動車のサイバーセキュリティについていえば、米国運輸省国家道路交通安全局（NHTSA）が2016年10月に「Cybersecurity For Modern Vehicles」を公開している。

いで住人が体調を崩す）程度で済むが、後者（自動運転車）が外部から不正に操作された場合、交通事故により人命が失われる可能性も十分にあり得る。このように考えると、仮に同等のセキュリティ対策が施されていたとしても、後者のほうがより「欠陥」の存在が認められやすく、メーカーにはより高度なセキュリティ対策が求められる（場合によっては、十分な安全性が技術的に確保できないとして、外部から操作可能にする機能の搭載自体を諦めることが求められる）ことになるであろう。

なお、製造物責任法にいう「欠陥」に該当するためには、人の身体・生命または財産に被害を生じさせる客観的な危険性がなければならない（191頁参照）。そのため、例えば、家庭内に設置されているIoT機器にセキュリティの不備があり、外部からのサイバー攻撃によりセンサー等が遠隔操作され、室内の映像がネット上で公開されてしまう可能性があるような場合のように、「人の身体・生命又は財産」に被害が生じる危険性がないセキュリティの不備（この例では、人のプライバシーは侵害されるが、身体・生命または財産に被害が生じる可能性はない）は、製造物責任法にいう「欠陥」には該当しない。このような場合にIoT機器等のメーカーが負担する責任の根拠としては、民法709条に基づく一般的な不法行為責任や契約上の義務を十分履行しなかったことを理由とする債務不履行責任が考えられるが、この点については後記4を参照されたい。

3　交通事故の場合の運行供用者責任

前記の例のように、サイバー攻撃により発生したのが自動車事故の場合には、自動車の所有者（運行供用者）につき自賠責法3条に基づく責任が問題となる。この点につき、詳細は219頁以下を参照いただきたいが、運行供用者が自賠責法上の責任を免れるためには、①運行供用者または運転者が注意を怠らなかったこと、②被害者・運転者以外の第三者に故意過失があったこと、③自動車に構造上の欠陥または機能の障害がなかったことの3要件を立証しなければならない。

①の要件については、運行供用者等が例えばメーカーの推奨していないプログラムを自動運転車にインストールしており、それがゆえに生じたセキュリティホールを利用してサイバー攻撃がなされたというような事案で

あれば別論、そうでない場合には、運行供用者または運転者に不注意がなかったことは比較的容易に立証ができるものと思われる。また、②についても、サイバー攻撃の事例では、攻撃者という第三者の故意が事故の原因であることは明らかである。

問題は③の要因で、運行供用者が自賠責法上の義務を免れるためには、自動運転車に「構造上の欠陥又は機能の障害」といえるようなセキュリティホールがなかったことを自ら立証しなければならない。この点について、一般私人である運行供用者が独力で自動運転車のセキュリティ対策の不備を検証することはおよそ現実的ではないように思われるので、現実に問題となった場合には、官公庁や専門機関が同種車両全体を対象として行う調査の結果等を待つことになるものと考えられる。

4 攻撃を受けたシステムの管理者の責任

サイバー攻撃を受けたのが自動運転車のような「機器」であった場合には、すでに述べた通りメーカーに製造物責任法3条に基づく責任が認められる可能性がある。しかしながら、攻撃を受けたのが「システム」そのものであり、ユーザーとの関係で特段「機器」と呼べるようなものが引き渡されていないような場合には、製造物責任法に基づく責任は発生しない（194頁参照）。前記のようなオンライン上で動作するAI診療プログラムがその一例である。それでは、このようなシステムの管理者は、サイバー攻撃による被害についてどのような責任を負うのか。

ここで、可能性としてまず考えられるのは、民法709条に基づく一般的な不法行為責任である。また、このようなシステムの利用に関しては、システム管理者とユーザーとの間に何らかの契約関係（サービス提供契約）があることが多いと思われるところ、当該契約に付随する義務として、システム管理者に適切なセキュリティ対策を講じるべき義務があり、システム管理者がこれに違反したことを理由として、債務不履行責任をユーザーに対して負うという可能性も考えられる。もっとも、いずれにせよ、システム管理者がユーザーに対して法的責任を負うというためには、セキュリティ上の不備につきシステム管理者に故意または過失がなければならない。

この点に関し参考となる裁判例として、ウェブサイトにおける商品の受

注システムが外部からの攻撃にさらされ、顧客情報が流出した事案において、商品の受注システムの発注者が、システム設計・保守等を受託したベンダーに対し、債務不履行責任を追及した事件がある[注5]。

　この事件において、裁判所は、当事者間で「その当時の技術水準に沿ったセキュリティ対策を施したプログラムを提供すること」が合意されていたと認定し、ベンダーは、この合意に従い、顧客情報の漏洩を防ぐために必要なセキュリティ対策を施したプログラムを提供すべきであったとした。また、この事案における具体的な当てはめとして、当時経済産業省およびIPA（独立行政法人情報処理推進機構）が脆弱性の指摘および対応の必要性を注意喚起していたSQLインジェクション対策についてはベンダーがこれを実施する義務を負っていたと認定する一方で、当時いまだ「対策を講じることが望ましい」とされていたにすぎないカード情報の一定期間経過後の削除や重要データの暗号化処理については、当事者間に明確な合意がない以上、ベンダーがこれを実施する義務を当然には負っていたとはいえないと認定した。

　ここで、過失の有無は、責任の有無が問題となっている者が属する人的グループの平均的な人（例えば、交通事故であれば一般的なドライバー、医療過誤であれば一般的な医師）の能力を基準に判断されることになる。すなわち、本件のような事例においては、「平均的なシステム管理者として果たすべき平均的な注意を果たしていたか否か」が問われることとなる。このような観点からいうと、サイバー攻撃を受けたシステムの管理者の過失を考えるに当たっては、この裁判例が示す通り、問題となったセキュリティ体制の脆弱性につき、官公庁や専門機関、業界団体による注意喚起がなされていたのか否か、一定の対応を行うべきことが推奨されていたのか否か、またその推奨の程度はどの程度だったのか（最低限の対策として行うべきものとされていたのか、ベストプラクティスとして推奨されていたにすぎないのか）といった点が重要な判断要素になるものと考えられる[注6]。

　なお、個人情報に関しては、個人情報保護法20条において、個人情報取扱事業者に対し、取り扱う個人データの漏えい、滅失またはき損の防止

注5) 東京地判平成26・1・23判時2221号71頁。

その他の個人データの安全管理のために必要かつ適切な措置（安全管理措置）を講じることが義務付けられている。安全管理措置のあり方については、経済産業省が2016年12月に定めた「個人情報の保護に関する法律についての経済産業分野を対象とするガイドライン」[注7]および個人情報保護委員会が2016年11月に定めた「個人情報の保護に関する法律についてのガイドライン（通則編）」の中で一定の指針が定められており、個人情報を取り扱う事業者の多くは、これらのガイドラインに従って安全管理措置を講じているとされている。そのため、特に個人情報の漏えいが問題となるような事案においては、ガイドラインが求める水準の安全管理措置を講じていたか否かも、システム管理者の過失の有無を判断するに当たって考慮されよう。

Ⅲ　サイバー攻撃等を行った者に課せられる刑事責任

最後に、サイバー攻撃を行った者に課せられる刑事責任について述べる。たとえ悪意がなくても、事業者としては公開したサービスが思いがけず刑事責任の対象となるようなことにならないよう注意が必要である。

1　不正アクセス禁止法・不正競争防止法上の責任

サイバー攻撃を行った者を刑事的に処罰する法律として、不正アクセス行為の禁止等に関する法律（不正アクセス禁止法）が制定されている。当該法律は、「不正アクセス行為」を禁止し（同法3条）、これに違反した者を3年以下の懲役または100万円以下の罰金に処することとするとともに（同法11条）、これを助長するような行為、具体的には①不正アクセス目的で識別符号（パスワード、指紋情報等）を取得する行為（同法4条）、

注6）IoTの時代におけるセキュリティのガイドラインとしては、CSA（Cloud Security Alliance）が2015年4月付けで「Security Guidance for Early Adopters of the Internet of Things（IoT）」を公開している。また、本書執筆時には文案の段階だが、IoT推進コンソーシアム・総務省・経済産業省が「IoTセキュリティガイドライン ver1.0（案）」を公開している。

注7）平成28年12月28日厚生労働省・経済産業省告示第2号。

②正当な理由なく他人の識別符号を第三者に提供する行為（同法5条）、③不正に取得された他人の識別符号を保管する行為（同法6条）、④識別符号の入力を不正に要求する行為（いわゆるフィッシング行為、同法7条）を合わせて禁止し、これらに違反した者を1年以下の懲役または50万円以下の罰金に処することとしている（同法12条）。

不正アクセス禁止法にいう「不正アクセス行為」とは、簡単にいうと以下のような行為である。いずれも、システムの管理者自身、管理者または正当な利用権者の承諾を得ている者が行う場合には、「不正アクセス行為」には該当しないものとされている。

- 他人の識別符号を悪用し、本来アクセスする権限のないコンピュータにネットワーク経由でアクセスする行為（同法2条4項1号）
- セキュリティホールを利用して、本来アクセスする権限のないコンピュータにネットワーク経由でアクセスする行為（同法2条4項2号・3号）

なお、不正アクセスにより営業秘密を不正取得した場合、不正競争防止法21条1項1号により、10年以下の懲役または2000万円以下の罰金に処される可能性がある。

2　刑法上の責任

刑法に定められている犯罪類型で、サイバー攻撃を行った者に課せられるものとして以下の【図表2-52】のようなものがある。

【図表2-52】サイバー攻撃に関し問題となり得る刑法上の犯罪類型

条文・罪名	処罰対象行為・法定刑	具体例
刑法161条の2（電磁的記録不正作出および供用）	人の事務処理を誤らせる目的で、その事務処理の用に供する電磁的記録を不正に作る行為 （5年以下の懲役または30万円以下の罰金。公務員が作成すべき電磁的記録の場合には	不正アクセスしたサーバー内の顧客情報を書き換える行為、チート目的で行うオンラインゲームのゲームデータ改変行為

	10年以下の懲役または100万円以下の罰金）	
刑法168条の2、168条の3 （不正指令電磁的記録作成・取得等）	電子計算機に不正な指令を与える電磁的記録を作成・提供したり、これを取得・保管する行為 （前者につき3年以下の懲役または50万円以下の罰金、後者につき2年以下の懲役または30万円以下の罰金）	ウイルスの作成・提供・取得・保管
刑法234条の2 （電子計算機損壊等業務妨害）	電子計算機に使用目的に沿うべき動作をさせず、または使用目的に反する動作をさせて、人の業務を妨害する行為 （5年以下の懲役または100万円以下の罰金）	他人のホームページを勝手に書き換えて、ホームページ開設者の業務を妨害する行為
刑法246条の2 （電子計算機使用詐欺）	人の事務処理に使用する電子計算機に虚偽の情報や不正な指令を与えて虚偽の電磁的記録を作る等の方法により、自身または他人に不法の利益を得させる行為 （10年以下の懲役）	銀行のサーバーに不正アクセスし、自身または他人の口座に対する架空の送金指示を与えることで、不正に預金残高を増やす行為
刑法258条・259条 （公用・私用文書等毀棄）	公務所の用に供する電磁的記録や、権利または義務に関する他人の電磁的記録を毀棄する行為 （前者については3月以上7年以内の懲役、後者については5年以下の懲役）	不正アクセスしたサーバー内の顧客情報（例えば、オンラインゲームのポイント残高等）を削除する行為

●著者略歴●

福岡真之介(ふくおか しんのすけ)　第1編、第2編第1章～第3章担当、
　　　　　　　　　　　　　　　　　　第2編第4章～第9章監修担当
西村あさひ法律事務所・パートナー弁護士・ニューヨーク州弁護士
1996年　東京大学法学部卒業
1997年　司法修習修了(50期)
1998年～2001年　中島経営法律事務所勤務
2006年　デューク大学ロースクール卒業(LL.M.)
2006年～2007年　シュルティ・ロス・アンド・ゼイベル法律事務所勤務
2007年～2008年　ブレーク・ドーソン法律事務所勤務
＜著書・論文＞『知的財産法概説〔第5版〕』(弘文堂、2013)、『Licences and Insolvency: A Practical Global Guide to the Effects of Insolvency on IP Licence Agreements (Japan Chapter)』Globe Law and Business (2014)、『知的財産の管理における留意点』月刊監査役633号(2014)、『AIの法律と論点』(商事法務、2018)、『データの法律と契約』(商事法務、2019)など多数

桑田　寛史(くわた　ひろし)　第2編第4章・第5章・第9章担当
西村あさひ法律事務所・弁護士
2007年　京都大学法学部卒業
2009年　京都大学法科大学院修了
2010年　司法修習修了(新63期)・弁護士登録
＜著書＞『業界別事業再生事典』(金融財政事情研究会、2015)

料屋　恵美(りょうや　めぐみ)　第2編第6章～第8章担当
西村あさひ法律事務所・弁護士
2008年　早稲田大学法学部卒業
2011年　京都大学法科大学院卒業
2012年　司法修習修了(65期)・弁護士登録
＜著書・論文＞『企業担当者のための消費者法制実践ガイド』(日経BP社、2016)、「消費者裁判手続特例法 運用開始への備え」ビジネス法務17号(2016)、「企業法務の視点から見た消費者契約法改正——経営法友会『消費者契約法専門調査会「中間取りまとめ」に対する意見』を素材として」NBL1062号(2015)

●事項索引●

欧文

- 5G ················ 268
- AI・データの利用に関する
  契約ガイドライン ········ 77
- APEC ·············· 162
- CBPR ·············· 162
- CPS ················ 4
- DNA配列 ············ 110
- ERP ················ 71
- EU一般データ保護規則（GPPR）
  ·················· 169
- EUデータ個人保護指令 ···· 168
- FTC ··············· 168
- GDPR ·············· 169
- JIPDEC ············· 162
- k-匿名化 ············ 182
- LPWA ·············· 268
- M2M ················ 3
- MES ················ 71
- PLC ················ 71
- PSCマーク ··········· 304
- PSEマーク ··········· 296

あ 行

- アジア太平洋経済協力（APEC）·· 162
- 安全管理措置 ·········· 125
- 一般化 ·············· 182
- インダストリー4.0 ········ 4
- ウィーン条約 ·········· 238
- 「宴のあと」事件 ········ 46
- 営業秘密 ············ 232
- 越境データ移転 ········ 163
- 越境プライバシールール（CBPR）
  ·················· 162
- エッジ・コンピューティング ···· 13
- 遠隔操作機能 ·········· 298
- オープンIoT ··········· 19
- オプトアウト ·········· 149

か 行

- 学習済みモデル ········ 203
- 学習モデル ············ 28
- 学習用データセット ······· 28
- 仮名化 ·············· 182
- 企業実証特例制度 ······· 22
- 危険効用基準 ·········· 209
- 危険責任の原理 ········ 207
- 擬似データ生成 ········ 182
- 技術基準適合確認 ······· 293
- 技術基準適合自己確認 ···· 266
- 技術基準適合証明 ······· 264
- 基準適合体制 ·········· 162
- 記録・保存義務 ········ 153
- グレーゾーン ··········· 22
- ——解消制度 ·········· 22
- 欠陥 ················ 208
- 限定提供データ ····· 34, 200
- 航空法の許可・承認申請手続 ·· 286
- 工事設計認証 ·········· 264
- 江沢民講演会事件 ········ 47
- 項目・レコード・セル削除 ···· 182
- 小型無人機 ··········· 270
- 小型無人機等飛行禁止法 ···· 276
- 個人識別符号 ·········· 109
- 個人情報 ············· 42
- 個人情報データベース等 ···· 123
- 個人情報取扱事業者 ······ 104
- 個人情報保護委員会 ······ 153
- 個人データ ············ 42

さ 行

- サイバーセキュリティ基本法 ···· 312
- サイバーフィジカル・システム（CPS）
  ···················· 4
- サンドボックス制度 ······· 23
- プロジェクト型—— ······ 23
- サンプリング ·········· 182
- 識別行為の禁止 ········ 193
- 事業の届出 ··········· 293
- 指示・警告上の欠陥 ······ 209
- 自主検査 ············ 304
- ジュネーブ条約 ········ 238
- 肖像権 ·········· 48, 281
- 小電力データ通信システム ···· 264
- 小電力無線局 ·········· 262
- 消費者期待基準 ········ 209
- 消費生活用製品安全法 ···· 301

323

スマート工場 ………………………… 18
制御のガバナンス ……………………… 19
生産性向上特別措置法 ………………… 23
製造上の欠陥 …………………………… 209
製造物 …………………………………… 208
製品事故情報報告・公表制度 ………… 306
設計上の欠陥 …………………………… 209

──────── た 行 ────────

第三者 …………………………………… 163
　外国にある── …………………… 163
対象施設周辺地域 ……………………… 276
ダイナミックセル生産方式 …………… 70
長期使用製品安全点検制度 …………… 305
長期使用製品安全表示制度等 ………… 297
著作権 …………………………………… 286
著作権法30条の4 ……………………… 226
データ
　──共用型 ………………………… 78
　──交換 …………………………… 182
　──創出型 ………………………… 78
　──提供型 ………………………… 77
　──のガバナンス ………………… 19
　構造化── ………………………… 176
　派生── …………………………… 79
　非構造化── ……………………… 176
データベース …………………………… 231
適合性検査 ……………………………… 295
　自己── …………………………… 295
　特別特定用品の── ……………… 304
電気通信役務 …………………………… 253
電気通信事業 …………………………… 253
電気通信事業法 ………………………… 252
電気通信設備 …………………………… 253
電気用品 …………………………… 290, 291
電気用品安全法 ………………………… 290
電波法 ……………………………… 257, 258
統計情報 ………………………………… 107
統合型IoTプラットフォーム ………… 13
同等性水準 ……………………………… 161
特定小電力無線局 ……………………… 263
特定製品 ………………………………… 301
特定電気用品 …………………………… 292
　──以外の電気用品 ……………… 292
特定保守製品 …………………………… 301
匿名加工情報 …………………………… 42
匿名加工情報データベース等 ………… 186

匿名加工情報取扱事業者 ……………… 104
トップ（ボトム）コーティング … 182
トレーサビリティ ……………………… 152
ドローン ………………………………… 269
「ドローン」による撮影映像等のインターネット上での取扱いに係るガイドライン ……………………………… 284
トロッコ問題 …………………………… 23

──────── な 行 ────────

ノイズ付加 ……………………………… 182

──────── は 行 ────────

ハッシュ化 ……………………………… 180
パブリシティ権 ………………………… 49
飛行禁止区域 …………………………… 272
飛行区域 ………………………………… 272
微弱無線局 ……………………………… 260
ビッグデータ …………………………… 173
不正手段による取得の禁止 …………… 122
プライバシー権 …………………… 46, 281
プラットフォーマ ……………………… 97
報償責任の原理 ………………………… 207
保有個人データ ………………………… 42
本人の同意 ……………………………… 115

──────── ま 行 ────────

マシンツーマシン（M2M） ………… 3
マス・カスタマイゼーション ………… 10
ミクロアグリゲーション ……………… 182
無人移動体画像伝送システム ………… 267
無人航空機 ……………………………… 270
無線設備 ………………………………… 258
免許（登録）を要しない無線局
　……………………………… 258, 260
目視外飛行 ……………………………… 275
黙示の同意 ……………………………… 115

──────── や 行 ────────

輸出用電気用品の特例 ………………… 293
要配慮個人情報 …………………… 42, 135

──────── ら 行 ────────

利用目的の特定 ………………………… 112
利用目的の変更 ………………………… 113
ロボット法 ……………………………… 205

IoT・AIの法律と戦略〔第2版〕

2017年4月20日　初　版第1刷発行
2019年3月30日　第2版第1刷発行

編著者　　福　岡　真之介

著　者　　桑　田　寛　史　　料　屋　恵　美

発行者　　小　宮　慶　太

発行所　　㍿　商　事　法　務
　　　　　〒103-0025　東京都中央区日本橋茅場町3-9-10
　　　　　TEL 03-5614-5643・FAX 03-3664-8844〔営業部〕
　　　　　TEL 03-5614-5649〔書籍出版部〕
　　　　　　　　　https://www.shojihomu.co.jp／

落丁・乱丁本はお取り替えいたします。　印刷／そうめいコミュニケーションプリンティング
©2019 Shinnosuke Fukuoka　　　　　　　　　　　　Printed in Japan

Shojihomu Co., Ltd.
ISBN978-4-7857-2708-6
＊定価はカバーに表示してあります。

[JCOPY]＜出版者著作権管理機構　委託出版物＞
本書の無断複製は著作権法上での例外を除き禁じられています。
複製される場合は、そのつど事前に、出版者著作権管理機構
（電話03-5244-5088、FAX 03-5244-5089、e-mail: info@jcopy.or.jp）
の許諾を得てください。